Christian Wipperfürth

PUTINS RUSSLAND – EIN VERTRAUENSWÜRDIGER PARTNER?

Grundlagen, Hintergründe und Praxis gegenwärtiger russischer Außenpolitik

mit einem Vorwort von Heinz Timmermann

Umschlagbild: www.visipix.com

Christian Wipperfürth

PUTINS RUSSLAND – EIN VERTRAUENSWÜRDIGER PARTNER?

Grundlagen, Hintergründe und Praxis gegenwärtiger russischer Außenpolitik

ibidem-Verlag
Stuttgart

Bibliografische Information Der Deutschen Bibliothek

Die Deutsche Bibliothek verzeichnet diese Publikation in der Deutschen Nationalbibliografie; detaillierte bibliografische Daten sind im Internet über <http://dnb.ddb.de> abrufbar.

∞

Gedruckt auf alterungsbeständigem, säurefreien Papier
Printed on acid-free paper

ISSN: 1614-3515

ISBN: 3-89821-401-X

Printed in Germany

Abkürzungsverzeichnis

bspw.	beispielsweise
DW	Deutsche Welle
ebd.	ebenda
Ed.	Editor, Herausgeber
ESVP	Europäische Sicherheits- und Verteidigungspolitik
GUS	Gemeinschaft Unabhängiger Staaten
Hg.	Herausgeber
KAS-AI	Konrad Adenauer Stiftung Auslandsinformationen
LDPR	Liberal'no-demokratičeskaja partija Rossii, Liberal-Demokratische Partei Russlands, nationalistisch-populistisch
Mrd.	Milliarden
NAFTA	North American Free Trade Association, Nordamerikanische Freihandelszone
NATO	North Atlantic Treaty Organization, Nordatlantische Vertragsorganisation
OSZE	Organisation für Sicherheit und Zusammenarbeit in Europa
p.	page, Seite
PKA	Partnerschafts- und Kooperationsabkommen (der EU und Russlands)
S.	Seite, oder siehe
SPS	Sojuz pavyh sil, Union der rechten Kräfte, rechtsliberale Partei in Russland
SOZ	Shanghaier Organisation für Zusammenarbeit
u.a.	unter anderem
UNO	United Nations Organization, Vereinte Nationen
WTO	World Trade Organization, Welthandelsorganisation
z.B.	zum Beispiel

Anmerkung

Russische und andere Eigennamen sind im *Text* transkribiert, mit wenigen Ausnahmen, bei denen neben der Transkription auch wissenschaftlich transliteriert sowie die kyrillische Schreibweise angegeben wird, um Verwechslungen auszuschließen.

In den *Fußnoten* wird die in der Quelle genannte Schreibweise bei Eigennamen übernommen, russischsprachige Quellen werden transliteriert.

Inhaltsverzeichnis

Vorwort

Am Anfang, bei Amtsantritt des neuen Präsidenten im Jahre 2000, lautete im Westen die Frage: „Wer ist Putin?“ Nur wenige kannten damals die Person des Jelzin-Nachfolgers, geschweige denn dessen Programm. Dies hat sich im Laufe seiner ersten Amtsperiode geändert. Heute wissen wir: Das zentrale Ziel Putins besteht darin, Rußland politisch zu stabilisieren und ökonomisch zu modernisieren, um das Land als eigenständige, mit entsprechenden Ressourcen versehene und von westlichen Vorgaben unabhängige Großmacht auf die internationale Bühne zurückzuführen. Heute bildet daher nicht länger das *Programm* Putins ein Feld von Ungewißheiten und unterschiedlichen Interpretationen. Vielmehr lautet die Frage jetzt: Sind die Methoden und Instrumente Putins geeignet, Rußland den Weg in die Moderne zu bahnen? Zielt seine Politik auf einen in den spezifischen kulturhistorischen und ethischen Traditionen des Landes wurzelnden autoritären *Sonderweg,* der sich in seinen Grundwerten und demokratischen Prinzipien von gewachsenen europäischen Werten abgrenzt? Oder erfordern Stabilisierung und Modernisierung Rußlands im Innern einen durch vorübergehende Einschränkung europäischer Prinzipien gekennzeichneten *Umweg,* damit diese nach vollzogener Konsolidierung um so erfolgreicher zum Durchbruch gelangen und Rußland als integralen Bestandteil der politischen Kultur Europas ausweisen?

Diese Grundfrage, die nicht zuletzt auch die Diskussionen über die anvisierte Vertiefung der Partnerschaft Rußlands mit der EU bestimmt, kann heute nicht eindeutig beantwortet werden. Auf der einen Seite wird auch im Westen nur selten bestritten: Nach dem von Jelzin betriebenen – und zur Zerschlagung der dominierenden KP-Machtsäulen gewiß notwendigen – totalen Systembruch, der sämtliche Aspekte der Gesellschaft gleichzeitig betraf und den Aufbau zuverlässiger neuer Strukturen vernachlässigte, war die Sicherung von Stabilität, Ordnung und Berechenbarkeit unabweisbar. Das galt im übrigen auch für die Außenbeziehungen Rußlands, in denen oft die emotionalen, von entsprechenden Ressourcen nicht gedeckten Vorstöße Jelzins im „nahen“ und „fernen“ Ausland Moskau eher in die Defensive drängten und das Land global sogar zu isolieren drohten. Unter großen Teilen der Bevölkerung wurde Demokratie mit politischer Instabilität gleichgesetzt, Marktwirtschaft mit Raubkapitalismus und krimineller Aneignung der wirtschaftlichen Reichtümer des Landes. Wie die Parlaments- und Präsidentschaftswahlen vom Dezember 2003 bzw. vom März 2004 demonstrieren, stimmt die große Mehrheit der Bevölkerung der Politik Putins zur Durchsetzung von stabilitätsorientierter Modernisierung im Innern und zur Wiederherstellung der Rolle Rußlands als globaler Akteur zu.

Auf der anderen Seite weckt der schleichende Übergang von der fragilen Demokratie der Jelzin-Ära hin zu einem staatsmachtfixierten Autoritarismus im Zeichen der präsidialen Machtvertikale unter Putin jedoch Bedenken. Zwar sind die Institutionen der Demokratie formal weiter vorhanden, doch werden sie zunehmend ihres Inhalts beraubt und zu Instrumenten der Lenkung von Politik und Gesellschaft sowie deren lückenloser Kontrolle transformiert. Mit dem Zurückdrängen von politischer Streitkultur, Gewaltenteilung und Machtpluralismus schwinden wichtige Antriebskräfte der Modernisierung, steigen die Gefahren von Stagnation und Fehlentwicklung. Der Staat wird zur zentralen Modernisierungsagentur, zunehmend dominiert von Sicherheitsorganen und bürokratischen Apparaten mit ihren eigenen spezifischen Interessen.

Natürlich können der Westen und hier insbesondere die geographisch nahe EU mit Deutschland als ihrem integralen Bestandteil nicht beiseite stehen und warten, bis sich der Charakter der inneren Transformationsprozesse Rußlands mit seinen Auswirkungen auf die Außenbeziehungen des Landes geklärt hat. Dies gilt um so mehr, als sich die Außenpolitik Putins – in ihrer Funktion als verläßlicher externer Rahmen für die Modernisierung des Landes – als pragmatisch, berechenbar, an nationalen Interessen orientiert und als nach außen koalitionswillig erwiesen hat. Ohne Rußland als Mitglied des UN-Sicherheitsrats lassen sich viele Konflikte in Europa und seinem Umfeld kaum regeln. Das gilt auch für so zentrale Probleme wie die Terrorismusbekämpfung, die Fortsetzung von Abrüstung und Rüstungskontrolle, die Verhinderung der Verbreitung von Massenvernichtungswaffen, die Eindämmung von organisierter Kriminalität sowie den Umwelt- und Klimaschutz. In diesem Kontext muß das Nutzenpotential des Landes freigesetzt und sein Schadenspotential eingegrenzt werden. Zu Recht charakterisierte Javier Solana die Entwicklung der Partnerschaft EU-Rußland als „die wichtigste, drängendste und herausforderndste Aufgabe zu Beginn des 21. Jahrhunderts". Doch wie sollten die EU und der Westen insgesamt mit den autoritären Tendenzen im „System Putin“ und seinen selbstbewußten Ansätzen im postsowjetischen Raum umgehen?

Zu Recht trifft hier der Autor einen wichtigen Punkt: die Notwendigkeit nämlich, wechselseitige Selbst- und Fremdwahrnehmungen zu korrigieren, da Fehlperzeptionen die jeweilige konkrete Politik ganz erheblich beeinflussen können. Darüber hinaus sollten die der Partnerschaft zugrunde liegenden gemeinsamen Werte und Prinzipien nicht völlig in den Hintergrund gerückt werden, etwa im Hinblick auf demokratische Staatsstrukturen, auf funktionierende Rechtssysteme, auf bürgerliche Freiheiten einschließlich zivilgesellschaftlicher Artikulationschancen. In diesen Kontext gehört auch die notwendige Kritik an dem brutalen, undifferenzierten und kaum kontrollierten Vorgehen russischer Sicherheitsorgane in Tschetschenien, ist es doch eher geeignet, den Konflikt anzuheizen und auf den gesamten Nordkaukasus auszudehnen, Fundamentalisten aus dem islamischen Raum anzulocken und die Staatsgewalt in Rußland selbst zu Lasten verbliebener persönlicher Rechte und Freiheiten weiter zu stärken.

Die Divergenzen über die der Partnerschaft zugrunde liegenden Werte sollten jedoch die Zusammenarbeit auf konkreten Feldern gemeinsamen Interesses nicht blockieren. Das gilt zum einen für die Ausfüllung der vom Autor beschriebenen vier Gemeinsamen Europäischen Räume. Hier könnte der russische Partner darauf verwiesen werden: Modernisierung und Öffnung zu den Weltmärkten setzen ein Mindestmaß an Kontrolle, Transparenz und Rechtssicherheit als wichtige Attribute der Demokratie voraus. Zum andern sollten beide Seiten danach streben, ihre Partnerschaft zu nutzen, um ihre Beziehungen zu den um Identität, Selbstbehauptung und internationale Ausrichtung ringenden „Neuen Nachbarn“ Ukraine, Belarus und Moldau zu einem Feld konstruktiver gesamteuropäischer Entwicklung zu machen. Käme es in dieser sensitiven geopolitischen Zwischenzone zu einem harten Nullsummenspiel zwischen Rußland und der EU, das ohne Zustimmung der Völker über die Zuordnung ihrer Länder in freien und fairen Wahlen verliefe, so könnten die EU-Rußland-Beziehungen selbst beschädigt werden.

So ist die Zukunft der Beziehungen zu Rußland durchaus offen und hängt ganz wesentlich von den inneren Entwicklungen des Landes ab. In dem Maße, wie sich Rußland auf der Grundlage eigener Entwicklungen an Prinzipien von Demokratie, Rechtsstaatlichkeit und Freiheit orientiert und sich damit die

Lücke zwischen normativen Anforderungen und funktionaler Kooperation verringert, wird seine perspektivische, auch institutionelle *Einbindung* in die europäischen Integrationsprozesse im Zeichen einer privilegierten Partnerschaft anvisiert werden können, sofern dies von Moskau gewünscht wird. Die prinzipiell positive Einstellung der russischen Bevölkerungsmehrheit zu Demokratie und persönlichen Freiheiten, die mit fortschreitender Internationalisierung der russischen Wirtschaft verbundenen Modernisierungsschübe bis hinein in den politischen Bereich, schließlich auch die Partnerschaften von Regionen, Städten, Verbänden und zivilgesellschaftlichen Akteuren insbesondere in Europa könnten hier eine positive Wirkung entfalten.

Sollten sich in Moskau dagegen die wachsenden autoritären Tendenzen als dauerhafter *Sonderweg* und nicht als notwendiges *temporäres Durchgangsstadium* zu stabilen Verhältnissen als Voraussetzung für strukturelle Modernisierung erweisen, so würden sich die EU-Rußland-Beziehungen auf die *Einbeziehung* Rußlands in die gesamteuropäischen Kooperationsprozesse beschränken. In diesem Falle würde die Partnerschaft den Schwerpunkt auf vielseitige funktionale Zusammenarbeit mit einem Europa setzen, das ihm gegenüber als konstruktiver Partner, notfalls aber auch als nachhaltiger Widerpart auftritt.

Heinz Timmermann

Einleitung

Die öffentliche Meinung in Deutschland und in der gesamten westlichen Welt zeigt Ende 2004 ein deutlich kritischeres Russlandbild als noch eineinhalb Jahre zuvor. Die Stimmung hat sich merklich verschlechtert, die Rhetorik verschärft. Dies gilt umgekehrt auch für die Einschätzung der Motive und des Vorgehens deutscher und westlicher Politik in Russland. Ursache sind der mehr oder minder wohlwollende Paternalismus und echte Sorge auf der einen sowie Trotz und Misstrauen auf der anderen Seite. Die offizielle Politik ist auch zum Jahresende 2004 noch vom Willen zur Kooperation geprägt und der Bereitschaft, dem jeweils anderen Partner grundsätzlich Vertrauen entgegen zu bringen. Beides gerät jedoch – sowohl in Russland als auch in Deutschland – zunehmend in die Kritik, sodass eine länger andauernde Abkühlung der Beziehungen möglich scheint. Neben partieller Kooperation könnten Akte der Distanz, Unfreundlichkeit und Konkurrenz an Bedeutung gewinnen. Daran können weder die Menschen, noch die Staaten in Ost und West ein Interesse haben.

Weder „objektive" Entwicklungen der russischen Innen- oder Außenpolitik, noch „objektive" Interessenunterschiede zwischen Ost und West bieten eine hinreichende Erklärung für die Stimmungsverschlechterung. Es ist vielmehr die Perzeption der eigenen wie der anderen Seite, also die „subjektive" Wahrnehmung, die „objektiv" vorhandene Probleme und Interessenunterschiede wesentlich gravierender erscheinen lässt, als sie es tatsächlich sind. Es besteht die Gefahr, dass sich *nicht* die Perzeption der Realität annähert, sondern jene die Wirklichkeit so weit beeinflusst, dass sich die Protagonisten des Misstrauens und der Abneigung immer wieder und verstärkt bestätigt fühlen.

Ende September 2004 veröffentlichten 115 namhafte europäische und nordamerikanische Politiker und Wissenschaftler einen Brief an die Staatsoberhäupter und Regierungschefs der Europäischen Union und der NATO. In diesem hieß es unter anderem:

> „Die Außenpolitik Präsident Putins ist mehr und mehr von einer drohenden Haltung gegenüber Russlands Nachbarn und gegenüber der Energiesicherheit Europas gekennzeichnet, von einer Rückkehr zu einer militaristischen und imperialen

Rhetorik und von der Weigerung, die internationalen vertraglichen Verpflichtungen Russlands einzuhalten."[1]

Diese Deutung hält einer eingehenderen Analyse der russischen Außenpolitik nicht stand.

Was kann die Leserin und der Leser erwarten? – Es handelt sich um ein Buch mit wissenschaftlichem Anspruch. Und es ist zugleich eines, in dem der Autor deutlicher Stellung bezieht, als es in Monographien üblich ist, um nicht nur eine wissenschaftliche, sondern auch eine politische Diskussion anzuregen. Das Buch bietet komprimierte Informationen über die Grundlagen, Hintergründe und zentralen Handlungsfelder der russischen Außenpolitik von 2002 bis in den Dezember 2004 hinein. (Auf die Politik der vorhergehenden Jahre wird nur mitunter Bezug genommen, um Vergleiche anzustellen und längerfristig wirkende Motive russischer Politik herauszuarbeiten.) Dabei wird kein Anspruch erhoben, die auswärtigen Beziehungen dieses Zeitraums in allen ihren Facetten darzustellen. Es geht vielmehr darum, die grundlegenden Motive russischer Politik zu eruieren. Dies dient der Beantwortung der zentralen Fragen: Ist Russland ein vertrauenswürdiger Partner bzw. kann das Land dies überhaupt sein? Wie groß ist das Ausmaß der „objektiven" bzw. „subjektiven" Interessenunterschiede und auf welche Weise könnte das deutsch-russische Verhältnis verbessert werden?

Von welchem Ansatz geht der Autor aus? – Die gesellschaftlichen und innenpolitischen Verhältnisse und Entwicklungen sowie die Außenpolitik stehen in einem starken, wenn auch indirekten Wirkungszusammenhang. Die soziokulturellen Faktoren schaffen einen *Rahmen* innerhalb dessen die Politik handeln kann. Auch die Außenpolitik eines Landes agiert nicht im „luftleeren Raum", denn sie wird von Menschen gemacht, die auch von herrschenden Urteilen oder Vorurteilen und der „Stimmung" in ihrem Umfeld beeinflusst werden. Dies sind die Rahmenbedingungen, innerhalb dessen sich die Eigen- und Fremdwahrnehmung, und somit auch die Außenpolitik eines jeden Staates, bewegt. Die Darstellung und Deutung von Werten sowie Haltungen

---

1 An Open Letter to the Heads of State and Government of the European Union and NATO (28.9.04). Auf Deutsch in: Russlandanalysen Nr. 39/04. Hg.: Forschungsstelle Osteuropa an der Universität Bremen und DGO, Internet: www.russlandanalysen.de (künftig: Russlandanalysen); auf Englisch: www.cdi.org/russia/johnson/83 85-24.cfm (zuletzt geöffnet am 13.11.2004).

der russischen Bevölkerung und seiner Eliten steht dementsprechend am Beginn der Studie, sie wird auch in ihrem weiteren Verlauf eine wichtige Rolle spielen.

Neben der Beschreibung von Mentalitäten der Bevölkerung widme ich mich – großenteils thesenartig komprimiert, Strukturen und Entwicklungen in der Innenpolitik der vergangenen Jahre. Ihrer Erörterung wird ein breiterer Raum gewährt als es erforderlich wäre, um den „Rahmen" russischer Außenpolitik zu verdeutlichen. Denn zum einen wirft die deutsche und westliche Kritik an der innenpolitischen Entwicklung Russlands – ebenso wie die damit verbundene Verhärtung der russischen Position – einen zunehmenden Schatten auf die Aussichten künftiger Zusammenarbeit. Zum anderen werden meines Erachtens unzulässige Schlüsse von der Innen- auf die Außenpolitik gezogen: Die Verhältnisse im Inneren Russlands sind nach der Ansicht westlicher Beobachter in den vergangenen Jahren autoritärer geworden. Diese Ansicht teilt auch der Autor dieser Studie, wenn auch mit gewissen Einschränkungen. Die Analyse der inneren Entwicklung des Landes scheint viele Russlandexperten aber außerdem zu der Vermutung zu verleiten, dass auch bei der russischen *Außen*politik ein größeres Ausmaß an kritikwürdigen Entwicklungen zu erwarten sei. Und wer suchet, der findet. Hintergrund ist die verbreitete Auffassung, dass demokratischere Staaten ganz grundsätzlich oder zumindest relativ eine friedfertige Außenpolitik betrieben als autoritärere Regime. Diese Deutung traf und trifft für bestimmte Zeiten und Umstände zu, für andere müssen wir jedoch eher das Gegenteil konstatieren. Über so einfache Leisten lassen sich Geschichte und Politik nicht schlagen.[2]

Nach dem Thema der innenpolitischen Entwicklungen folgt auf knappem Raum eine Erörterung der Situation und Aussichten der Wirtschaft.

Dem Themenbereich „Russland und der GUS-Raum" wird ein weiter Platz eingeräumt. Er ist zum einen exemplarisch für den Wandel und Charakter russischer Außenpolitik, zum anderen ruft die Politik Moskaus in seinem „nahen Ausland" in Deutschland besonders zahlreiche Sorgen und Vorwürfe hervor. So wurde von deutschen Medien die Vermutung geäußert, dass beispielsweise russischer Druck auf die Ukraine wachsen könnte und es wird

2 Zum Thema s. Christian Wipperfürth: Frieden durch Demokratie?, in: www.hirzel.de/universitas/wipperfuerth.pdf (zuletzt geöffnet am 30.11.04).

gar die Frage gestellt, ob es die neue Ideologie der Kremlführung sei, die „untergegangene UdSSR – soweit dies möglich ist" zu restaurieren.[3]

Folglich beschränke ich mich in den Kapiteln über das russisch-amerikanische Verhältnis und die Beziehungen zur Europäischen Union und zu Deutschland auf die Darstellung und Deutung einiger grundlegender Fragen und Entwicklungen.

Danach folgt der Versuch eines Ausblicks auf die künftige russische Außenpolitik.

Zum Schluss der Studie werden deutsch/europäisch-russische Verständigungsprobleme bzw. Vorwürfe und ihre Auswirkungen herausgearbeitet. Dort, wie auch an anderen Stellen, finden sich Vorschläge zur Entwicklung der wechselseitigen Beziehungen. Ein Plädoyer für Realismus sowie für eine verstärkte Zusammenarbeit schließt das Buch ab. Eine kurze Bibliographie und ein Verzeichnis von Internetquellen sollen helfen, weitergehenden Informationsbedarf zu stillen.

Im Anhang sind einige ins Deutsche übersetzte Originalquellen angefügt, die die aktuelle russische Diskussion zu innen- und außenpolitischen Themen verdeutlichen. Aufgrund der aktuellen Ereignisse in der Ukraine wurde ein Nachwort angefügt.

---

3 Rolf Wachsmuth/ Igor Plaschkin: Die Ukraine: Ziel russischer Begehrlichkeit? www.kas.de/publikationen/2003/3597_dokument.html (zuletzt geöffnet am 15.11.04); Miodrag Soric: Back to the USSR? - Wladimir Putins Rückfälle in sowjetische Zeiten, in: DW-RADIO (künftig: DW), 16.2.04, http://www.dw-world.de/dw/article/0,1564,1116272,00.html (zuletzt geöffnet am 15.11.04).
Alexander Rahr schreibt: „Wenn feststeht, dass Russland mit seinem neuen Militärpotenzial keine Wiederherstellung der Sowjetunion verfolgt, kann eine sicherheitspolitische Partnerschaft <nach dem Wirtschaftsbereich> als zweiter Integrationsschritt folgen"/ Der kalte Frieden, in: Internationale Politik Nr. 03/2004, S. 9 (künftig: IP); s. auch ebd., S. 6.

I. Orientierungssuche einer unsicheren Nation: Paradigmenwechsel im Inneren Russlands

Eines der bemerkenswertesten Kennzeichen der politischen und gesellschaftlichen Stimmung in Russland ist die Suche nach Tradition, nach einem Halt. In der ersten Hälfte der neunziger Jahre schienen westliche Strukturen und Werte das offenkundige Bedürfnis der Menschen in Russland nach Orientierung in Zeiten der Unsicherheit und Not stillen zu können. Ihnen wurden in weiten Kreisen – nicht nur im Osten – geradezu magische Fähigkeiten zugeschrieben. Die Implementierung eines demokratischen und marktwirtschaftlichen Systems erwies sich jedoch als außerordentlich kompliziert und langwieriger als von vielen erhofft, trotz unbestreitbarer Errungenschaften. Ja, der Erfolg der Transformation gilt in manchen Bereichen als zweifelhaft und wird zunehmend in Frage gestellt. Das Ausmaß der 1993 in Ost und West einsetzenden Ernüchterung entsprach den zuvor überaus hochgesteckten Erwartungen.

Präsident Jelzin versuchte 1996 gar durch einen Wettbewerb feststellen zu lassen, was die „russische Idee" sei, um verunsicherten Menschen Orientierung zu geben. Das Vorhaben erwies sich verständlicherweise als wenig glaubwürdig. Zu dieser Zeit setzte eine Tendenz ein, die es gerechtfertigt erscheinen lässt, von einer Wiederentdeckung russischer „Werte und Traditionen als Grundlage eines eigenständigen Entwicklungsweges" zu sprechen.[4]

1997 und 1998 waren über 75 % der Bevölkerung der Ansicht, dass der „Weg, den Russland eingeschlagen hat, in eine Sackgasse führt". Im Herbst 2001 glaubten hingegen bereits 59 %, dass er „zu einer guten Entwicklung führt".[5] Das Vertrauen, das Präsident Putin entgegengebracht wird ist unge-

---

[4] Friedrich Ebert Stiftung: Außen- und Sicherheitspolitik im Neuen Russland. Eine Elitenstudie. Durchgeführt vom Russischen Unabhängigen Zentrum für Soziale und Nationale Probleme im Auftrage der Friedrich Ebert Stiftung Moskau, in: Politikinformation Osteuropa, Internationale Politik, 92, September 2001, S. 7 (künftig: Elitenstudie).

[5] Russisches Unabhängiges Institut für Soziale und Nationale Probleme/ Institut für komplexe Sozialforschung der Russischen Akademie der Wissenschaften: 10 Jahre russische Reformen aus dem Blickwinkel der Bevölkerung, S. 312, 337, in: Gabriele Gorz-

brochen, obwohl die Bevölkerung die Ergebnisse seiner Politik nach wie vor weithin kritisch einschätzt.[6] Die Menschen sind jedoch der Experimente müde, und der Begriff „Demokratie" ist durch die chaotischen und teils skandalösen Entwicklungen der 90er Jahre in weiten Kreisen diskreditiert. Der Präsident vermittelt Halt und Perspektive – außerdem gibt es nach Ansicht der breiten Mehrheit zu ihm keine Alternative, weder personell, noch institutionell: Der Justiz und Regierung, dem Parlament, den Parteien und der Polizei bringt die russische Bevölkerung ein anhaltend großes Misstrauen entgegen.[7]

Die russische Bevölkerung zeigt eine Neigung zu autoritären, weil altvertrauten Mustern. Sie ähneln in Zeiten der Verunsicherung einem richtungsweisenden Leuchtturm. Dementsprechend begrüßt sie mehrheitlich die Revitalisierung von Symbolen aus zaristischer und sowjetischer Zeit, seien es alte Orden oder die Nationalhymne.[8] Die Bevölkerung hat zudem nach wie vor eine überwiegend positive Sicht der historischen Bedeutung der Person Lenins, mit lediglich leicht abnehmender Tendenz.[9] Aber auch die Zaren und

---

ka/ Peter W. Schulze, Hg.: Russlands Perspektive. Ein starker Staat als Garant von Stabilität und offener Gesellschaft? - Bremen, 2002 (künftig: Russisches); für neuere Zahlen s. Alexander Tschepurenko: Politische Grundströmungen und Wählerverhalten, in: Russlandanalysen Nr. 12/2004.

6 Umfrage des Fonds Öffentliche Meinung (FOM), www.bd.fom.ru/zip/tb0422.zip, in: Russlandanalysen Nr. 30/2004; The Pew Research Center for the People & the Press: A Year After Iraq War. A Nine-Country Survey, www.people-press.org/reports/print.php3?PageID=798, 2004, S. 23 der pdf-datei (zuletzt geöffnet am 21.11.04).

7 Umfrage des Levada-Zentrums: www.levada.ru./press/2004032302.html (zuletzt geöffnet am 15.11.04).

8 Zu Letzterem s. Russisches, S. 303. Die Moskauer Deutsche Zeitung (künftig: MDZ) beschrieb die Amtseinführung Präsident Putins im Mai 2004 folgendermaßen: „Das russische Staatsfernsehen übertrug eine durch und durch eklektische Inaugurationszeremonie, die sich großzügig aus dem Ersatzteilkasten der russischen Vergangenheit bediente: Neben Stechschrittaufmärschen russischer Militärs, die nach wie vor Hammer und Sichel auf den Mützen trugen und den Präsidenten als Genossen adressierten, paradierten vor dem Kremlpalast berittene Offiziere im zaristischen Gardegewand, während aus Lautsprechern die alte Sowjethymne mit neuem Text erklang. Als verwirrendsten Bestandteil der Zeremonie dürften jedoch viele Zuschauer eine orthodoxe Messe registriert haben, in der Putin als Protagonist auftrat und vor laufender Kamera Kreuz um Kreuz schlug." (Jens Mühling: Hammerkreuz und Hakensichel, MDZ am 2.7.04).

9 Rosbalt am 22.4.04, in: Russia Weekly Info, 26.04.04 nach einer Umfrage von Romir Monitoring. Russia Weekly Info ist ein wöchentlich erscheinender elektronisch verbreiteter Rundbrief und wird von der Forschungsstelle Osteuropa der Universität Bremen herausgegeben.

die demokratischen Elemente der russischen Entwicklung zu Beginn des 20. Jahrhunderts werden weithin positiv beurteilt. Diese Haltung ist nur scheinbar widersprüchlich. Die Bevölkerung sucht (fast) überall dort Orientierung, wo sie sich bietet.

Dieses Bedürfnis nach einem Halt wird verständlicher, wenn man sich das Ausmaß der psychischen Belastungen, denen die Bewohner Russlands in den vergangenen 15 Jahren ausgesetzt waren und die Mehrheit der Menschen weiterhin empfindet, vor Augen führt. Diese werden im Westen weithin unterschätzt: Die Lebenserwartung von Männern ist beispielsweise von Ende der 1980er bis Ende der 1990er Jahre von 65 auf nur noch 59 Jahre gesunken. Ein vergleichbares Phänomen ist seit dem Beginn der Industrialisierung in keinem anderen Land der Welt festgestellt worden.[10]

Nur eine Minderheit von knapp 20 % der Bevölkerung ist der Ansicht, dass die Bürger am gesellschaftlichen und politischen Leben teilnehmen und für ihre Recht kämpfen müssen, damit sich in Russland die Demokratie durchsetzt und sich eine Bürgergesellschaft herausbildet, was die große Mehrheit der Bevölkerung grundsätzlich wünscht. Mehr als doppelt so viele betonen, dass zuvor die materielle Not behoben werden müsse. Die Bereitschaft, sich gesellschaftlich zu engagieren, ist dementsprechend deutlich unterentwickelt.[11] Der Ruf nach „Ordnung" tritt in Russland aber nicht als Verlangen nach einem Polizeistaat auf und wird nicht als Alternative zur Demokratie verstanden.[12] Eine breite Mehrheit der Bevölkerung betrachtet die militärische Erziehung der Jugendlichen und den Antiindividualismus als positive Traditionen des Landes – lehnt die allgemeine Wehrpflicht andererseits aber ebenso nachdrücklich ab.[13] (Zur Widersprüchlichkeit von Haltungen und Signalen der Bevölkerung und Staatsmacht siehe auch das folgende Kapitel.)

---

10 Russisches Statistisches Jahrbuch (Rossiski statističeski ježegodnik). - Moskau 2002, S. 125.

11 Rosbalt am 22.4.04, in: Russia Weekly Info, 26.04.04 nach einer Umfrage von Romir Monitoring. Solche Tendenzen nehmen allerdings auch in westlichen Ländern zu, diese verfügen jedoch über langbewährte demokratische Strukturen.

12 Vladimir Petuhov: Sind die Russen von der Demokratie enttäuscht? in: Wostok, Nr. 2/2004, S. 23.

13 Zu den autoritären Tendenzen s. Interview von Alexandr Kolesničenko mit Mark Urnov: Rossija možet vpast' v avtoritarnuju komu (Umfrage des Fonds „Ėxpertisa" über „Radi-

Die Rückbesinnung auf Althergebrachtes erstreckt sich selbstverständlich auch auf den religiösen Bereich. Die russisch-orthodoxe Kirche verkörpert die Werte und Traditionen des Landes zu einem beträchtlichen Teil und genießt darum ein verbreitet hohes Ansehen.[14] Ihre Haltung zu anderen christlichen Konfessionen ist ein Anzeichen für die Unsicherheit, die Vorbehalte und das Misstrauen gegenüber der pluralistischen und offenen Gesellschaft, „dem Westen", und verstärkt diese Haltungen noch:

Das Moskauer Patriarchat zog sich bereits in den 1990er Jahren aus der Ökumenebewegung zurück – auf Grund des Drucks aus den Gemeinden. Im Jahre 2000 stellte ein Bischofskonzil fest, dass nur durch eine Rückkehr zur Orthodoxie die Einheit der Kirchen möglich werde, denn allein diese sei im „Vollbesitz der Fülle der Gnadegaben und ewigen Wahrheiten".[15] Die Führung der römisch-katholischen Kirche beseelt zwar ein ähnliches Selbst- und Sendungsbewusstsein, sie glaubt aber ihren Überlegenheitsanspruch und ihr Abgrenzungsbedürfnis nicht so ostentativ betonen zu müssen, wie dies die Ostkirche tut, die sich, ebenso wie die russische Bevölkerung und der russische Staat, in einem verunsichernden Prozess der Identitätsbestimmung in einer sich entwickelnden pluralistischen Gesellschaft befindet.

Das Patriarchat benutzt keine religiösen, sondern im Kern politische Argumente gegen Protestanten und Katholiken: „Die Anwesenheit Andersgläubiger fördert die Spaltung der Gesellschaft"; sie „zerstört die russische Kultur und die nationalen Sitten und Gebräuche". Das Fremde *an sich*, unabhängig von seiner moralischen Qualität, sei gefährlich. Entsprechend hierzu wachsen fremdenfeindliche Dispositionen in Russland, verstärkt durch Terror und Tschetschenienkrieg.[16]

---

kalen Autoritarismus im russischen Massenbewußtsein"), in: Novye izvestija, www. newizv.ru/news/?id_news=5358&date=2004-03-23 (zuletzt geöffnet am 15.11.04).

[14] S. hierzu Russlandanalysen Nr. 32/2004, nach Umfrage des Levada-Zentrums www. levada.ru./press/2004032302.html (zuletzt geöffnet am 15.11.04).

[15] Eine Rezension von Gerd Stricker, in: Osteuropa Nr. 8/2003, S. 1185 (künftig: OE); Aleksandr Soldatov: Religion und Staat. Die russische Orthodoxe Kirche und der geistliche Raum Rußlands, in: OE Nr. 4/2004, S. 91.

[16] Sergej Filatov: Christentum als Wertebasis Europas? in: OE Nr. 9-10/2003, S. 1482-83; zu Tschetschenien s. z.B. Beate Maeder-Metcalf: Eine unendliche Geschichte? Der Krieg in Tschetschenien, in: IP Nr. 03/2004.

Die orthodoxe Kirche bündelt und verstärkt demokratie- und pluralismuskritische Tendenzen, ebenso wie dies die Kirchen in West- und Mitteleuropa fast zwei Jahrhunderte lang bis in die Mitte des 20. Jahrhunderts taten.

Das Moskauer Patriarchat favorisiert zudem einen sehr traditionellen Patriotismus und streicht die Bedeutung der Gemeinschaft gegenüber dem Einzelnen heraus: Oberpriester WSEWOLOD TSCHAPLIN *(Čaplin, russ.: Чаплин)*, stellvertretender Leiter des kirchlichen Außenamtes des Moskauer Patriarchats betonte im Juli 2004 in einem Gespräch mit Bürgerrechtlern:

> „Wir glauben an die von Gott gegebene Menschenfreiheit, an die Würde einer menschlichen Persönlichkeit. Diese Werte sind in der Heiligen Schrift und in der christlichen Theologie verankert. Jeder orthodoxe Christ soll die Würde eines Menschen und sein Recht auf Entscheidungsfreiheit respektieren", so Tschaplin.
>
> „Für einen orthodoxen Christen sind aber andere Werte nicht weniger wichtig oder sogar wichtiger: Glaube, Vaterland, Verteidigung des Heimatlandes und unserer Heiligtümer. Das private Interesse steht für einen orthodoxen Christen in der Regel nicht höher als Gesellschaftswerte."

Es gibt laut Tschaplin Werte, die „höher" stehen, als das menschliche Leben oder die Freiheit. „Nur wenn Werte eines Menschenlebens und Werte der Menschengemeinschaft harmonisiert werden, können die Gesellschaft und der Staat überleben", betonte der Geistliche.[17]

Staat und Kirche sind in Russland zwar rechtlich getrennt, die politischen und religiösen Eliten des Landes stützen sich jedoch erkennbar gegenseitig.[18] Zudem lässt sich seit einigen Jahren die Tendenz feststellen, dass die orthodoxe Kirche – im Widerspruch zur Verfassung – zunehmend als „Staatskirche" betrachtet wird bzw. auch dementsprechend auftritt. Dies äußert sich auf vielfältige Weise, z.B. durch religiöse Zeremonien des Weihens

---

[17] RIA Nowosti, Moskau, am 01.07.2004, in: Nachrichten aus Russland und um Russland herum. Eine Rückschau auf die Ereignisse des gestrigen Tages 90, 2.7.04, (künftig: Grachok). Es handelt sich um einen bis September 2004 wochentäglich erscheinenden und auf elektronischem Wege verbreiteten Nachrichtendienst. Seit Oktober 2004 wird er wöchentlich vertrieben. E-mail: naur@nm.ru.

[18] Nach seiner offiziellen Amtseinführung am 7. Mai 2004 suchte Präsident Putin den Patriarchen von Moskau in Maria-Verkündigungs-Kathedrale im Kreml', der Hauskirche der Zaren, privat auf, in: Russlandanalysen Nr. 26/04, Tageskalender 7.5.04; s. auch Interfax am 29.3.04, in: DW 62, 30.3.04; Wostok, Nr. 2/2004, S. 7 und Jens Mühling: Hammerkreuz und Hakensichel, in: MDZ am 2.7.04.

von Flaggen, Raketen oder Unterseebooten, die zunehmend Teil militärischer Gepflogenheiten werden.[19]

Patriarch Alexij II., das Oberhaupt der russisch-orthodoxen Kirche, nimmt eine eher ausgleichende Haltung ein und bezeichnet Russland beispielsweise als „*multikonfessionelles* Land“. Der Hauptverantwortliche der Kirche für weltanschauliche Fragen, Kirill, Metropolit von Smolensk und Kaliningrad betont jedoch, dass seine Heimat ein „orthodoxes Land mit nationalen und religiösen *Minderheiten*“ sei.[20] Letztere Haltung scheint in der Kirche und der russischen Bevölkerung an Bedeutung zu gewinnen. Dies weckt nicht nur zunehmende Besorgnis der Vertreter einer pluralen Gesellschaftsauffassung, sondern auch den steigenden Unwillen der wachsenden moslemischen Gemeinde, die bereits gegenwärtig mindestens 10 Prozent der Bevölkerung der Russischen Föderation zählt.

Auch in Russland, wie in vielen anderen (christlichen, moslemischen u.a.) Ländern, lassen sich wachsende Tendenzen eines religiösen Fundamentalismus feststellen. Dieser könnte nicht nur die bereits sehr erheblichen Spannungen im Kaukasusraum weiter verschärfen, sondern auch die Grundlagen des bislang entspannten Zusammen- und Nebeneinanderlebens der russischen Mehrheitsbevölkerung und moslemischen Minderheiten im Zentrum Russlands untergraben, wie beispielsweise in Tatarstan und Baschkortastan.

Autoritäre Ideale und Haltungen sind in den vergangenen Jahren zweifellos erstarkt, sodass mit berechtigter Sorge die Frage gestellt werden kann, auf welchem Weg sich Russland befindet: Ist das Land – mit Umwegen – trotz alledem auf einem Kurs, der mittel- oder langfristig näher an europäische Werte und Normen heranführt? Oder sind wir Zeugen der Schaffung und Konsolidierung eines *dauerhaft* autoritären, „tradtionellen russischen“ Systems?

Mentalitäten und Bedürfnisse der Bevölkerung deuten eher in die letztere Richtung, die Signale sind jedoch nicht eindeutig und man kann erwarten, dass pluralistische und individualistische Tendenzen mit der Verminderung

---

19 Manfred Sapper/ Volker Weichsel/ Agatha Gebert: Achtung Religion, in: OE Nr. 4/2004, S. 48-50; Sergej Mozgovoj: Siloviki im Dienste der Orthodoxie. Staat, Kirche und Nation in Rußland, in: OE Nr. 4/2004, S. 63.

20 Aleksandr Soldatov: Religion und Staat. Die russische Orthodoxe Kirche und der geistliche Raum Rußlands, in: OE Nr. 4/2004, S. 74. Meine Hervorhebungen.

von Armut und Unsicherheit mittelfristig deutlich an Bedeutung gewinnen werden.[21] – So sind beispielsweise Popstars und erfolgreiche Geschäftsleute bereits heutzutage die Idole der Jugend in Russland, der Präsident hingegen belegt einen der hinteren Plätze.[22] Zudem lehrt uns die geschichtliche Erfahrung, dass nach jeder Revolution, nach Jahren des Chaos' (die in Russland von etwa 1989 bis ins Jahr 2000 dauerten), eine „Gegenrevolution" Platz greift, in der Elemente des überwundenen Regimes wieder aufgenommen werden. Die Reformation oder die Verhältnisse im Frankreich der 1790er Jahre sind naheliegende Beispiele. Insofern kann man zur Gelassenheit mahnen. Andererseits gibt es auch Beispiele von Umwälzungen, in denen alte repressive Strukturen lediglich mit einem neuen Vorzeichen versehen wurden...

Auf den vergangenen Seiten waren langfristig wirksame Mentalitäten das Thema, die sich gewöhnlich nur langsam ändern. Letztlich entscheidend für die mittel- und langfristige Entwicklung sind die Strukturen, die nach der „Revolution" in der „Gegenrevolution" konsolidiert oder neu geschaffen werden. Dementsprechend wird im Folgenden die innere Entwicklung des Landes seit dem Amtsantritt Präsident Putins in den Blick genommen, um einige weitere Indizien herauszuarbeiten, „auf welchem Weg sich Russland befindet".

---

21 Umfragen des Meinungsforschungsinstitutes ROMIR-Monitoring könnten diesen Optimismus stützen, s. Olga Sobolewskaja, RIA Nowosti, Moskau, am 01.07.04, in: Grachok 90, 2.7.04.

22 Jugendliche schwärmen für Oligarchen und Popstars, in: russlandaktuell.ru – eine Internetzeitung von RUFO, 21.07.04, www.aktuell.ru/rupan0010/morenews.php?iditem=1318 (zuletzt geöffnet am 15.11.04), auch in: Grachok 102, 22.7.04.

II. Innenpolitische Entwicklungen im Russland unter Präsident Putin

Der Blick westlicher Beobachter auf Russland ist seit dem Herbst 2003 spürbar kritischer geworden. Auslöser war die Verhaftung des Öl-Oligarchen Chodorkowskij, die bereits zuvor vorhandene Sorgen bezüglich der innenpolitischen Entwicklung Russlands weiter genährt haben. Der Verlauf der Wahlkämpfe, die Ergebnisse der Duma- und Präsidentschaftswahlen und die weitere Zentralisierung der Macht nach den Gräueln von Beslan führten zu einer weiteren Verschärfung der Kritik, die auch in der deutschen Tagespresse einen deutlich breiteren Raum einnimmt als noch im Sommer 2003. Alexander Rahr, einer der führenden deutschen Russlandexperten, konstatiert, dass bereits Präsident Jelzin mit seinem Versuch gescheitert sei, sein Land im Westen zu verorten, und unter Putin jetzt dieselbe Entwicklung drohe.[23] Diese Einschätzung wird von einer breiten Mehrheit der publizistischen und wissenschaftlichen Russlandkenner geteilt.

Die Nichtregierungsorganisation „Freedom House" stellte im Sommer 2004 fest, dass es in den vorhergehenden Jahren in den meisten Staaten der ehemaligen Sowjetunion Rückschritte im Demokratisierungsprozess gegeben habe, insbesondere jedoch in Russland. Selbst der frühere sowjetische Staats- und Parteichef Michail Gorbatschow, der das Vorgehen des Präsidenten in den vergangenen Jahren gut hieß, warnte im August 2004 (vor den erschütternden Terrorakten) vor „der schleichenden Rückkehr des Autoritarismus in Russland".[24]

---

[23] Alexander Rahr: Der kalte Frieden, in: IP Nr. 03/04, S. 8; Biographische Angaben zu Putin s. bei: Alexander Rahr: Wladimir Putin. Präsident Russlands – Partner Deutschlands. – Tübingen, 2002 (künftig: Rahr: Putin) und Boris Reitschuster: Wladimir Putin. Wohin steuert er Russland? – Berlin, 2004. Der angesehene Menschenrechtler Sergei Kovalëv vertritt gar die Ansicht, dass Russland bereits ein totalitärer Staat sei. In: Wostok, Nr. 5/2002, S. 1-3.

[24] Nations in transit 2004: summary of findings by region, www.freedomhouse.org/research/nitransit/2004/summary2004.pdf (zuletzt geöffnet am 15.11.04); s. auch Manfred Quiring: Reformen bleiben unter Putin aus, in: Die Welt, 7.5.04; AFP, 19.08.2004, in: Grachok 120, 20.8.04.

Auf den folgenden Seiten werde ich zunächst auf sehr knappem Raum Charakteristika und Entwicklungen der innenpolitischen Situation Russlands zwischen Mitte der 90er Jahre und dem Jahre 2000 darstellen. Danach werde ich Herausforderungen der innenpolitischen Situation skizzieren, vor denen Präsident Putin stand bzw. steht sowie die Antworten des Kreml hierauf. Gegen Ende des Kapitels werde ich eine Wertung der innenpolitischen Situation und einen Ausblick auf die kommenden Jahre versuchen.

II.1 Thesen über Charakteristika und Entwicklungen der innenpolitischen Situation Russlands unter Jelzin

Die Ära Jelzin wurde und wird im Westen grundsätzlich als „demokratisch" charakterisiert, trotz aller im Einzelnen auch harschen Kritik. Dieses Urteil ist nicht ganz unangebracht, denn die 90er Jahre zeichneten sich in Russland unter anderem durch eine freie und breite öffentliche Diskussion und die Einbindung externer Fachleuten in den Entscheidungsfindungsprozess der Exekutive aus. Insofern handelte es sich in der Jelzin-Ära um offenere Strukturen, als sie sich seit dem Jahre 2000 herausbilden.

Auf der anderen Seite verarmte der Großteil der russischen Bevölkerung, während einige wenige, die Jelzin ihre Ressourcen zur Manipulation der öffentlichen Meinung und Ausschaltung politischer Gegner zur Verfügung stellten, innerhalb kurzer Zeit sagenhaften Reichtum erlangten. In diesem Geschäft auf Gegenseitigkeit, ein historisch vielleicht sogar notwendiges Übergangsstadium, war Russland zum Selbstbedienungsladen der „Familie" geworden, die sich aus Familienangehörigen und Freunden des Präsidenten sowie einigen Oligarchen zusammensetzte.

Die Reformer dieser Jahre beteuern noch heute den demokratischen Charakter ihrer Politik. Sie wurden und werden hierbei grundsätzlich von westlichen Stimmen unterstützt. Dies stärkte und stärkt autoritäre Tendenzen und die in Russland traditionell verbreitete Ansicht, dass eine demokratische Staatsform für das Land nicht geeignet sei, obwohl die Bevölkerung grundsätzlich ihre Entwicklung wünscht.

Das in der Gesellschaft bestehende Ausmaß an gegenseitigem Vertrauen, das Sozialkapital,[25] ist in Russland traditionell ohnedies schwach ausgeprägt, es gibt kein allgemein akzeptiertes System gesellschaftlicher Werte, keine Einmütigkeit in Bevölkerung und Eliten, was als „gut" bzw. „schlecht" anzusehen ist. Dieser Grundvoraussetzung für eine zivile Gesellschaft und entwikkelte Demokratie wurde unter Jelzin ein (weiterer) Schaden zugefügt, der nur langfristig behoben werden kann.[26]

Zu allem Überfluss war der russische Staat zu Beginn der Präsidentschaft Putins kaum handlungsfähig, da Steuereinnahmen fehlten und sich Anzeichen mehrten, dass Russland als einheitlicher Rechtsraum in ernsthafter Gefahr ist.

II.2 Herausforderungen russischer Innenpolitik

Ich werde mich in diesem Abschnitt, der selbstverständlich ebenfalls keinen Anspruch auf Vollständigkeit erhebt, auf Thesen beschränken:

1. Die Begründer des Regimes der „gelenkten Demokratie" Putins sind überzeugt, dass sie das Land vor dem Zerfall gerettet haben.[27] Der Anspruch „Retter des Vaterlandes" gewesen zu sein ist übertrieben, aber nicht abwegig. Übertrieben ist er, weil 1999/2000 die überwältigende Mehrheit der Eliten und der Bevölkerung in Russland eine Stärkung der Zentralmacht wünschten und forderten, was im Westen gerne übersehen wird. Die Sicherung der inneren Stabilität des Landes war als politisches Hauptziel allgemein anerkannt.

---

[25] Zum Thema Sozialkapital s. Robert D. Putnam: Making Democracy Work. Civic Traditions in Modern Italy. - Princeton: 1993; Francis Fukuyama: Der große Aufbruch. - München, 2002.

[26] S. z.B. Karl Eimermacher: Staatsmacht ohne Volk. Das System Putin und die Zukunft Russlands, in: OE Nr. 3/2004, S. 60. Zu den Umständen der Privatisierung s. z.B. Heiko Pleines: Aufstieg und Fall. Oligarchen in Rußland, in: OE Nr. 3/2004, S. 71-81. Zu der von Jelzin gewünschten Schwäche des Parlamentarismus und seinen Folgen s. Wladimir A. Ryschkow: Die Dekade der Instabilität und Schwäche – Zum zehnjährigen Bestehen der russischen Staatsduma, in: Gabriele Gorzka/ Peter W. Schulze, Hg.: Wohin steuert Russland unter Putin? Der autoritäre Weg in die Demokratie. - Frankfurt/ Main, 2004, S. 206 (künftig:Gorzka/ Schulze: Wohin steuert).

[27] Sergej A. Markow: Der Kreml und die Demokratie – Aufgaben der zweiten Amtszeit Putins, in: Gorzka/ Schulze: Wohin steuert, S. 272.

Der Anspruch ist jedoch nicht abwegig, weil die Führung auch hätte scheitern können.

2. Interessengruppen und einzelne Mächtige, die sich in den letzten Jahren Jelzins zu Lasten des Gemeinwohls noch stärker bereichert hatten, als in Russland aufgrund seines schwach ausgeprägten Sozialkapitals ohnedies zu erwarten war, übten auch zu Beginn der Amtszeit Putins unverhältnismäßig großen Einfluss auf die Politik aus.

3. Die Steuereinnahmen sind in den letzten Jahren sehr stark angestiegen und der einheitliche Rechtsraum ist nicht mehr durch Zerfallserscheinungen bedroht. Der russische (und zuvor sowjetische) Staat funktioniert grundsätzlich jedoch nur sehr unvollkommen. Er kann durch Machtdemonstrationen den Eindruck erwecken stark zu sein, wie beispielsweise im Falle Chodorkowskijs. Er ist in der Lage, selektiv zuzuschlagen, oder, um es neutraler zu formulieren: zu handeln. Ein mangelndes Verantwortungsgefühl auf allen Ebenen, Bestechlichkeit, Organisationsmängel und überbordender Eigennutz verhindern jedoch in weiten Bereichen eine effektive Staatsmacht. Die bestürzende Inkompetenz und Schlamperei, die bei der Bekämpfung terroristischer Akte offenkundig werden, ob in Inguschetien im Juni 2004 oder in Beslan, sind nur ein kleiner Teil der Spitze eines Eisberges.

4. Macht und Wohlstand sind extrem ungleich verteilt. Dies betrifft zum einen die regionale Verteilung: Das Wohlstandsgefälle zwischen den reichsten und ärmsten Gebieten ist größer, als innerhalb der Alt-EU. Allein in Moskau werden über 30 Prozent des gesamten Einzelhandelsumsatzes Russlands getätigt. Der überwiegende Teil des Landes ist dementsprechend vernachlässigt, selbst in Zentralrussland.[28] Das Lebensniveau ist in weiten Teilen des Landes deutlich niedriger als vor 20 Jahren.

Die Wohlstandsunterschiede zwischen den einzelnen Bürgern sind ebenso beunruhigend und destabilisierend wie zwischen einzelnen Landesteilen. Seit dem Jahre 2000 hat sich die Anzahl der US-$-Milliardäre in Russland verdreifacht. Nur in den USA und Deutschland gibt es weltweit mehr Superreiche als in Russland, Japan wurde kürzlich überrundet. Allein in Moskau le-

28 Als ein Beispiel für die tendenziell noch zunehmende Unterentwicklung der ländlichen Regionen s. z.B. LID Landwirtschaftlicher Informationsdienst, 27.05.2004, in: Grachok 66, 28.5.04.

ben 33 Milliardäre – in New York sind es „nur“ 31.[29] Im Jahre 2001 überstiegen die Einnahmen der wohlhabendsten 10 % der Bevölkerung diejenigen der ärmsten 10 % um das 10fache, 2002 um das 13fache, 2003 das 14fache und 2004 das 15,2fache.[30]

5. Unmittelbar nach seiner Wiederwahl leitete Putin im Frühjahr 2004 eine Sozialreform ein, die zur größten Protestbewegung der vergangenen vier Jahre führte. Sie flaute nach dem Terror im Spätsommer 2004 ab, könnte jedoch wieder aufflammen und es gibt bereits deutliche Signale wachsenden Mißtrauens gegenüber dem Präsidenten.[31]

6. Die Situation im russischen Nordkaukasus zeichnet sich durch eine noch weit unübersichtlichere nationale Gemengelage und ausgeprägtere wechselseitige Ressentiments aus, als dies auf dem Balkan der Fall war bzw. ist. Russland könnte sich aus dem Nordkaukasus nicht zurückziehen, selbst wenn es wollte, es ist in Dagestan oder zwischen Osseten und Inguschen als Ordnungsmacht auch in Zukunft unabdingbar.[32] Dies bindet umfangreiche personelle und materielle Ressourcen, die andernorts nicht zur Verfügung stehen.

7. In Tschetschenien kommen zahllose Menschen ums Leben. Die verfahrene Situation destabilisiert die ohnedies labile Lage in den anderen Teilen des Nordkaukasus, bindet große Ressourcen und verstärkt die im Westen bereits vorhandene Abneigung und das Misstrauen gegenüber Putin und Russland. Eine politische Lösung ist notwendig, aber nicht absehbar. Zum ei-

---

29 Konstantin Bakulew: Sozialabbau auf der ganzen Linie – die Reformpolitik, in: Wostok Nr. 3/2004, S. 37; BBC am 13.5.04, nach: Forbes, in: CDI Russia Weekly 306, 14.5.04, Hg.: David Johnson, Center for Defence Information, Washington. Internet: www.cdi.org/russia (künftig: CDI).

30 Anastasija Samotorova: Daleki oni ot naroda, in: Novye izvestija, 3.11.04 – im Internet auf russ.: www.newizv.ru/news/?id_news=14472&date=2004-11-03 (zuletzt geöffnet am 15.11.04); auf deutsch in: DW 213, 4.11.04.

31 Angaben des Levada-Zentrums www.levada.ru./press/2004060801.html, in: Russlandanalysen Nr. 34/2004, S. 8; Argumenty i Fakty, 21.7.04; Alexej Uljanow: Soziale Konterrevolution in Russland, in: Wostok Nr. 2/2004, S. 35; s. dazu auch Russlandanalysen Nr. 31/2004; Frankfurter Allgemeine Zeitung, 03.07.04.

32 S. z.B. Julija Kalinina, Anastasija Rakitina u.a.: S det'mi vojujut tol'ko podonki, in Moskovski komsomolec, 2.9.04; Sergei Arutjunov: Čečenski koster, pritušennyj na poverhnosti, polyhaet pod zemlej – im Internet auf russ.: www.strana.ru/print/225358.html, 3.9.04 (zuletzt geöffnet am 15.11.04). Beide Berichte auf deutsch in: DW 171, 6.9.04.

nen sind beide Seiten noch nicht so weit, die Ausweglosigkeit der gewaltsamen Option anzuerkennen – in Nordirland kam es erst nach über 20 Jahren bürgerkriegsähnlicher Zustände zu echten Verhandlungen. Zum anderen ist nicht erkennbar, mit wem die russische Seite erfolgversprechende Verhandlungen aufnehmen könnte: Die Autorität des 1997 demokratisch gewählten Präsidenten Maschadow, der eine „islamische Republik" ausgerufen hatte, die nur vom Talibanregime anerkannt wurde, war bereits 1999 weitgehend geschwunden und hat in den vergangenen Jahren weiter gelitten.[33] Zudem hat sich Tschetschenien durch das massive gewaltsame Eingreifen einer Großmacht noch stärker zu einem Sammelbecken und Brutkasten für Extremisten entwickelt, als dies bereits zuvor der Fall gewesen war – und für Kriminelle, die nur politische Ziele vorgeben. Außerdem wünschen bei weitem nicht alle Tschetschenen die (faktische) Unabhängigkeit ihres Landes. Ihre Erfahrungen der Jahre 1996 bis 1999 waren hierfür allzu ernüchternd.

8. Der Konflikt um Tschetschenien verstärkt und schafft interethnische Spannungen innerhalb Russlands und kommt autoritär gesonnenen Kräften zu Gute. Dies könnte zu einer weiteren schweren Belastung für die Entwicklung der Zivilgesellschaft und des Rechtsstaats werden.

II.3 Antworten des Kreml auf die Herausforderungen

Putin glückte bereits in den ersten Jahren seiner Präsidentschaft die Stärkung der Macht des föderalen Zentrums und die Stabilisierung der Staatlichkeit seines Landes. Dies war notwendig und kann nur begrüßt werden. Die Zurückdrängung des politischen Einflusses von Oligarchen ist hingegen noch im Gange. Ohne sie sind die (Wieder-) Herstellung der Handlungsfähigkeit des Staates, eines Mindestmaßes an sozialer Gerechtigkeit und eines ausreichenden Wettbewerbsniveaus in der Wirtschaft kaum denkbar. Die Brechung der Vorherrschaft der Oligarchen ist aber keine hinreichende Bedingung, dass soziale Gerechtigkeit und eine dynamische Wirtschaft erreicht oder auch nur angestrebt werden. (Zu diesem Thema s. III.5)

---

[33] Leon Aron: Responding to Terrorism. Russia at a Crossroads, 27.9.04, American Enterprise Institute (AEI), www.aei.org/news/newsID.21287,filter./news_detail.asp (zuletzt geöffnet am 15.11.04), in: CDI 325, 8.10.04.

Ich möchte auf zwei Aspekte des Ringens zwischen dem Kreml und den Oligarchen um die politische Suprematie eingehen: die Medien und die Verhaftung von Chodorkowskij.

Der Kampf gegen die Vorherrschaft der Oligarchen

In westlichen Ländern sichern die Medien ihre Existenz vor allem durch Werbeeinnahmen. Diese sind in Russland zum einen immer noch gering, zum anderen zu etwa 90 Prozent auf Moskau konzentriert. Qualitätszeitungen und -zeitschriften sind dementsprechend ein Zuschussgeschäft, nicht zuletzt wegen der Größe und Unwegsamkeit des Landes, die zu kostspieligen logistischen Problemen führt. Zudem bleibt die Nachfrage nach kritischen Presseorganen gering. Für westliche Unternehmen bestände die Möglichkeit Zeitungen in Russland zu gründen, dies bleibt jedoch die große Ausnahme, weil die wirtschaftlichen Aussichten mittelfristig zweifelhaft bleiben. Lediglich bei populären Zeitschriften, die Gewinne versprechen, sind ausländische Konzerne stark vertreten.[34]

Russische Medien waren und sind daher in aller Regel gezwungen, sich in die Abhängigkeit eines mächtigen Financiers zu begeben. Dies waren bei den landesweiten Organen ab Mitte der 90er Jahre die Oligarchen, oder die Föderalmacht, auf die der Geldadel großen Einfluss ausübte. In den Provinzen kamen noch Gouverneure oder einflussreiche Bürgermeister in Frage. Die Geldgeber betrachten die Zeitungen, Fernseh- und Radiosender oft weniger als Mittel zur Information als zur Steigerung der eigenen Macht, z.B. zur Plünderung öffentlichen Eigentums, wie die Organe der mächtigen Wirtschaftskapitäne in der zweiten Hälfte der 90er Jahre demonstrierten. Diese Wirtschaftskriminalität wurde von den führenden Medien Russlands *grundsätzlich* nicht verurteilt. *Wenn* Elemente der Privatisierungspraxis von ihnen kritisiert wurden, dann ging es um Gefechte zwischen einzelnen Oligarchen um den Anteil an der Beute. Die Journalisten besaßen allerdings die Möglichkeit innerhalb der von den Eigentümern gezogenen Grenzen eine breite Palette von Themen kritisch aufzugreifen. Es gab echten Pluralismus und politi-

---

34 Nathalie Kharina-Welke: Das Mediensystem Russlands, in: Hans-Bredow-Institut, Hg.: Internationales Handbuch Medien 2004/2005. - Baden-Baden: 2004, S. 569, 578; RIA Nowosti am 1.7.04, in: Grachok 90, 2.7.04.

schen Wettbewerb – unter der Prämisse, dass die Suprematie der Oligarchen bewahrt blieb.

Putin begann bereits im Jahre 2000 den Wirtschaftskapitänen Fernsehsender zu entwinden. Dies war sowohl begrüßenswert, als auch zur Entwicklung des Landes notwendig. Es setzte allerdings auch Prozesse in Gang, ob gewollt oder ungewollt, die berechtigte Kritik hervorrufen:

Die „Reporter ohne Grenzen" fanden in ihrem zweiten jährlichen Ranking der Pressefreiheit noch im Jahre 2002 die lobenden Worte, dass es von allen slawischen Staaten in der Gemeinschaft Unabhängiger Staaten, nur in Russland „wahrhaft freie Medien" gebe. Im Herbst 2003 wurden die Ursachen, Umstände und befürchteten Auswirkungen der Verhaftung Chodorkowskijs von den Moskauer Qualitätszeitungen mit ebenso drastischen Worten beschrieben, wie beispielsweise in Deutschland.[35] Der Pluralismus der Meinungen ist in den vergangenen Jahren aber zweifellos zurückgegangen, was auch die „Reporter ohne Grenzen" konstatieren. Auf die verbliebenen unabhängigen und kritischen Organe wird mehr oder minder deutlicher Druck ausgeübt, teils scheinen sie zunehmende Selbstzensur zu üben, durch die „Fortune" und anhaltende Popularität des Präsidenten entmutigt.[36]

Der Kreml will die landesweit verbreiteten Medien zweifellos „auf Linie bringen". Der Druck von regionalen Machthabern auf die Organe in ihrem jeweiligen Bereich ist jedoch oft noch größer.

Warum will der Kreml die Medien seinem Willen beugen? Im Westen werden dahinter in der Regel autoritäre und demokratiefeindliche Motive vermutet und diese spielen bei diesem Prozess gewiss eine Rolle. Diese Deutung bleibt letztlich aber an Phänomenen kleben, ohne sie wirklich zu erklären: Bei den russischen Eliten und der Bevölkerung herrscht die Auffassung vor, dass es wohlwollende und konstruktive Kritik sowie Engagement aus Interesse an

---

35 Anfisa Voronina/ Igor' Fedjukin: Rossijskaja pressa nesvobodna, in: Vedomosti Nr. 194 vom 23.10.03, www.vedomosti.ru/newspaper/article.shtml?2003/10/23/68072 (zuletzt geöffnet am 13.11.2004); Mavra Kosičkina: WPS Monitoring Agency, 29.10.03, in: CDI 280, 31.10.03 (Originaltext auf russ.: „Arest Mihaila Hodorkovskogo: Rossija v novoj političeskoj real'nosti", www.win.subscribe.ru/archive/press.wps.voting/200310/2923 0451.html (zuletzt geöffnet am 15.11.04).

36 Interfax am 29.4.04, in: DW 82, 29.4.04. Laut einem Bericht der US-amerikanischen Organisation „Freedom House" hat sich die Situation der Medien auch in Italien deutlich verschlechert.

der Sache kaum geben kann. Man neigt stark dazu, Kritik nicht *auch* an der Überzeugungskraft ihrer Argumente zu messen, sondern vermutet sehr schnell eigensüchtige Interessen des Kritikers. Selbst hinter den großen weltweiten Friedensdemonstrationen gegen den Irakkrieg im Februar/März 2003 wurden in Russland rasch Geldgeber und Organisatoren mit eigennützigen Absichten vermutet, ebenso wie hinter kritischen Medien und Menschenrechtsorganisationen im eigenen Land. So ist der Vorwurf leicht bei der Hand, dass diese im Auftrag beispielsweise „des Auslandes" stünden, um Russland zu schwächen. Und die Ankläger glauben oft ihren eigenen Worten, so schwer dies in Deutschland zu verstehen sein mag.

Es ist auch nur schwer vorstellbar, wie die Vorherrschaft der Wirtschaftskapitäne auf eine kultiviertere und rechtsstaatlichen Ansprüchen genügende Art und Weise hätte gebrochen werden können: Es gibt, im Vergleich zu gefestigten Demokratien, keine Spielregeln zwischen Regierung und Opposition, keine Übereinkunft, was erlaubt ist und was nicht sowie eine unterentwickelte journalistische Ethik. Ein zurückhaltenderes Vorgehen der Staatsmacht gegen die Oligarchen wäre von diesen als Halbherzigkeit aufgefasst worden und hätte ihren Widerstand verstärkt.

Die Entwicklung der russischen Medienlandschaft lässt sich nicht in den Schwarz-Weiß-Mustern fassen, die in Deutschland vorherrschen. Sie gibt aber Anlass zur Sorge. Ohne eine offene und plurale Diskussion drohen dem Land folgenreiche Fehlentwicklungen. Der russischen Bevölkerung ist durchaus bewusst, dass die Berichterstattung in den vergangenen Jahren in weiten Bereichen an Biss verloren hat und reagiert mit zunehmendem Misstrauen auf die staatlich kontrollierten Medien.[37]

Die Chodorkowskijkrise ist ein weiterer Aspekt des Ringens zwischen dem Kreml und den Oligarchen um die Suprematie:

Ob in Norwegen, Kasachstan, Azerbeidschan oder Mexiko: Die Ölförderung wird wegen der überragenden Bedeutung dieses Sektors für die Volkswirtschaft großenteils von staatlichen Konzernen kontrolliert. Anders in Russland. Alle russischen Ölgesellschaften wurden in den 90er Jahren für weniger als 5 Milliarden Dollar privatisiert. 2003 aber lag allein ihr Reingewinn

---

37 www.levada.ru./press/2004090901.html, nach Russlandanalysen Nr. 36/2004.

bei 25 Mrd. Dollar.[38] Zudem schöpfen Norwegen und andere Förderländer die Gewinne der Ölindustrie wesentlich stärker ab als Russland. Die Gewinnabschöpfungsrate in den Vereinigten Arabischen Emiraten beträgt 90 %, in Norwegen 80 %, in Russland hingegen nur 50 %.[39]

Im Jahre 2003 scheiterte ein Vorhaben des Kreml, die Steuern für die Konzerne zu erhöhen an der Duma, in der die Interessenvertreter der Oligarchen weiterhin stark vertreten waren. Die Weltbank schätzt vorsichtig, dass dem russischen Staat durch Steuerstricks der Ölkonzerne jährlich 2 % des Bruttoinlandsproduktes an Steuern entgehen. Das sind etwa 60 % der Ausgaben für die russischen Streitkräfte. Seit dem Herbst 2003 aber geben sich die Konzerne steuerzahlungsfreundlicher.[40]

Die Verhaftung von Chodorkowskij war ein politisches Signal an die Wirtschaftskapitäne: Der Staat wird die Gewinne stärker abschöpfen, beabsichtigt ihren starken Einfluss in der Politik weiter zurückzudrängen, bestraft politische Unbotmäßigkeit und belohnt Wohlverhalten. Der Kreml ging selektiv gegen einen einzelnen, zudem politisch besonders unbequemen Oligarchen vor.[41] Ein Angriff auf alle hätte Staat und Wirtschaft in eine schwere Krise gestürzt.

Bundeskanzler Schröder sagte während des Höhepunkte der Chodorkowskijkrise, dass es keine Anhaltspunkte gebe, dass die russischen Behörden nicht rechtsstaatlich vorgingen.[42] Dieser Deutung wird durch die Entwicklung nicht gedeckt und kaum jemand in Deutschland mag ihr folgen. Es wäre aber zu kurz gedacht, die Worte Schröders zu verurteilen. Sie waren als politisches Signal wertvoll.

---

38 Jens Hartmann: Russland wird Tankstelle der Welt, in: Welt am Sonntag,13.6.04.

39 Mathias Brüggmann: Russlands Wirtschaft zwischen hohen Wachstumsraten und tiefer Illusion, in: Gorzka/ Schulze: Wohin steuert, S. 78; Gernot Erler: Der Fall Chodorkowskij – Zur Tomographie eines politischen Konflikts, in: Gorzka/ Schulze: Wohin steuert, S. 311.

40 Gernot Erler: Der Fall Chodorkowskij, ebd., S. 311; Jörg Billina, www.wallstreet-online.de, 31.10.04, in: Grachok 44. Woche 04, 1.11.04.

41 Eine kompakte Aufarbeitung der Hintergründe der Chodorkowskijkrise bei Roland Götz: Rußland und seine Unternehmer. Der Fall Chordorkowskij, in: SWP-Aktuell 45, November 2003.

42 Spiegel am 8.7.04: Jukos-Affäre. Schröder stellt Putin Persilschein aus, www.spiegel.de/wirtschaft/0,1518,307757,00.html (zuletzt geöffnet am 23.11.04).

Die seit dem Herbst 2003 im Westen und bei russischen Liberalen lautstark geäußerten Befürchtungen, dass eine faktische Re-Verstaatlichung zentraler Teile der russischen Wirtschaft und eine Kapitalflucht drohe, haben sich nicht bewahrheitet. Im Herbst 2004 standen beispielsweise 7,59 % des russischen Lukoilkonzerns zum Verkauf durch den russischen Staat an. Die amerikanische Gesellschaft Conoco setzte sich gegen zwei russische Mitbewerber durch und erklärte, in den kommenden Jahren bis zu 20 % von Lukoil erwerben zu wollen. Der französische Konzern Total gab zudem bekannt, dass er an einer Sperrminorität bei Sibneft interessiert sei und Ende September 2004 teilte er mit, dass er über 25 % der Anteile des größten unabhängigen Erdgaskonzern Nowatek erwerben werde.[43] Auf der anderen Seite wurde im Sommer 2004 angekündigt, dass der Staat seinen Anteil an Gasprom erhöhen wolle.[44] Außerdem wird das staatliche Unternehmen Rosneft vom staatlich kontrollierten Gasprom-Konzern übernommen.

Entgegen allen in der Frühphase der Chodorkowskijkrise geäußerten Befürchtungen können westliche Ölkonzerne in Russland zunehmend Fuß fassen. Die russischen Unternehmen kommen ihrer Steuerpflicht stärker nach denn je, der Staat zieht sich aus Minderheitsbeteiligungen bei bestimmten Rohstoffkonzernen zurück und konzentriert sich auf die Schaffung und Konsolidierung eines großen staatlichen Konzerns. Dieses Vorgehen ist politisch und volkswirtschaftlich sinnvoll. Russland weicht hiermit Ende 2004 weit weniger von weltweiten Gepflogenheiten ab als Mitte 2003. „Die Weltbank unterstützt Putins Vorhaben, die Unternehmen der Oligarchen besser zu regulieren, um Wettbewerb anzuregen und Monopolprofite abzubauen."[45]

Mit dem Abgang von Woloschin und Kasjanov aus höchsten Staatsämtern Ende 2003/ Anfang 2004 verloren die letzten Vertreter „der Familie" ihre offiziellen Funktionen. Insofern kann erst mit Beginn der zweiten Amtszeit Putins die Periode Jelzin als wirklich abgeschlossen gelten. Die Vorherrschaft der Oligarchen ist gebrochen, obwohl ihr Einfluss aufgrund ihrer ökonomischen

---

43 Bofit Weekly 40, 1.10.04, in: Russia Weekly Info, 1.10.04; Jens Hartmann: Russland wird Tankstelle der Welt, in: Welt am Sonntag, 13.6.04; Russlandanalysen Nr. 39/2004, S. 14.

44 RIA Nowosti am 25.06.04, in: Grachok 86, 28.6.04.

45 John Hardt: Holländische Krankheit oder Putinsches Übel? Zum Umgang mit Rußlands Energielastigkeit, in: OE 9-10/2004, S. 321.

Stellung und ihrer politischen Macht in zahlreichen Regionen weiterhin beträchtlich bleibt.

Trotz aller positiven Effekte der Entwicklung bleibt ein unangenehmer Nachgeschmack. Immerhin sitzt mit Chodorkowskij seit über einem Jahr ein Mann im Gefängnis, der in den 90er Jahren keine größere Schuld auf sich lud, als manch anderer Oligarch, dessen Unternehmen Jukos sich in den vergangenen Jahren zu einem Vorbild an Transparenz entwickelt hat und der ein größeres soziales und gesellschaftspolitisches Engagement an den Tag legte, als die meisten Superreichen in Russland. (S. im Anhang den Text Chodorkowskijs)

Beispiele für das Anwachsen von Rechtsstaatlichkeit und eine erhöhte Effektivität des Staates

Die innere Entwicklung Russlands seit dem Amtsantritt Putins lässt sich nicht mit der einfachen Formel „Ent-Demokratisierung“ zusammenfassen, trotz aller ernüchternden Fakten und Analysen. Für diese weniger bekannten gegenläufigen Tendenzen folgen einige Beispiele:

1. Die Gewalt, Willkür und Vernachlässigung, der (nicht nur) einfache Soldaten in der russischen Armee ausgesetzt sind, ist berüchtigt. Im Jahre 2002 wurden nach Angaben des obersten Militärstaatsanwaltes 800 Soldaten von Kameraden getötet, weitere 1200 verloren als Folge „fahrlässigen Handelns“ das Leben.[46] Es gibt jedoch Anzeichen für eine Verbesserung der Situation: Seit dem Jahre 2000 werden den Hinterbliebenen von Soldaten, die den Freitod gewählt haben, zumindest Entschädigungen gezahlt und Soldaten können seit 2002 nicht mehr ohne Gerichtsbeschluss arrestiert werden.[47]

2. Die Duma verabschiedete am 29. April 2004 ein Gesetz, das die Zuständigkeiten im Verteidigungsbereich neu ordnet. Danach verliert der Generalstab die operative Kontrolle über die Truppen, die, wie in modernen Staaten üblich, an den Verteidigungsminister übergeht. Zudem ordnete der Ver-

---

[46] Alexander Golz: Jagd auf Rekruten. Das russische Militär als Haupthindernis einer Armeereform, in: Deutsches Insitut für Menschenrechte, Hg.: Russland auf dem Weg zum Rechtsstaat? Antworten aus der Zivilgesellschaft. - Berlin: 2003, S. 90 (künftig: Golz: Militär).

teidigungsminister an, dass die Armee in Zukunft Fahnen ohne das Enblem des (sowjetischen) Sterns erhalten solle, ein sichtbares Anzeichen für ein vorsichtiges Lösen aus einer problematischen Vergangenheit.[48]

3. Das russische Strafgesetzbuch wurde gegen Widerstände ausgesprochen fortschrittlich reformiert, die Macht der Staatsanwälte beträchtlich verringert und die der Richter erhöht. Zudem wurden die Gehälter der Justizangestellten bedeutend heraufgesetzt, um ihre chronische Bestechungsanfälligkeit zu verringern. Alle diese Maßnahmen sollen zu einer merklichen Erhöhung der Rechtsstaatlichkeit führen.

4. Der Geist, mit dem in den vergangenen Jahren Gesetze verabschiedet wurden, gibt Anlass zur Hoffnung. Die politisch Verantwortlichen scheinen die Verbindung von Rechtsstaat und Demokratie verstanden zu haben. Die Rechtskultur ist in den vergangenen Jahren in Russland gestiegen.[49]

5. In den vergangenen Jahren wurden verschiedene Maßnahmen ergriffen, um die Stellung der Parteien zu stärken und im Oktober 2004 wurde die Verfassung geändert, um es Regierungsmitgliedern zu erlauben, Ämter bei Parteien und gesellschaftlichen Organisationen zu bekleiden.[50] Beides sind notwendige Voraussetzungen für eine Stärkung der Legislative.

6. Die Anzahl der Inhaftierten in Gefängnissen der Russischen Föderation ist in den Jahren unter Präsident Jelzin erheblich angestiegen, in den vergangenen Jahren jedoch deutlich gesunken, von 1.014.000 im Jahre 1999 auf 877.000 im Jahre 2003. Im Herbst 2004 waren es weniger als 615.000.[51]

7. Ende September 2004 unterzeichnete Putin einen Erlass, der die Beauftragten des Präsidenten in den föderalen Bezirken unter anderem dazu

---

47 Golz: Militär, S. 91; Anastasiya Lebedev: In the Army Now: Why Suicide Seems the Only Way Out, in: The Moskau news, Nr. 44/2004, im Internet: www.english.mn.ru/english/issue.php?2004-30-8.

48 S. dazu: Zoltán Barany: Potemkin am Werk. Die Militärreform in Rußland, in: OE 11/2004, S. 16-31; Russlandanalysen Nr. 25/2004.

49 Dazu s. Angelika Nußberger: Zur Entwicklung der Rechtskultur in Russland, in: Russlandanalysen Nr. 32/2004.

50 Boris I. Makarenko: Gesetzmäßigkeiten der Krise des russischen Parteiensystems, in: Gorzka/ Schulze: Wohin steuert, S. 225; Interfax am 13.10.04, in: Russia Weekly Info 18.10.04.

51 Jelena Tichomirova: Ein endloser Leidensbericht, in: Deutsches Institut für Menschenrechte: Russland auf dem Weg zum Rechtsstaat? Antworten aus der Zivilgesellschaft. –Berlin: 2003, S. 146; Interfax am 15.10.04, in: DW 4.11.04.

auffordert, Vertreter von Menschenrechtsorganisationen stärker einzubinden und zu unterstützen. Die Bedeutung dieser Maßnahme ist noch unklar, ELLA PAMFILOWA, die Leiterin der Menschenrechtskommission beim Präsidenten meinte Ende September:

> „Dieser Erlass ist rein politisch wichtig. Unsere Beamten müssen das Signal des Präsidenten entgegennehmen, dass aus Menschenrechtsorganisationen keine Sündenböcke gemacht werden dürfen. In letzter Zeit hat sich die Haltung der föderalen Strukturen gegenüber den Menschenrechtlern erheblich verschlechtert."

Vertreter von Menschenrechtsorganisationen äußerten sich Im Herbst 2004 meist skeptisch. Da aber auch die beim Präsidenten angesiedelte Menschenrechtskommission im November 2004 aufgewertet wurde und ihr in Zukunft zahlreiche angesehene und unbequeme Kritiker Putins angehören sollen, gibt es doch einigen Anlass für Optimismus.[52]

8. Der Personalbestand der föderalen Strukturen soll um 20 % reduziert werden. Hierbei sollen Funktionen teilweise nichtstaatlichen Organisationen übertragen werden, privatisiert, auf untere Verwaltungsebenen verlagert oder schlicht eliminiert werden. Um welche Aufgaben es sich genau handelt, ist noch unklar, der Kreml hat sich jedoch einen engen Zeitplan gesetzt. Die bislang völlig unzureichenden Gehälter der verbleibenden Beamten sollen deutlich erhöht werden, föderale Mitarbeiter dürfen dafür in Zukunft nicht mehr kommerzielle Tätigkeiten ausüben, die sie unter Umständen in Konflikt mit ihren amtlichen Aufgaben bringen könnte.[53] Falls diese Reformen wirklich umgesetzt werden, was in Anbetracht der mangelnden Gestaltungsmacht des russischen Staates zweifelhaft bleibt, werden Überbürokratisierung und Kompetenzwirrwarr abnehmen – ebenso wie die Käuflichkeit von russischen Staatsdienern.

Nur einige der oben aufgeführten Reformen zeugen von einer zunehmenden oder anhaltenden liberalen Tendenz in der russischen Innenpolitik. Ihr Hintergrund ist meist weniger in freiheitlicher Gesinnung zu finden als in dem

---

52 ITAR-TASS am 27.9.04, in: DW 187, 2004; Aleksandra Samarina/ Anastasija Kornja/ Marija Bondarenko: Borcov za prava čeloveka budut priručat' nedvižimost'ju, telefonami i transportom, in: Nezavisimaja gazeta Nr. 210, 29.9.04 (künftig: NG); zum Thema s. auch Elke Fein: Russlands Zivilgesellschaft und der Staat, in: Russlandanalysen Nr. 35/2004; ITAR-TASS am 9.11.04, in: DW 217, 10.11.04.

53 Stefanie Harter: Reformen des öffentlichen Sektors in Russland im Jahr 2004, in: Russlandanalysen Nr. 36/2004.

Bemühen, die staatliche Arbeit zu effektivieren und zu modernisieren. Aber dies eröffnet auch erst die Möglichkeit für vermehrte Rechtsstaatlichkeit und Achtung der Würde der Bürger Russlands.

Der verbreitete Verdacht, dass sich Russland unter Putin bewusst auf dem Weg zu einem autoritären Staat bewege, mag durch die oben aufgeführten Beispiele ein wenig entkräftet sein, denn die Entwicklung ist vielschichtiger, als es die oft allzu emotionalisierte Debatte in Deutschland vermuten lässt. Eine kritische Sichtweise ist dadurch aber nicht grundsätzlich hinfällig.

II.4 Resümee

Die ersten fünf Amtsjahre Putins

Die in Deutschland geläufige Gegenüberstellung des „demokratischen" Russland unter Jelzin und der „autoritären Tendenzen" unter Putin führt in die Irre. Die innenpolitische Entwicklung der vergangenen Jahre lässt sich mit den Worten „Abbau von Freiheitsrechten" nicht hinreichend beschreiben. Die im Westen als „autoritär" bezeichneten Maßnahmen Putins waren häufig notwendige Schritte, um den Staat zu stabilisieren und wieder handlungsfähig zu machen. Die Bürger haben heutzutage das Gefühl, dass nicht nur die Menschen ihren Verpflichtungen gegenüber dem Staat besser nachkommen als Ende der 90er Jahre, sondern nach Ansicht der Bürger trifft dies mit einigen Einschränkungen auch für die Verpflichtungen des Staates gegenüber ihnen selbst zu.[54]

Es ist auch erforderlich die Entwicklung Russlands der vergangenen Jahre in einem größeren Rahmen zu betrachten: Es hat in der Geschichte des Landes noch nie ein – außerdem gewähltes – Staatsoberhaupt gegeben, der eine solch breite Zustimmung der Bevölkerung genießt, wie Putin. Russland ist im Rahmen der Gemeinschaft Unabhängiger Staaten (GUS) zudem nach wie vor fast als „Musterdemokratie" zu bezeichnen.[55]

---

54 Tabellen und Grafiken zum Text: Die russischen Bürger und ihr Staat, in: Russlandanalysen Nr. 35/2004, S. 6-8, nach: Lev Gudkov: O legitimnosti social'nogo porjadka v Rossii, www.polit.ru/research/idea/2004/06/07/gudkov_jukos.html (zuletzt geöffnet am 15.11.04)

55 S. z.B. Anfisa Voronina/ Igor' Fedjukin: Rossijskaja pressa nesvobodna, in: Vedomosti Nr. 194 vom 23.10.03.

Putins zentrales Ziel in der Politik, seine „nationale Hauptidee“, ist die Modernisierung und wirtschaftliche Stärkung des Landes. In der wichtigen Rede vom 12. Februar 2004 spielten patriotisch gefärbte Vokabeln beispielsweise *keine* Rolle, obwohl sie sich in Wahlkampfzeiten instrumentalisieren ließen und PUTIN sicher als Patriot gelten kann. Statt dessen betonte er:

> „Ich bin überzeugt, dass nur eine entwickelte zivile Gesellschaft feste demokratische Freiheiten, Garantien der Menschen- und Bürgerrechte sichern kann. Schließlich kann nur ein freier Mensch das Wirtschaftswachstum, den Wohlstand des Staates sichern. Kurz und gut, das sind das A und das O des wirtschaftlichen Erfolgs und wirtschaftlichen Wachstums. (...) Ich betone: Rechte und Freiheiten der Bürger stellen den wichtigsten Wert dar, der auch den Sinn und Inhalt der Staatsarbeit bestimmt.“[56]

Bei seiner Rede vor der Föderalversammlung, einige Monate später, konstatierte Putin Fortschritte beim Aufbau der Demokratie in Russland, stellte aber auch fest, dass das Land sich noch ganz am Anfang des Weges befinde und die Probleme des Landes ohne eine entwickelte Zivilgesellschaft kaum gelöst werden könnten.[57]

Man kann nicht mit Bestimmtheit sagen, ob der Präsident tatsächlich diese aufgeklärten Ansichten und Ziele vertritt, die Indizien sind widersprüchlich und die große Mehrzahl westlicher Beobachter neigt zu ausgeprägter Skepsis. Zudem sind die Bedeutungen, die der Präsident mit seinen Worten verbindet, teilweise nicht eindeutig, zum Teil weichen sie erkennbar von westlichen Vorstellungen ab.[58] Es wäre aber verfehlt, sie leichthin als Täuschungsmanöver abzutun oder – wie es meist geschieht – gar nicht erst zu registrieren.

Putin wendet sich zudem wiederholt und unmissverständlich gegen Intoleranz und Fremdenfeindlichkeit. So rief er Mitte Oktober 2004 beispielsweise

---

56 RIA Nowosti am 5.6.2003, in: Grachok, 97, 6.6.03; Tägliches Informationsbulletin des Ministeriums für Auswärtige Angelegenheiten der Russischen Föderation, 13.2.04: Ansprache Wladimir Putins vor Vertrauenspersonen 12. Februar 2004, Moskau, Moskauer Lomonossow-Universität (MGU), www.ln.mid.ru/bl.nsf/fb62c8171fa829d0c3256def0051fa1a/c2acb1046dbccbd4c3256e390040ad91?Open (zuletzt geöffnet am 15.11.04).

57 Hans-Henning Schröder: Wohlstand, Normalität, Transparenz, Wettbewerb, Demokratie, in: Russlandanalysen Nr. 29/2004, S. 3.

58 Vladimir Rudakov: Udarnye instrumenty, in: Profil' Nr. 33/2004.

„zum entschlossenen Kampf gegen den immer noch anzutreffenden Nationalismus im Alltag auf".[59]

Andererseits sind Mitarbeiter von Geheimdiensten und Streitkräften in den politischen Eliten Russlands unter Putin deutlich stärker vertreten als in den 90er Jahren – Unternehmer allerdings auch. Es sind die *Akademiker*, die Träger der Revolution vom Ende der 80er bis Anfang der 90er Jahre, die ins Abseits gedrängt sind. Dies ist ein vertrautes historisches Phänomen: Die treibenden Kräfte eines großen Umbruchs befinden sich in aller Regle nach nach einigen Jahren im politischen Abseits und in der Epoche der „Gegenrevolution" in Opposition. Sie verteidigen, was sie für die „eigentlichen" Ideale und Ziele der Revolution halten. (S. hierzu auch den Text von Dmitrij Furman im Anhang.)

Das System Putins pflegt zaristische und sowjetische Traditionen eindeutig stärker als Jelzin. Dies ist ein notwendiger und letztlich begrüßenswerter Begleitvorgang des Selbstfindungs- und Stabilisierungsprozesses, der erst eine tragfähige Basis für Veränderung und Weiterentwicklung schafft. Es besteht allerdings die Gefahr, dass die Einbindung von sehr fragwürdigen Zeichen aus der Vergangenheit im heutigen Russland zu weit geht und Symbolik zu Sustanz gerinnt. Besonders spektakuläre Beispiele sind die Errichtung von Denkmälern für Breschnew in Noworossijsk und für Andropow in Petrosowodsk, die von den regionalen Eliten ausgingen. Die Statuen für die KP-Größen wurden *nicht* errichtet, um eine besondere Wertschätzung ihrer Politik zu dokumentieren, sondern es handelt sich hierbei vielmehr um eine Suche nach Tradition in unsicheren Zeiten, bei der Ideologie nur eine geringe Rolle spielt – und der Hunger der russischen Bevölkerung nach Verwurzelung deutlich wird. Ähnlich ist das Ansehen zu beurteilen, das der letzte Zar bei vielen entschiedenen Demokraten Russlands genießt. Dies läßt keineswegs einen Rückschluss auf eine bei ihnen herrschende reaktionär-monarchistische Stimmung zu.

Der Kreml treibt den Prozess der Einbindung von Symbolen aus der Vergangenheit nicht an, sondern er befriedigt eher ein Bedürfnis der Bevölkerung, auch der entschiedenen Demokraten.

---

59 Interfax am 19.10.04, in: DW 202, 19.10.04.

Die Politik war zur späten Jelzinzeit ein Anhängsel der Wirtschaft geworden und es war notwendig, den Einfluss von Oligarchen zurückzudrängen, um eine Modernisierung vorantreiben zu können. Auch die 1999 gewählte Duma, die mehrheitlich loyal gegenüber der Exekutive war, besaß wegen des Einflusses wirtschaftlicher Interessengruppen nicht das Potenzial, um Reformen zu initiieren. Nur aufgrund des Drucks der Exekutive konnten zumindest halbherzige Reformen durchgeführt werden.[60] Erst im Zusammenhang mit der Chodorkowskijkrise im Herbst 2003 wurde die Dominanz der Größen der Wirtschaft gebrochen. Diese Vorherrschaft war unter anderem daran erkennbar, inwieweit die verschiedenen Teile der Gesellschaft (Steuer-) Lasten tragen bzw. Vergünstigungen erfuhren. Die in Russland bislang recht hohe Mehrwertsteuer, die die Masse der Bevölkerung trifft, wurde zum Jahresanfang 2004 von 20% auf 18% gesenkt, eine weitere Reduktion auf 16% ist angekündigt.

Wer ist Wladimir Putin? Die Antwort auf diese Frage fällt nur wenig leichter als im Jahre 2000. Dies erklärt auch seine anhaltende Popularität, denn sowohl „realistische Demokraten“, als auch hartgesottene Verfechter des Machtstaates können sich durch ihn repräsentiert fühlen. Er hat die wirtschaftlichen Interessengruppen in ihre Schranken gewiesen, die Machtvertikale gestärkt und die konturlose Partei der Macht „Edinaja Rossija“ („Einiges Russland“) beherrscht das Parlament. Wozu wird Putin seine große Macht nutzen?

Aussichten

Ende 2004 steht Wladimir Putin stärker in der Verantwortung denn je. In seiner ersten Amtsperiode ging es eher darum, die *Voraussetzungen* für die Lösung von Problemen zu schaffen, jetzt muss es darum gehen, die konkrete Problemlösung anzupacken. Welche Fragen stehen an?

1. Auf welche Weise kann der russische Staat seine Effektivität steigern und durchgreifende Reformen durchführen, ohne die innenpolitische Stabilität zu gefährden?

---

60 Boris I. Makarenko: Gesetzmäßigkeiten der Krise des russischen Parteiensystems, in: Gorzka/ Schulze: Wohin steuert, S. 217.

2. Wie können die immensen Unterschiede im Lebensstandard verringert werden, die das Gerechtigkeitsempfinden der Menschen verletzen, Innovation bremsen, den Terror begünstigen und die Einheit des Landes gefährden?

3. Wie können die ethnischen Spannungen innerhalb Russlands kontrollierbar bleiben bzw. werden?

Die Herausforderungen sind enorm und häufig tief in der russisch/sowjetischen Geschichte verwurzelt. Sie können daher nicht innerhalb weniger Jahre gelöst werden. Es wäre ein Fehler, dies zu erwarten oder gar zu fordern, denn dies gäbe nur Anlass zu unberechtigten Hoffnungen, die bald enttäuscht würden.

Ich werde mich den Aufgaben nicht im Einzeln widmen, da dies den Ansatz und Umfang des Buches sprengen würde, sondern auf die Fragen zurückkommen, die zu Beginn dieses Kapitels standen: „Ist das Land – mit Umwegen – trotz alledem auf einem Kurs, der mittel- oder langfristig näher an europäische Werte und Normen heranführt? Oder sind wir Zeugen der Schaffung und Konsolidierung eines *dauerhaft* autoritären, „tradtionellen russischen" Systems?"

Zur Beantwortung werde ich wieder Thesen anführen und diese kurz begründen:

1. Der Präsident ist keinem Masterplan zur Eliminierung der Demokratie gefolgt, die vor einigen Jahren angeblich noch ein beträchtliches Niveau aufgewiesen haben soll. Er ist zudem selbstverständlich nicht vollständig Herr des Geschehens, was die Fähigkeit eines einzelnen Menschen zur Voraussicht und Informationsverarbeitung auch deutlich überstiege. Es erübrigt sich, an die zahlreichen gescheiterten geschichtlichen Versuche zu erinnern, Gesellschaft und Staat zu steuern.[61]

2. Auch Putin hat Rücksicht auf die Ideale der Eliten und der Bevölkerung zu nehmen. Er ist aber weniger von autoritären Idealen beeinflusst, als die Mehrheit der (immer noch) verunsicherten Bevölkerung. Überzeugender ist die Interpretation, dass der Präsident im Prinzip ein Anhänger der Demokratie ist, aber kein ideologisches, sondern instrumentelles Verhältnis zu ihr besitzt:

---

61 Zu den Rücksichten, die Putin nehmen muss s. z.B. Werner Gumpel: Russland, Afghanistan und der Nahe Osten – eine geopolitische Betrachtung, in: Konrad Adenauer Stiftung, Hg.: Auslandsinformationen Nr. 10/2003, 53-64 (künftig: KAS-AI).

Dort, wo sie funktioniert, wird sie genutzt, wo sie nicht funktioniert wird etwas anderes ausprobiert.[62]

3. Autoritäre Ideale haben in den vergangenen Jahren an Bedeutung gewonnen und die russische Bevölkerung wünscht in ihrer breiten Mehrheit einen „starken Staat", jedoch kein autoritäres Regime.

Meinungsumfragen belegen auch Letzteres eindeutig. So waren im Herbst 2004 beispielsweise 66 % der Bürger von der Notwendigkeit einer Opposition überzeugt, im Jahre 2002 waren es noch 10 % weniger.[63] Es ist zudem bemerkenswert, dass die autoritären Modernisierungsregime Ost- und Südostasiens sowohl für die Eliten, als auch die Bevölkerung kein Vorbild darstellen.

4. Man muss auch nicht befürchten, dass das Machtgleichgewicht zwischen den Vertretern der Machtorgane und wirtschaftlichen Interessengruppen, das es nunmehr gibt, grundsätzlich gestört werden wird. Dies würde die Strukturen der Macht und den gesellschaftlichen Frieden stören. Insbesondere nach den imposanten Wahlsiegen von 2003/04 wird der Kreml alles daran setzen, Konflikte zwischen den Oligarchen und der Staatsbürokratie zu unterbinden, denn sie würden die Partei „Einiges Russland" und das Prestige des Präsidenten beschädigen.

Wenn man den ersten Thesen mehr oder weniger folgen mag, gibt es Anlass zur Hoffnung, dass Russland mittelfristig wieder sichtbarer auf europäischen Kurs einschwenkt. Doch es gibt einige Faktoren, die dem entgegen stehen:

5. Der Terror und die Angst davor stärken die Geheimdienste, die möglicherweise noch mehr Macht an sich ziehen könnten. Und es wäre „fatal (...),

---

62 Sergej A. Markow: Der Kreml und die Demokratie – Aufgaben der zweiten Amtszeit Putins, in: Gorzka/ Schulze: Wohin steuert, S. 270. Heinrich Vogel konstatiert, dass trotz zahlreicher Untersuchungen immer noch unklar sei, wer Putin wirklich ist. (Ders.: Umweg oder Rückfall? Russlands Politik ist kein Vermittlungsproblem, in: OE Nr. 8/2004, S. 44).

63 S. z.B. Boris I. Makarenko: Gesetzmäßigkeiten der Krise des russischen Parteiensystems, in: Gorzka/ Schulze: Wohin steuert, S. 222; RIA Nowosti am 22.10.2004, in: Grachok, 43. Woche 04, 24.10.04.

wenn die ‚Silowiki' ihren Einfluss auf die Politik des Präsidenten dauerhaft festigen würden".[64]

6. Der multinationale Charakter des russischen Staates stellt wegen des spannungsreichen Verhältnisses zwischen zahlreichen Ethnien eine schwere Hypothek für die Entwicklung der Demokratie dar. In weiten Bereichen des Nordkaukasus würde eine Demokratisierung die offenen oder latenten Spannungen eher verschärfen, als zu ihrer Lösung beizutragen.

7. Die im Herbst 2004 noch weiter vorangetriebene Zentralisierung war lange geplant und weniger eine Reaktion auf den Terror als vielmehr der Versuch, wirtschaftliche Interessengruppen und Clanstrukturen in den Provinzen zu schwächen, um die Modernisierung von oben zu befördern.[65] Dies ist per se positiv oder zumindest neutral zu beurteilen. Aus zwei Gründen steht jedoch zu befürchten, dass diese zunehmende Machtkonzentration beim Präsidenten eher negative Auswirkungen haben dürfte:

7a. Zum einen wissen wir nur sehr wenig über die Diskussionsprozesse innerhalb des Kremls, sodass, fast ebenso wie zu Sowjetzeiten, „astrologische Fertigkeiten" eine Renaissance erfahren. Ohne eine offene und breite Diskussion, die auch kooperierender und teils konkurrierender Machtzentren bedarf, drohen folgenschwere Fehlentwicklungen, selbst bei bestem Willen der Entscheidungsträger.

7b. Zudem beruft Putin nur Menschen in Schlüsselstellungen, denen er vollkommen vertraut, eine verständliche Vorsichtsmaßnahme in Anbetracht des Mangels an Sozialkapital im Lande. Da dieses Reservoir an Vertrauten jedoch eng begrenzt ist, bleibt die Verantwortung im Lande auf zu wenigen Schultern verteilt. Die jüngsten Tendenzen der Zentralisierung der Macht verschärfen diese Tendenz. Putin und die Seinen sind zunehmend überfordert.

8. Es mehren sich die Anzeichen, dass selbst ein wohlwollender und aufgeklärter Kreml, für dessen Existenz es aussagekräftige, aber nicht gänzlich hinreichende Indizien gibt, zu einem Hindernis für die Modernisierung des Landes wird. Die Zentralisierung der Macht verstärkt die traditionell ausgeprägte Verantwortungsscheu in Russland. Man wartet heutzutage noch stär-

---

64 Peter W. Schulze: Russland im autoritärem Zwischenstadium – Der lange Marsch in die Modernität, in: Gorzka/ Schulze: Wohin steuert, S. 162-163.

ker als vor einigen Jahren auf Signale „von oben“, um zu erfahren, was getan und unterlassen werden sollte.

9. Die Reaktion auf die schockierenden Ereignisse von Beslan könnte ein Beleg für die beiden oben stehenden Thesen sein: Putin trat während der Tage der Geiselnahme öffentlich kaum in Erscheinung, die Duma fürchtete eine Sondersitzung einzuberufen und die Regierung versteckte sich. Niemand wollte die Verantwortung übernehmen.

10. Das Ansehen des Präsidenten bleibt zwar hoch, die Wahlbeteiligung war 2003/04 jedoch deutlich niedriger als 1999/2000 und die Anzahl der Stimmen „gegen alle“ ist erheblich angestiegen. Es mehren sich die Anzeichen einer bröckelnden Legitimation der politischen Kräfte.[66]

11. Das verschlechterte Klima zwischen Russland und dem Westen behindert die notwendige sachliche und breite Diskussion innerhalb Russlands über die Entwicklung des Landes. Das in der Bevölkerung und den Eliten in den vergangenen Jahren deutlich gestiegene Misstrauen gegenüber dem Westen und die häufig stark emotionalisierte Kritik, die dort gegenüber Putin und dem heutigen Russland geäußert wird, führen auf beiden Seiten zu einer Verhärtung und instinktiven Ablehnung der Argumente der anderen Seiten – sofern man sie überhaupt anzuhören bereit ist.[67]

12. Trotz aller Probleme: „Die fortschreitende Internationalisierung der russischen Wirtschaft wird einen nachhaltigen Modernisierungsschub für das Land bewirken, der auch die politischen Verhältnisse tangieren wird.“[68]

13. Auch eine andere Beobachtung stimmt positiv: Präsident Jelzin schob die Verantwortung für Fehlentwicklungen regelmäßig auf andere ab, beispielsweise auf Minister, die vor laufenden Kameras abgekanzelt wurden.

---

65 S. auch Julia Kusznir: Russlands „Oligarchen“: Eine neue Basis in den Regionen?, in: Russlandanalysen Nr. 41/2004.

66 Boris I. Makarenko: Gesetzmäßigkeiten der Krise des russischen Parteiensystems, in: Gorzka/ Schulze: Wohin steuert, S. 231; s. auch die Artikel der Moskovskie Novosti und Izvestija in: WPS Monitoring Agency, www.wps.ru/e_index.html, 20.10.04, in: CDI 327, 22.10.04.

67 Zum Vorwurf, dass russische Menschenrechtsorganisationen vom Westen finanziert seien und insofern auch deren Interessen vertreten s. RIA Nowosti, Larissa Sajenko, 27.5.04, in: Grachok 66, 28.5.04.

68 Peter W. Schulze: Russland im autoritären Zwischenstadium – Der lange Marsch in die Modernität, in: Gorzka/ Schulze: Wohin steuert, S. 167.

PUTIN zeigt eine größere Fähigkeit zur Selbstkritik und eine ausgeprägtere Lernfähigkeit als sein Vorgänger. So erklärte er bereits wenige Tage nach Beslan auf einer Sitzung der Regierung:

> „Wir haben bei der Ausrottung des Terrorismus, bei der Beseitigung ihrer Herde, keine sichtbaren Ergebnisse erzielt". Die Wurzeln des Terrorismus im Nordkaukasus lägen „in der Arbeitslosigkeit, in der nicht genug wirkungsvollen sozioökonomischen Politik, in der mangelnden Bildung".

„All das ist ein fruchtbarer Nährboden für die Ausweitung des Extremismus", sagte der Präsident.[69] – Es ist leider nach wie vor fraglich, ob der russische Staat die notwendige Handlungsfähigkeit besitzt, um im Nordkaukasusraum eine effektive Strukturpolitik betreiben zu können.

14. Das Wachstum der Wirtschaft, die Zunahme von Konkurrenz im Inland, die Schaffung einer nicht-korrumpierten Bürokratie und der Anstieg des Lebensstandards wird den Übergang zur Demokratie quasi automatisch bewirken, so argumentieren Vertreter der „gelenkten Demokratie". Das Jahr 2003 hat gezeigt, dass diese Ansicht falsch ist. Die Spirale der Hyperloyalität, die nicht zuletzt Karrieristen, Ängstliche und mäßig Begabte dem Präsidenten entgegenbringen, kann sich selbst schneller beschleunigen, als das Fundament der Demokratie geschaffen wird. Russland schwebt in der Gefahr der Entwicklung eines Autoritarismus, den weder der Präsident, noch die Bevölkerung will und der die Entwicklung des Landes behindert.[70]

Die Antwort auf die Frage, auf welchem Weg sich Russland befindet könnte dementsprechend lauten: Auf einem gewollten und wahrscheinlich notwendigen Umweg. Unklar bleibt allerdings, ob der Reisende einen Kompass mit sich führt. Die Worte des (westlichen) Reiseführers, dessen Ratschläge ganz zu Beginn der langen Reise enthusiatisch aufgegriffen wurden, waren wohlmeinend, aber für den schwer beladenen Reisenden ungeeignet. Nun fordert der Reiseleiter ihn aus der Ferne laut schreiend zur Kurskorrektur auf, obwohl er nur sehr unklare Vorstellungen von der Last und dem Standort des Wanderers hat.

---

69 Interfax am 13.9.04, in: DW 176, 13.9.04. Igor Iwanov, der Sekretär des Sicherheitsrates und Dmitrij Kosak, den der Präsident im September zum Kaukasusbeauftragten ernannt hatte, äußern ähnliche Ansichten.

70 Sergej A. Markow: Der Kreml und die Demokratie – Aufgaben der zweiten Amtszeit Putins, in: Gorzka/ Schulze: Wohin steuert, S. 274.

Zusammenfassung

Die große Mehrzahl der westlichen Kritiker Putins vertritt die Ansicht, dass der Präsident in den vergangenen Jahren eine deutlich freiheitlichere Politik hätte betreiben können. Dies halte ich für zweifelhaft. Der Präsident besaß eher den Spielraum noch autoritärere Maßnahmen zu ergreifen. Eine vorbildlich-demokratische Führung des russischen Staates ist auf lange Jahre kaum denkbar. Ihr fehlte bereits wegen der schwachen Zivilgesellschaft das Fundament und sie stände in der Gefahr, von partikularen Interessen vereinnahmt zu werden. Dies wird auch in der russischen Bevölkerung so gesehen, die sich in den vergangenen Jahren für „Ordnung" und „Gerechtigkeit", nicht für „Freiheit" entschied. Die schwachen Wahlergebnisse westlich gesinnter Demokraten entsprechen daher der Stimmung in der Bevölkerung.

Seit dem Jahre 2003 mehren sich die Krisensymptome. Die von oben initiierten, in der Regel sinnvollen Reformen, haben die verbreitete Verantwortungsscheu gestärkt und die Führung des Landes zeigt zunehmend Anzeichen der Überforderung.

Dies ist seit Jahrhunderten das Dilemma Russlands: Der Staat ist genötigt, als Modernisierungsagentur zu fungieren, da es an gesellschaftlichen Kräften mangelt, die Träger dieser Aufgabe sein könnten. Indem er diese Funktion übernimmt, behindert er jedoch die Kräftigung der Zivilgesellschaft und somit die Wirksamkeit der Reformen. – Andere Staaten, die ebenfalls eine nachholende Entwicklung „von oben" betrieben, haben ähnliche Aufgaben jedoch gemeistert, seien es Preußen, Japan oder Südkorea. Warum nicht auch Russland?!! Das Land besitzt hierfür heutzutage bessere Voraussetzungen denn je.

Was könnte Deutschland/der Westen tun, damit der Umweg, den Russland eingeschlagen hat, mittelfristig sichtbar auf einen „europäischen Weg" führt, wie von beiden Seiten gewünscht (zu diesem Thema s. auch Kapitel X.)?

1. Der Westen sollte sich bewusst sein, dass er in einzelnen Fragen zwar beträchtlichen Einfluss ausüben kann, über die Richtung des Landes im

Grundsatz aber *ausschließlich* in Russland entschieden wird.[71] Die Selbstbescheidung, die aus dieser Haltung erwächst, verhindert allzu aufgeregte und zahlreiche Ratschläge.

2. Diese Selbstbescheidung träte auch ein, wenn man im Westen die eigene Russlandpolitik der Jelzin-Ära kritischer betrachten würde: Im September 2004 kündigte Putin an, die Direktwahl der Gouverneure abschaffen zu wollen. Diese Maßnahme wurde im November 2004 dem Parlament vorgelegt, im Dezember abschließend gebilligt und soll letztlich erst im Jahre 2009 in Kraft treten. Auch der Vorgänger des jetzigen Präsidenten hatte die Direktwahl abgeschafft, im September 1993. (Sie war faktisch nur während der ersten Amtszeit Putins in Kraft.) Er veröffentlichte aber lediglich einen Erlass, ließ das demokratisch gewählte Parlament mit Waffengewalt auflösen und suspendierte die Arbeit des Verfassungsgerichtes, ohne dass ausländische Regierungen und die demokratische Weltöffentlichkeit protestierten.[72]

3. Die im Westen vorherrschende Haltung zu Demokratie und Menschenrechten erscheint in Russland oft als selbstgefällig und egozentrisch: Selbst die oppositionellen Medien reagierten empört, als in dem Menschenrechtsbericht des US-Außenministeriums vom Juli 2004 weltweit Noten verteilt wurden, die von US-Soldaten begannenen Folterungen im Irak jedoch unerwähnt blieben. Und die Europäer? Haben sie vergessen, dass Großbritannien erst nach hundertfünfzigjähriger Kolonialherrschaft erst wenige Jahre vor der Rückgabe an China mit der Einführung von Elementen der Demokratie in Hongkong begann?[73]

4. Viele westlichen Beobachter scheinen die gesellschaftlichen, wirtschaftlichen und historischen Bedingungen für die Implementierung einer Demokratie zu wenig zu beachten. Wie das Beispiel Irak beweist, trifft dies insbesondere für US-Amerikaner zu. Aber auch die Europäer bekleckern sich im Kosovo nicht gerade mit Ruhm. Ihre mit erhobenem Zeigefinger geforderte Internationalisierung der Tschetschenienfrage wäre glaubwürdiger, wenn sie

---

71 Lilija Ševcovas Beitrag beim Runden Tisch der Nezavisimaja gazeta: Rossija i SŠA – nevrazumitel'nyi dialog, in: NG Nr. 80 (3193) 19.4.04.

72 Alexei Pankin: O zapadnoi kritike russkogo avtoritarizma, in: Izvestija, 14.10.04.

73 S. z.B. FBIS Report/media analysis, 4.6.04, in: CDI 310, 11.6.04; Juri Filippow, RIA Nowosti am 4.6.04, in: Grachok 72, 7.6.04.

es schaffen würden, den Menschen im Kosovo eine wirkliche Perspektive zu eröffnen – auch den vertriebenen Minderheiten.

5. Ich plädiere also für Selbstbescheidung, Selbstkritik, größeres Augenmaß und mehr Gelassenheit. Russland wird, wie jedes Land, ein politisches System entwickeln, das Besonderheiten trägt. In Anbetracht der Geschichte, geographischen Lage und Multiethnizität des Landes werden es viele sein. Und das ist gut so, weil es angemessen ist.

6. Trotz aller Zurückhaltung und Selbstkritik sollte die deutsche Politik zugleich aber deutlich machen, dass die Beachtung freiheitlicher Errungenschaften und ihr mittelfristiger Ausbau im Interesse des russischen Staates und Volkes liegen – und eines der wichtigen Kriterien in Bezug darauf darstellt, wie eng die Kooperation mit Russland sein kann. Falls sich die Notwendigkeit herausstellt, sollte in internen Gesprächen auch eine Grenze deutlich gemacht werden, die nicht überschritten werden kann, ohne dass die deutsche Seite merkliche Konsequenzen zieht.

III. Werte, Unsicherheiten und der Paradigmen-wechsel russischer Außenpolitik seit dem Amtsantritt Präsident Putins

1993 endete die „romantische Phase" der Außenpolitik, in der bei westlichen Ländern eine allzu große Empathie und Rücksichtnahme auf russische Befindlichkeiten vermutet wurden. Es folgten einige Jahre des Versuchs, eher verbal, als durch Handlungen gestützt, Vormacht einer Gruppe von Staaten zu werden, die sich der alleinigen Vorherrschaft der USA widersetzt. Spätestens seit dem Kosovokrieg 1999 wurde die Isolation Russlands deutlich.[74] Wenige Wochen nach seinem Ende, im Sommer 1999, befürwortete der soeben ernannte Premierminister Wladimir Putin eine Staatenunion aus Jugoslawien, Weißrussland und Russland. Er schlug zudem vor, diese auch für andere orthodoxe Staaten wie Rumänien, Bulgarien, Mazedonien oder Griechenland zu öffnen.[75] Diese skurrilen Gedanken waren ebenso Ausdruck der außenpolitischen Unerfahrenheit Putins wie der Ratlosigkeit der russischen Eliten.

Das Land stand zu Beginn der Präsidentschaft Putins im Bereich der äußeren Beziehungen unter dem akuten Druck, eine konsistente und den inneren Erfordernissen des Landes entsprechende neue Politik zu konzipieren und umzusetzen. Für dessen Ausarbeitung und Implementierung spielen (selbstverständlich) überkommene Werte eine entscheidende Rolle.

III.1 Werte

Die Menschen wünschen eine Modernisierung und eine grundsätzliche „Verwestlichung" des Landes, aber auf Grundlage *russischer* Erfahrungen und Werte. Dies ist nicht ungewöhnlich und prinzipiell zu begrüßen, unglückli-

---

[74] S. auch Fabian Schmidt, in: Hannes Adomeit/ Roland Götz/ Heinz Timmermann, Hg.: Ein Jahr Präsidentschaft Putin. Kolloquium der Stiftung Wissenschaft und Politik. Berlin am 15.1.01, S. 51-52 (künftig: Adomeit: Kolloquium).

[75] Fabian Schmidt, in: Adomeit: Kolloquium, S. 51-52.

cherweise führt eine solche Besinnung auf das Eigene in Zeiten der Unsicherheit gewöhnlich zunächst zur Abgrenzung gegenüber dem (vermeintlich) Fremden, wenn nicht gar zu seiner Abwertung. Dementsprechend lässt sich in Umfragen der vergangenen Jahre feststellen, dass *ausnahmslos alle Länder* als weniger freundlich gegenüber Russland eingeschätzt werden als noch Mitte der 90er Jahre. Mit der Behauptung beispielsweise: „Die Deutschen sind uralte Feinde des russischen Volkes" erklärten sich

	Einverstanden	Nicht einverstanden	Unentschieden
1996	4,6	70,4	25,0
2001	12,3	65,3	22,4
2002	14,9	60,7	24,4

Tabelle 1, in Prozent der Befragten, Quelle: Deutschland und Europa in den Augen der Russen.[76]

Zudem glaubte beispielsweise im Jahre 2002 fast die Hälfte der russischen Bevölkerung, dass europäische Länder keinen wirklichen Aufschwung in Russland wünschten und selbst in liberalen Zeitungen ist das Misstrauen gegenüber dem Westen groß. In der „Vedomosti" konnte man im Januar 2004 lesen: Die Internationalisierung russischer Rohstoffe über Jukos sei fehlgeschlagen, darum beginne der Westen jetzt „mit einer weiteren Runde der Globalisierung. Dem Publikum auf der ganzen Welt wird erzählt, dass ‚Ressourcen der gesamten Menschheit gehören sollten, nicht einzelnen Ländern und ihre Nutzung globale Kontrolle erfordert'."[77]

Im Verlauf des Jahres 2003 ist der Anteil derjenigen Bürger Russlands, die dafür eintreten, dass ihr Land sich um einen Beitritt zur Europäischen Union bemühen sollte beträchtlich gesunken ebenso wie der Prozentsatz derjenigen, die glauben, dass die Mehrheit der europäischen Führer mit Russland sympathisiert. Im März 2004 bekundete bei einer Befragung die Hälfte der interviewten Russen die Ansicht, dass die Beziehungen zwischen ihrer Hei-

---

[76] Institut für Komplexe Gesellschaftsstudien der russischen Akademie der Wissenschaften in Zusammenarbeit mit der Friedrich Ebert Stiftung, Hg.. Analytischer Bericht, Kurzversion. - Moskau, Oktober 2002, S. 7, 31 (künftig: Deutschland und Europa); Russisches, S. 347.

[77] Deutschland und Europa, S. 11; Natal'ja Naročnickaja: Rodina: resursy ne otdadim, in: Vedomosti Nr. 4 (1044), 15.1.04.

mat und dem Westen, unabhängig davon wie sich die innere Situation Russlands entwickeln sollte, immer auf Misstrauen basieren werde.[78]

Im Sommer 2004 zitierte die Zeitschrift „Rossija v globalnoij politike", die als halboffiziös gelten kann, zustimmend ein anderes Organ, nach dessen Einschätzung die zeitweilig angespannten Beziehungen zwischen Russland und der EU daher rührten, dass Europa mit seiner Strategie gescheitert sei, ein schwaches Russland zu schaffen.[79]

Ratschläge oder Ermahnungen aus der westlichen Welt stoßen folglich auf grundsätzliche Vorbehalte und nähren den latenten Verdacht, dass der Westen grundsätzlich ein an sich selbst zweifelndes und willfähriges Russland wolle.

Das in Russland vorherrschende Selbst- und Geschichtsbild verstärkt diese Tendenzen der Abgrenzung und des Argwohns. Igor Iwanov, bis Februar 2004 Außenminister und seitdem Sekretär des russischen Sicherheitsrates, sieht die Außenpolitik seines Landes im Prinzip in Kontinuität zu derjenigen vergangener Jahrzehnte und Jahrhunderte. Er hob in einer weit verbreiteten Veröffentlichung beispielsweise Andrej Gromyko positiv hervor und erklärte, dass ein aufgeklärter Patriotismus die russische Diplomatie zu allen Zeiten ausgezeichnet habe.[80] Ein grundsätzlich positives und ungebrochenes Verhältnis zur russischen bzw. sowjetischen Außenpolitik und eine patriotische Gesinnung sind Allgemeingut im Lande. Es herrscht Einigkeit, dass ein zentrales Ziel russischer Außenpolitik darin bestehe, dem Land (wieder) den Status einer (wirklichen) Großmacht zu sichern.[81]

---

78 Bevölkerungsumfrage des Fonds Öffentliche Meinung (FOM) 12.6.2003: Otnošenie k ES, www.bd.fom.ru/report/map/projects/dominant/dominant2003/826_315/825_600/tb0 32306; www.bd.fom.ru/zip/tb0346.zip, in: Russlandanalysen, Nr. 39/04, S. 6-7; Interview von Alexandr Kolesničenko mit Mark Urnov: Rossija možet vpast' v avtoritarnuju komu (im Bezug auf eine Umfrage des Fonds „Ėxpertisa" über „Radikalen Autoritarismus im russischen Massenbewußtsein"), in: Novye izvestija, 23.3.04.

79 Nodari Simonia: The West's Energy Security and the Role of Russia, in: Russia in Global Affairs, 10.8.04, www.eng.globalaffairs.ru/numbers/8/586.html (zuletzt geöffnet am 23.11.04).

80 Igor Iwanow: Die neue russische Diplomatie. Rückblick und Visionen. - München: 2002, S. 45, 50-51.

81 S. z.B. die wiederholten Äußerungen von Anatoli Čubais, dass Russland den Aufbau eines „liberalen Imperiums" anstreben solle, z.B. in RIA Nowosti am 4.6.04, in: Grachok 72, 7.6.04.

IWANOV konstatierte, dass es sowohl zu Zeiten des Zarenreiches, als auch der UdSSR Elemente imperialer Außenpolitik gegeben habe, denen man sich stellen müsse:

> „Doch müssen sie als Lehre und Warnung statt als Mittel und Argument zur Aufrechterhaltung von Feindseligkeit dienen und dürfen die bilateralen Beziehungen nicht beeinträchtigen."

Es könne keine Politik einseitiger Zugeständnisse geben.[82] Eine Politik demonstrativen Entgegenkommens etwa gegenüber baltischen Staaten ist nicht zu erwarten. – Diese fordern von Russland jedoch ein Schuldeingeständnis, worin sie grundsätzlich von den EU-Partnern unterstützt werden sowie milliardenschwere Entschädigungen und wollen sich in dieser Frage auch mit Polen abstimmen.[83]

Es wird auf absehbare Zeit keine breit angelegte kritische Aufarbeitung der russisch-sowjetischen Vergangenheit geben: Die Menschen sind – abgesehen von der Angst vor dem Terror – zum einen vollauf mit der Bewältigung der Gegenwart und ihrer Existenzsicherung beschäftigt, zum zweiten rangiert der Wert des Patriotismus so hoch, dass eine kritischere Sicht auf allgemeine Missbilligung stieße. Die Nation fungiert als (notwendiger) emotionaler Anker. Dementsprechend lässt sich feststellen, dass die Beliebtheit von Filmen mit „patriotischen Themen" seit einigen Jahren steigt.[84]

Diese vom eigenen Wert überzeugte Sicht, die typisch für eine Großmacht ist, wird begleitet von Minderwertigkeitsgefühlen gegenüber wohlhabenden westlichen Ländern und verbreiteten Ängsten um die Zukunft, ja Überlebensfähigkeit des russischen Staates. Diese Gefühle sind nicht nur auf Angehörige der Geheimdienste oder Streitkräfte beschränkt, sondern bewegen weite Bevölkerungskreise.

III.2 Ängste

Die Ängste um die territoriale Integrität und Überlebensfähigkeit des Landes speisen sich aus der Erfahrung des Zusammenbruchs der Sowjetunion, der

---

82 Igor Iwanow: Die neue russische Diplomatie. S. 57-58.

83 PAP am 2.9.04, in: DW 169, 2.9.04.

84 Olga Sobolewskaja, RIA Nowosti, 22.6.04, in: Grachok 83, 23.6.04.

zerfallenden Staatlichkeit Russlands Ende der 90er Jahre und dem anhaltenden Krieg in Tschetschenien.[85]

Präsident Putin stellte bereits vor einigen Jahren die These auf, dass es den Islamisten nicht nur um dieses Gebiet oder den nördlichen Kaukasusraum gehe, sondern dass diese sogar bis an die mittlere Wolga vorzustoßen beabsichtigten. Russland drohe somit eine Aufspaltung in einen europäischen und einen asiatischen Teil und verlöre in diesem Falle gar seine Staatlichkeit. Wir wissen nicht, ob Putin diese Ansicht wirklich hegte, oder ob es *ausschließlich* darum ging, Bedrohungen in stark übertriebenen Farben zu malen, um sie zu instrumentalisieren. Selbst wenn Letzteres der Fall gewesen sein sollte, so ging er doch davon aus, dass eine große Gruppe der Bevölkerung die Deutung zumindest nicht für abwegig hält und sie ein beträchtlicher Prozentsatz teilt.[86] Nach Beslan ließ der Präsident ähnliche Töne anklingen.

Die Sorge in Russland vor einem Zerfall des Landes ist nach wie vor groß, ja aufgrund der Ereignisse im Nordkaukasus größer als etwa 2002 oder 2003, trotz der grundsätzlichen Stabilisierung der Lage des Landes in den vergangenen Jahren. Dies wurde beispielsweise im Frühjahr 2004 in einer bezeichnenden Episode deutlich: Ende April dieses Jahres wurde der Bericht „Global Trends" des US-Geheimdienstes CIA bekannt. Die Analyse war im Jahre 2000 erstellt worden und die Geheimhaltungsfrist abgelaufen. Nach Ansicht der Autoren könnten sinkende Geburtenraten, eine verfallende Infrastruktur sowie territoriale und nationale Konflikte dazu führen, dass Russland in bis zu acht Einzelstaaten zerfalle.

Der Bericht wurde in der russischen Presse ausführlich diskutiert, in der Komzomol'skaja Pravda (Auflage über 700.000 Exemplare[87]) wurde der mögliche Zerfall des Landes sogar durch eine Karte illustriert. Boris Gryzlow, der Parlamentsvorsitzende, sah sich genötigt die Gefahr einer Fragmentie-

---

85 Valeri Zor'kin: An Apologia of the Westphalian System, in: Russia in Global Affairs, 10.8.04, www.eng.globalaffairs.ru/numbers/8/577.html (zuletzt geöffnet am 23.11.04); Anatoli Krasikov: Russkoe pravoslavie: stremlenie k gospodstvu, in: Sovremennaja Evropa Nr. 4/2003.

86 Rahr: Putin, S. 260; Gerhard Simon: Putins Russland – Alliierter des Westens. Die Wende der russischen Außenpolitik, in: Die politische Meinung Nr. 387, Februar 2002.

rung des Landes entschieden zurückzuweisen. Der populäre und liberale Radiosender „Echo Moskwy“ führte eine Umfrage unter seinen Hörern durch: 71 % der Befragten hielten den Zerfall des Landes für wahrscheinlich, ebenso wie Julia Latynina, die Kolumnistin der liberalen „Nowaja Gaseta“. Sie betonte, dass die Armeeführung immer noch an veralteten Feindbildern des Kalten Krieges hinge, aber die tatsächlichen Herausforderungen an den Grenzen zu China und der islamischen Welt vernachlässige.[88]

Eine von China ausgehende Gefahr ist in Russland ein sehr verbreitetes Schreckensbild: In der auflagenstarken „Iswestija“ wird wiederholt die Befürchtung geäußert, dass die Ostgrenze Russlands in einigen Jahrzehnten am Ural verlaufen werde. Eine Expertengruppe des Föderationsrates gelangte zu der Schlussfolgerung, dass die Russen zur Mitte dieses Jahrhunderts in ihrem eigenen Land die Minderheit und Chinesen die Mehrheit stellen würden.[89] GRIGIRIJ JAWLINSKIJ, der Vorsitzende der liberal-sozialdemokratischen Partei „Jabloko“ sagte im Juni 2003:

> „Im Jahre 2015 werden die Aufrüstung und der Umbau der chinesischen Armee abgeschlossen sein. Wenn wir keine ernsthaften Anstrengungen für die Reformierung der russischen Armee unternehmen wird es schwierig sein, nach dem Jahre 2010 über die Zukunft der Nation zu sprechen.“[90]

Trotz der Stabilisierungserfolge vergangener Jahre bleibt der Zustand der Streitkräfte bedenklich. Dies wird nicht nur wegen der (vermeintlichen) Bedrohungen des Landes besorgt wahrgenommen, sondern auch wegen der verbreiteten und ungebrochenen Wertschätzung, die militärische Traditionen und Taten zaristischer und sowjetischer Soldaten genießen. Sie sind ein weiterer emotionaler Anker, der Identifikation und Stolz ermöglicht. Das Land

---

87 Nathalie Kharina-Welke: Das Mediensystem Russlands, in: Hans-Bredow-Institut, Hg.: Internationales Handbuch Medien 2004/2005. - Baden-Baden 2004, S. 569.

88 Katja Tichomirowa: Vom Zerfall Russlands, wie Moskauer Medien über einen vier Jahre alten CIA-Bericht debattieren, in: Berliner Zeitung, 10.5.04.

89 Werner Gumpel: Russland, Afghanistan und der Nahe Osten – eine geopolitische Betrachtung, in: KAS-AI Nr. 10/2003; s. auch Izvestija 15.3.03, 14.8.03, 20.9.03. Für weitere Belege s. Komsomol'skaja pravda, 6.1.04; BBC Monitoring, nach: Radio Russia, 15.1.04, 10.30 Greenwich Zeit, in: CDI 289, 16.1.04; Wladimir Miljutenko: Kritischer Blick zu den Nachbarn: Rußland, Kasachstan, China, in: Wostok Newsletter, Aktuelle Hintergrundinformationen aus den Staaten der GUS, Nr. 05/2004 (künftig: Wostok Newsletter).

90 Natalia Rožkova: Stagnacija i Profanacija, in: Vremja novostei Nr. 111, 23.6.03.

definiert sich zu einem weit größeren Teil als „Militärmacht“, als fast alle anderen Länder der Welt.

Umso beunruhigender ist der Zustand der Streitkräfte und Sicherheitsorgane für viele Bürger Russlands. Der offizielle Haushaltsansatz für den russischen Verteidigungsetat lag im Jahre 2003 bei lediglich 10 bis 12 Mrd. $, der reale Etat, inklusive verdeckter Subventionen und Nebenhaushalte real jedoch eher bei 50 bis 60 Mrd. $.[91] Diese Summe ist im Vergleich etwa zum wohlhabenden Deutschland gewaltig, trotzdem kann aufgrund des großen Umfangs der Streitkräfte und der Kosten der Militäroperationen im Kaukasus nur ein völlig unzureichender Teil der Erfordernisse abgedeckt werden. Russische Militärpiloten können aus Kostengründen jährlich nur 12 bis 44 Stunden fliegen, obwohl 160-180 Stunden erforderlich wären.[92] Es ist kaum tröstlich, dass man dem auch eine positive Seite abgewinnen kann: Der Luftwaffe wurden in den vergangenen 13 Jahren kaum neue Flugzeuge zur Verfügung gestellt: Wenn die alten noch mehr Stunden geflogen würden, verlören sie noch schneller ihre Einsatzfähigkeit.

Für die Waffenbeschaffung der Streitkräfte sind im russischen Haushalt für 2004 lediglich 1,6 Mrd. € vorgesehen. Eine andere Quelle nennt höhere Ansätze für diesen Zweck, aber auch hier wird betont, dass die Ausgaben, trotz beachtlicher Steigerungen in den vergangenen Jahren, mindestens doppelt so hoch sein müssten, um ausrangierte Waffen ersetzen zu können. Der Waffenexport, der großen Teilen der russischen Rüstungsindustrie ihr Überleben sichert, wird 2004 vermutlich knapp 3,5 Mrd. € betragen. Russland liegt in Bezug auf den *Umfang* der exportierten Waffen derzeit an erster Stelle in der Welt, in Bezug auf die *Einnahmen* an 3. oder 4. Stelle, nur knapp vor Israel.[93] Modernste Waffen wurden in den vergangenen 13 Jahren oft lediglich exportiert, der russischen Armee fehlten die Mittel für deren Beschaffung.

---

91 Joachim Krause/ Christoph Grams: Droht ein globaler Rüstungswettlauf? Perspektiven der Rüstungsindustrie im Vergleich, in: IP Nr. 7/2003, S. 37. Der Fischer Weltalmanach 2004 (Hg. Mario von Baratta, Frankfurt/Main 2003) gibt noch etwas höhere Zahlen an: s. Karte IV.

92 Alexandr Kolesničenko: Rota samoubijc, in: Novye izvestija, 19.11.03.

93 Ivan Rjazanov: Lobbisty v lampasah, in: Profil' Nr. 38 (357), 13.10.03; Nikita Petrov: Rashody na oboronu budut urezany vdvoe, in: Strana.ru – nacional'naja informacionnaja služba, 6.8.03: www.strana.ru/stories/02/05/20/2976/189478.html (zuletzt geöffnet am 24.11.04); Alexei Nikol'ski: Glavny po patronam, in: Vedomosti Nr. 102 (902),

Im Haushalt für das Jahr 2005 sind beträchtliche Steigerungen der Ausgaben für die Streitkräfte und den Waffenkauf vorgesehen.[94] Sie rühren teils daher, dass Nebenhaushalte in den Verteidigungsetat eingegliedert werden, aber es lassen sich auch reale Zuwächse der Militärausgaben konstatieren. Außerdem führten Marine, Luftwaffe, Heer und die strategischen Raketeneinheiten in den Jahren 2003 und 2004 umfassendere Manöver durch denn je seit dem Ende der Sowjetunion. Diese stärkten das Selbstbewusstsein der Streitkräfte, unterstrichen den Anspruch Russlands auf ein Mitspracherecht in internationalen Fragen, machten zum Beispiel durch die peinlichen Pannen bei den Übungen im Februar 2004 aber auch deutlich, dass der Prozess der Auszehrung der Armee zwar gestoppt, aber noch nicht umgekehrt ist. Zudem bleibt die Stimmung in den Streitkräften schlecht und die Truppenstärke wird zum 1. Januar 2005 um weitere 100.000 Mann verringert.[95] Mitte November 2004 erklärte Verteidigungsminister Sergej Iwanov im Beisein des Präsidenten, dass die russische Armee nicht einsatzbereit sei, von den strategischen Raketeneinheiten abgesehen. 2005 werden die Streitkräfte lediglich 2 hochmoderne strategische Bomber (Tu-160) und 17 neue Panzer (T 90) erhalten. Die Ankündigung Putins vom November 2004, dass Russland neue, weltweit einzigartige Atomwaffenträger beschaffe, gegen die keine Abwehr möglich sei entspricht den Tatsachen. Sie rechtfertigt aber keineswegs die aufgeregten Kommentare, die in deutschen Publikationen zu finden waren.[96]

Auch die Bevölkerungsentwicklung gibt Anlass zur Sorge, was dem Präsidenten und der Öffentlichkeit sehr bewusst ist. Zur Zeit zählt das Land 144 Millionen Bürger, die Sterbefälle übertreffen die Zahl der Geburten jährlich jedoch um 700.000 bis 800.000. Im Jahre 2003 überstieg die Zahl der Todes-

---

18.6.03; zu den Zahlen für 2005 s. Julija Petrovskaja: Diplomatija „jadernogo nederžanija“, in: NG Nr. 251 (3364), 18.11.04.

94 AFP am 17.6.04, in: CDI 311, 18.6.04; Maria Golovnina, Reuters am 17.6.04, in: CDI 311, 18.6.04; AFP am 12.8.04, in: CDI 318, 13.8.04; BBC am 13.8.04, in: CDI 318, 13.8.04; Interfax am 20.8.04, in: DW 161, 23.8.04.

95 Vladislav Šurygin: Marš na meste. Zametki o voennoj reforme, in: Literaturnaja gazeta Nr. 44 (5995), 3-9 November 2004, im Internet: www.lgz.ru/archives/html_arch/lg44 2004/Polosy/art3_1.htm (zuletzt geöffnet am 24.11.04); Alexandr Babakin: Sokratili – proslezilis', in: NG Nr. 221 (3334), 12.10.04.

96 Alexei Nikol'ski: Rossija bez armii, in: Vedomosti Nr. 212 (1252), 18.11.04; RIA Novosti, 18.11.04, Viktor Litovkin, in: CDI 331, 19.11.04

fälle die der Geburten um 60 %. Voraussagen über die Einwohnerzahl Russlands im Jahre 2050 gehen in der optimistischen Variante von 121 Millionen aus, in der pessimistischen von 102 Millionen. Eine andere Schätzung kommt für 2050 auf lediglich 80-100 Millionen Einwohner.[97] Zuwanderer aus dem GUS-Raum verhinderten in den 1990er Jahren einen Rückgang der Bevölkerung Russlands, aber die Einwandererzahlen aus dieser Region nehmen ab. Teils, weil die russischstämmige Bevölkerung Mittelasien und den südlichen Kaukasusraum bereits großenteils in den vergangenen 13 Jahren verlassen hat, teils, weil einige Länder, wie beispielsweise die beiden anderen ostslawischen Länder, selbst unter einem Bevölkerungsrückgang leiden bzw. sich deren wirtschaftliche Situation verbessert. Experten vermuten, dass auf lange Sicht vor allem aus China Arbeitskräfte einwandern müssten, und in geringerem Maße aus Indien und Afghanistan.[98] Dies verstärkt wiederum die übertriebenen Sorgen vor der „chinesischen Gefahr".

III.3 Paradigmenwechsel russischer Außenpolitik unter Putin

Die Außenpolitik unter Jelzin neigte häufig dazu demonstrativ den Großmachtstatus zu betonen, um die zerbrechliche innenpolitische Basis zu stützen sowie verbreitete Unsicherheiten und Ängste zu übertünchen. Die Phase großer Worte und ebensolcher Demütigungen russischer Politik ist abgeschlossen: Trotz der zunehmenden Vorbehalte in der Bevölkerung gegenüber dem Westen und den verbreiteten Ängsten, die eine berechenbare Außenpolitik und somit eine verlässliche Partnerschaft zwischen Deutschland/dem Westen und Russland erschweren, bekundete der Kreml in den vergangenen Jahren eine bemerkenswerte Bereitschaft und Fähigkeit sich im Westen zu verorten: Bereits im Mai 2000 sagte PUTIN:

> „Russland war immer, es ist heute und es wird in Zukunft ein europäisches Land sein, nicht nur wegen seiner geographischen Lage, sondern auch im Hinblick auf

---

97 Grachok 89, 27.5.03; Sebastian Pritzkow: Soziale Probleme Russlands, in: Körber-Arbeitsstelle Russland/GUS zur Unterstützung des Petersburger Dialogs, Hg.: GUS-Barometer, Nr. 28 (künftig: GUS Barometer); RIA Nowosti am 23.1.04, in: DW 18, 27.1.04.

98 RIA Nowosti am 11.6.04, in: Grachok 77, 15.5.04.

> seine Kultur und den Grad der ökonomischen Integration. Die grundlegenden Prinzipien, denen zufolge sich Europa vereinigt, sind für Russland die gleichen."[99]

Ähnlich deutliche Worte hatte Jelzin nicht gefunden.

Putin sprach bereits vor dem 11. September 2001 nie so nachdrücklich von Multipolarität wie sein Vorgänger. Russland und China schlossen im Juli 2001 zwar einen Freundschaftsvertrag ab und definierten ihr Verhältnis als „strategische Partnerschaft". Russische Waffen fließen in großem Umfang nach China – was in Russland auch Besorgnisse weckt, der Kreml brüskiert Peking jedoch in einer Frage, die für China von größter Bedeutung ist: der Energie.[100]

Die russisch-chinesische Verbindung ist nicht als irgendwie geartetes Gegengewicht zu den USA gedacht. Zum Ersten ist China kein Modernisierungspartner, dessen Russland bedarf. Zum Zweiten gibt es russische Ängste aufgrund vermeintlicher chinesischer Absichten. Zum Dritten sind die Beziehungen zu den USA für Russland – wie auch für China und Indien, dem weiteren „strategischen Partner" in Asien – wichtiger, als die Beziehungen zu den jeweils anderen eurasischen Ländern.[101] Das offizielle Moskau sieht aus diesen Gründen seit kurzem sogar davon ab, China als „strategischen Partner" zu bezeichnen.[102]

---

99 Izvestija am 30.5.2000, nach: Margareta Mommsen: Wer herrscht in Rußland? Der Kreml und die Schatten der Macht. - München: 2003, S. 209-210; OE Nr. 4-5/2001, S. 363.

100 Vadim Konomenko: From Yugoslavia to Iraq: Russian Foreign Policy and the Effects of Multipolarity, in: The Finnish Institute of International Affairs, Working Papers. Helsinki, 42/2003, p. 43; Kyrill Benediktow: Die Perspektiven der russischen Außenpolitik, in: Wostok Nr. 1/2004, S. 14, (künftig: Benediktow: Perspektiven); Sergei Luzjanin: Pekin pytaetsja „vospityvat'" Moskvu, in: NG Nr. 253 (3065), 24.11.03; siehe z.B. Russisches, S. 347; Gudrun Wacker: Rußland und China in Zentralasien: Partner oder Konkurrenten, in: Olga Alexandrova/ Roland Götz/ Uwe Halbach, Hg.: Rußland und der postsowjetische Raum. - Baden-Baden: 2003, S. 498 (künftig: Alexandrova).

101 S. beispielsweise: Gudrun Wacker: Rußland und China in Zentralasien: Partner oder Konkurrenten? in: Alexandrova, S. 515 und K.K. Katyal: The Hindu (India) 22.9.03, in: CDI 275, 26.9.03. Zur Verbindung Russland-Indien s. auch AFP am 21.1.04, in: CDI 290, 23.1.04 und Benediktow: Perspektiven, S. 17. Russland setzt sich für die Aufnahme Indiens in die SOZ ein, was die Position des Landes als Vermittler in der Region stärken würde (ebd., S. 18). Zu den jüngsten russisch-chinesischen Beziehungen s. Transitions Online (www.tol.cz): Russia in 2003, Peter Rutland, nach: CDI 294, 20.2.04.

102 NG am 23.9.04, in: DW 186, 27.9.04.

Russland schätzt die (begrenzten) eigenen Möglichkeiten weitaus realistischer ein, als zur Zeit der Präsidentschaft Jelzins und bekundete während der vergangenen Jahre durchaus konsistent mit Worten und Taten, dass es sich als Teil der euro-atlantischen Welt aufgenommen sehen möchte. Stützpunkte in Kuba und Vietnam wurden aufgegeben, ebenso wie der erbitterte Widerstand gegen eine NATO-Osterweiterung.

Die Konsolidierung und Modernisierung von Staat und Wirtschaft erfordern außenpolitische Stabilität und Kooperation mit den entwickeltsten Ländern, also dem Westen. Viktor Christenko, damaliger amtierender russischer Ministerpräsident, definierte das Ziel russischer Außenpolitik im Frühjahr 2004 folgendermaßen: Russland wolle unentbehrlich für die internationale Gemeinschaft werden, sich im Inneren konsolidieren und modernisieren, sich in die Gruppe der höchstentwickelten Länder eingliedern und durch zunehmende wirtschaftliche Stärke auch an außenpolitischem Gewicht gewinnen.[103] Diese Ziele sind nicht nur legitim und rational, sie sind aus deutscher und westlicher Sicht begrüßenswert.

Die enge und dauerhafte Zusammenarbeit mit dem Westen, die Putin bereits seit Beginn seiner ersten Amtszeit anstrebt, ist nicht vor allem normgeleitet, wie in der „romantischen" Phase der russischen Außenpolitik, sondern vielmehr pragmatische Interessenpolitik. Sie besitzt insofern eine größere Verlässlichkeit und Dauerhaftigkeit.

Die Mehrheit der Eliten und der Bevölkerung blieb gegenüber Putins Positionsbestimmung, dass Russland seinen Platz an der Seite des Westens finden müsse, skeptisch und Putins eindeutige Parteinahme nach dem 11. September stieß zunächst auf große Vorbehalte.[104] Die Kritik an Putins prowestlicher Politik ließ ab dem Herbst 2001 zwar nach, ist aber nie ganz verklungen und nimmt seit dem Jahre 2003 wieder deutlich zu. Hierfür lassen sich mehrere Gründe ausmachen:

1. Es ist bereits erwähnt worden, dass die Phase der Konsolidierung und Selbstfindung, in der sich das Land befindet, zu steigendem Misstrauen und steigender Abgrenzung gegenüber der Außenwelt führt.

---

103 Viktor Christenko: Nužna li nam integrazija?, in: Rossija v global'noi politike, Nr. 1, Januar/Februar 2004.

2. Die entschiedenen Demokraten in Russland haben sich mit ihrer fast gänzlich kritiklosen Haltung gegenüber der Politik der USA (z.B. im Irak) diskreditiert, ihr verbliebenes Ansehen im Lande weiter beschädigt und eine prinzipiell prowestliche Haltung dem Verdacht ausgesetzt, naiv zu sein.[105]

3. Die zunehmende Kritik des Westens an innenpolitischen Entwicklungen unter Putin verstärkt den latenten Verdacht, dass der Westen ein schwaches Russland wolle und ihm zu wenig Achtung entgegen bringe.

4. Diese Kritik und der bedeutende Machtverlust des Landes seit Anfang der 90er Jahre verstärken eine Stimmung, auf „Demütigungen" härter zu reagieren. Es sind Tendenzen einer „Revanchestimmung" spürbar. Sie wird dadurch ermöglicht und verstärkt, dass in wachsenden Teilen der Bevölkerung, weniger in den besser informierten Eliten, eine allzu optimistische Vorstellung über die in den vergangenen Jahren gewonnene Stärke ihres Landes herrscht.[106]

Präsident Putin schöpft seinen Spielraum zur Stabilisierung und Verbesserung der Beziehungen zum Westen voll aus. Er instrumentalisiert mitunter die verbreiteten autoritären und fremdenkritischen Reflexe, ohne sie jedoch zu schüren. Die im Vergleich zur Jelzin-Ära in einigen Bereichen autoritärere Politik im Inneren wird von einer kooperationsbereiten Außenpolitik begleitet. Falls der Präsident eine Außenpolitik betriebe oder betreiben müsste, die sich stärker an den Wünschen der Bevölkerung und großer Teile der Eliten orientierte, würde sich Russland weniger kooperativ zeigen. Hierfür gibt es zahlreiche Indizien:

1. Die große Mehrheit der Bevölkerung wünscht eine Beibehaltung der vom Westen hart kritisierten russischen Militärpräsenz in Georgien und Transnistrien (zu Einzelheiten s. unten).[107]

2. Ende März 2004 verabschiedete die Duma mit über achtzigprozentiger Zustimmung eine Erklärung, dass Russland die Zweckmäßigkeit seiner Teil-

---

104 S. z. B. Angela Stent: Russland – globaler Akteur im internationalen System. Eine Washingtoner Perspektive, in: IP Nr. 10/2002, 5 ff.

105 Peter W. Schulze: Russland im autoritärem Zwischenstadium – Der lange Marsch in die Modernität, in: Gorzka/ Schulze: Wohin steuert, S. 140.

106 Das Ausmaß der Überschätzung hält sich jedoch im Rahmen, s. z.B. Deutschland und Europa, S. 24.

107 Nikolai Zherebtsov, RIA Nowosti am 13.5.04, in: CDI 306, 14.5.04.

nahme an den internationalen Verträgen über konventionelle Waffen überdenken und sein atomares Potenzial verstärken könne, falls die NATO die Besorgnis Russlands bezüglich der NATO-Osterweiterung nicht berücksichtigen werde.[108]

3. Im Juli 2004 hielt die links-nationalistische Partei „Rodina", die bei den Dumawahlen im Dezember 2003 überraschend über 9 Prozent der Stimmen erhalten hatte, ihren Parteitag in einem Saal ab, dessen Wand ein monumentales Plakat mit den Umrissen der früheren UdSSR schmückte. Dmitrij Rogosin, der Parteivorsitzende, sprach sich für die Wiedererrichtung eines Staates in den Grenzen der Sowjetunion aus.[109] Die Gefahr bzw. Chance hierfür tendiert gegen Null, aber heutzutage lässt sich mit solchen Parolen eher punkten als noch vor wenigen Jahren.

4. Konstantin Kosatschew *(Kosačev, russ.: Косачев)*, der Vorsitzende des außenpolitischen Ausschusses der Duma argumentierte im Mai 2004 nachdrücklich, dass die Al Kaida kein Feind Russlands sei und eine Allianz mit den Vereinigten Staaten Russland nur Schwierigkeiten beschere. An anderer Stelle erklärte er, dass der Westen dem Dogma folge, dass nur ein schwaches Russland ein gutes Russland sei.[110]

5. Andrej Kokoschin *(Kokošin, russ.: Кокошин)*, Vorsitzender des Dumaausschusses für GUS-Angelegenheiten wirft dem Westen vor, dass dieser die Sowjetunion zynisch getäuscht habe, damit sie sich öffne. Und den neuen russischen Staat habe der Westen ebenso betrogen.[111]

Diese Beobachtungen verdichten sich zu einer Tendenz, der auch Putin Rechnung trägt. Der russische Außenminister Lawrov reiste zwar Anfang April 2004 persönlich zum NATO-Russland-Rat, trotz der NATO-Osterweiterung, und Putin betonte hierbei, dass Russland diese Entscheidung nicht leicht gefallen sei, aber sein Interesse an einer weiteren Zusam-

---

108 Interfax am 31.3.04, in: DW, 63 31.3.04.

109 Andrej Prawow, RIA Nowosti am 7.7.04, in: Grachok 94, 8.7.04; s. auch Interfax am 8.12.03, in: DW 237, 9.12.03.

110 Igor Torbakov: Moscow gatherings debate russian-u.s. ties, in: Jamestown Foundation, Ed.: Eurasian Daily Monitor, Volume I, Issue 9, 13.5.04, im Internet: www.jamestown.org/publications_details.php?volume_id=401&issue_id=2951&article_id=236696 (zuletzt geöffnet am 24.11.04).

111 Igor Torbakov: Debates within russian political Class show Moscow's Suspicions of the West, in: Ders., Vol. I, Issue 82, 10.9.04.

menarbeit dokumentieren wolle. Der Präsident selbst begab sich im Jahre 2004 aber auffallend selten in den Westen, und nur seine treuesten europäischen Freunde, vor allem der Bundeskanzler, reisten nach Russland.

Der Präsident äußerte bereits bei seiner Rede an die Föderalversammlung im Mai 2004 den Verdacht:

> „Bei weitem nicht alle in der Welt wollen es mit einem selbstständigen, starken und selbstbewussten Russland zu tun haben. Im globalen Konkurrenzkampf werden heutzutage Mittel des politischen, ökonomischen und Informationsdruckes aktiv eingesetzt. Die Stärkung unserer Staatlichkeit wird dementsprechend unbewusst als Autoritarismus gedeutet." (Zum Text s. Anhang)

Nach Beslan verschärfte er seine Vorwürfe in einer Ansprache an das russische Volk wesentlich: „Einige möchten ein saftiges Stück aus uns herausschneiden und andere helfen ihnen dabei. Sie denken, dass Russland als eine der führenden Atommächte weiterhin eine Bedrohung für jemanden darstellt und möchten diese beseitigen."[112]

Diese dramatischen Worte des Präsidenten haben zu zahlreichen Vermutungen geführt, wen der Präsident gemeint haben könnte.[113] (S. hierzu auch den Beitag von M. Leontjew im Anhang.) Wenige Tage später, bei einem Treffen mit westlichen Wissenschaftlern und Journalisten, drückte er sich nuancierter, aber ebenso anklagend aus: Er konstatierte, dass im Westen die Mentalität des Kalten Krieges weiterhin eine große Rolle spiele und Vorwürfe in Bezug auf die russische Innenpolitik dazu dienen sollten, Russland auf internationalem Parkett „klein zu halten".[114] Diese Auffassungen werden von der Bevölkerung und den Eliten weithin und in zunehmendem Maße geteilt.

Russland wird unter *Putin* keine Phase der Konfrontation mit dem Westen einleiten, aber es ist möglich, wenn nicht wahrscheinlich, dass die Kooperation nicht den Umfang annimmt, der möglich und wünschenswert wäre.

---

[112] Igor Torbakov: Debates within russian political Class show Moscow's Suspicions of the West, in: s. Fußnote 111.

[113] S. hierzu auch Vladimir Rudakov: Udarnye instrumenty, in: Profil' Nr. 33/2004.

[114] S. Quelle 112.

IV. Die wirtschaftliche Entwicklung

Neben der Konsolidierung und Stärkung der Staatsmacht sowie der Herstellung seiner Handlungsfähigkeit stehen die Modernisierung und Stärkung der Ökonomie seit dem Jahre 2000 im Mittelpunkt der russischen Politik. Die Ziele in beiden Bereichen stehen selbstverständlich in Verbindung miteinander – und dienen nicht zuletzt dazu, die Voraussetzungen für eine erfolgversprechende Außenpolitik zu verbessern.

Die Größe dieser Aufgabe wird an folgenden Fakten deutlich: Das russische Bruttoinlandsprodukt – nach *Marktwechselkursen* berechnet – lässt das Land mit den Niederlanden vergleichbar erscheinen. Diese Sicht führt jedoch in die Irre: Wenn die realistischere *Kaufkraft* betrachtet wird, dann steht Russland etwa mit Brasilien auf einer Stufe, was jedoch nur wenig befriedigender ist. Der Anteil Russlands am weltweiten Bruttoinlandsprodukt sank von 7,0 % im Jahre 1980 auf 5,5 % 1990. Im Jahre des Amtsantritts Putins betrug der Anteil noch 2,7 % und 2004 sind es etwa 3 %. Die russische Wirtschaftsleistung entspricht derzeit nur etwas über 80 % des Wertes von 1990.[115] – Wobei Statistiken grundsätzlich mit einer gewissen Vorsicht gelesen werden sollten, nicht zuletzt im russischen Fall.

Vertreter westlicher Unternehmen äußern sich in der Regel sehr zufrieden über die Entwicklung der russischen Wirtschaft - und somit über den Fortgang ihrer eigenen Geschäfte. Die Reformen waren tatsächlich umfassender und tiefgreifender, als sich fast alle Beobachter im Jahre 2000 vorstellen konnten. Es gab und gibt jedoch eine anhaltende und weitverbreitete Skepsis, ob die seit einigen Jahren sehr vorteilhafte Entwicklung der russischen Wirtschaft auf einem tragfähigen Fundament steht und von dauerhafter Natur sein kann. Die meisten wissenschaftlichen Beobachter trauen dem Land nach wie vor nur ein langfristiges Wachstum von wenigen Prozenten im Jahr zu.[116]

---

115 Alexander Dynkin: Russlands Perspektiven in einer globalen Wirtschaft, in: Gorzka/ Schulze: Wohin steuert, S. 117-118.

116 Pekka Sutela: Russia and Europe. Some Economic Aspects. - Moscow 2003: Carnegie Foundation, S. 132-133, 143 (künftig: Sutela: Russia and Europe).

Die Entwicklung der vergangenen Jahre scheint die Skeptiker zu widerlegen: Die Währungsreserven wuchsen von 11 Mrd. $ im Herbst 1998 über 30 Mrd. $ Ende 2000 auf über 112 Mrd. $ im November 2004 an. 1997 betrug das Etatdefizit horrende 7 % des Bruttoinlandsproduktes, seit einigen Jahren gibt es hingegen bedeutende Haushaltsüberschüsse. Im Jahre 2004 soll er über 3 % des Bruttoinlandsproduktes betragen. Die Staatsschulden werden dementsprechend im Rekordtempo abgebaut. Das Wirtschaftswachstum betrug zwischen 1999 und 2003 durchschnittlich 6,7 % jährlich und die Arbeitslosigkeit sank in diesen Jahren von 13 % auf 8 %. Im Jahre 2003 betrug das Wachstum des Bruttoinlandsproduktes 7,3 %, wovon, nach Auskunft des Wirtschaftsministers German Gref, lediglich 2 % hohen Ölpreisen zu verdanken gewesen sein sollen.[117]

Im Jahre 2004 setzte sich der Boom fort: Das Bruttoinlandsprodukt und die Industrieproduktion wuchsen 2004 bis zum November im Jahresvergleich um etwa 7 Prozent, für das Jahr 2005 werden 5,8 % erwartet. Die höchsten Zuwachsraten traten 2004 im Bereich des Maschinenbaus und der Metallbearbeitung auf. Dies veranlasste den einflussreichen stellvertretenden Vizeregierungschef Alexander Schukow *(Žukov, russ.: Жуков)*, einen in den USA ausgebildeten Liberalen, zu der Feststellung, dass die Zuwachsraten nicht aufrund der gegenwärtig hohen Ölpreisen zustande gekommen seien, da das Wachstum vor allem in Bereichen mit hoher Verarbeitungsstufe zu verzeichnen sei. German Gref kam dieses Mal zu einer anderen Einschätzung. Seines Erachtens war fast die Hälfte des russischen Wirtschaftswachstums durch die steigenden Ölausfuhren und -preise bedingt.[118] Ministerpräsident Fradkow rechnet damit, dass das russische Wirtschaftwachstum auf drei bis vier Prozent pro Jahr zurückgeht, wenn das Land seine Abhängigkeit vom Rohstoffexport nicht überwindet.[119]

---

117 Mark Schieritz, in: Financial Times Deutschland, 13.7.04; RIA Nowosti am 5.7.04, in: Grachok 92, 6.7.04; RIA Nowosti am 20.2.04, in: Grachok 32, 24.2.04; RIA Nowosti am 17.6.04, in: Grachok 80, 18.6.04; RIA Nowosti am 20.2.04, in: Grachok 32, 24.2.04; RIA Nowosti am 11.11.04, in: Grachok 46.Woche, 15.11.04.

118 RIA Nowosti am 17.05.04, in: Grachok 64, 18.5.04; RIA Nowosti am 16.6.04, in: Grachok 79, 17.6.04; RIA Nowosti am 17.06.04, in: Grachok 80, 18.6.04; Mark Schieritz, in: Financial Times Deutschland, 13.7.04.

119 RIA Nowosti am 14.4.04, in: Grachok 51, 15.4.04.

Die ökonomischen Erfolge der vergangenen Jahre sind beeindruckend, sie sind jedoch eher *Voraussetzung* für die Lösung der strukturellen Probleme der russischen Wirtschaft, nicht ihr Ergebnis. Die Investitionen wachsen, aber von einem sehr niedrigen Niveau ausgehend. Sie konzentrieren sich zudem auf den Energiesektor und das Bauwesen. Der aufgeblähte, überbürokratisierte und käufliche Staatsapparat, in Verbindung mit beträchtlichen Mängeln der Justiz, trüben das Investitionsklima erheblich, was auch potenzielle ausländische Investoren immer wieder beklagen.[120]

Zusätzlich lebt das Land nach wie vor zu einem beträchtlichen Teil von seiner Substanz, was beispielsweise am maroden Verkehrsnetz deutlich wird. Nach Angaben von Jurij Lewitin, dem Minister für Transport- und Fernmeldewesen, blieben Ausgabensteigerungen für den Straßenbau in den vergangenen Jahren hinter dem Wirtschaftswachstum deutlich zurück. Im Jahre 2000 seien noch 2,3 Prozent des Bruttoinlandsprodukts hierfür aufgewandt worden, 2003 seien es nurmehr 1,5 Prozent gewesen. In Industriestaaten würden hingegen drei bis vier Prozent des Bruttoinlandsprodukts für die Straßenwirtschaft bereitgestellt.[121]

Auch für den Bildungs- und Wissenschaftssektors wendet der Staat zu wenig Geld auf, sodass dessen Leistungsfähigkeit tendenziell sinkt, – während die Minderheit der Einrichtungen, die sich umfangreicher privater Zuwendungen erfreuen kann, wächst und gedeiht, was den grundsätzlichen Trend aber nicht umkehrt, sondern nur abmildert. Zudem werden die Disparitäten zwischen einzelnen Regionen innerhalb des Landes verstärkt und leistungsfeindliche Auslesekriterien gewinnen an Bedeutung.

Die Beobachtung mangelnder Investitionsaktivität lässt sich verallgemeinern: Der Staat baut statt dessen Schulden ab und hortet enorme Mittel. Im Jahre 2005 wird allerdings eine wesentliche Erhöhung der Investitionen der öffentlichen Hand erwartet. Es ist zu hoffen, dass dies auch in den Folgejahren der Fall sein wird.[122] Dies ist fraglich, denn bislang gibt es keine Langzeitstrategie für die Bereiche Bildung, Wissenschaft, Innovation oder die in-

120 S. z.B. RIA Nowosti am 22.6.04, in Grachok 83, 23.6.04; Jens Hartmann: Investoren verärgert über Russland, in: Die Welt, 23.6.04

121 RIA Nowosti am 6.5.04, in: Grachok 61, 7.5.04.

122 RIA Nowosti, Moskau, am 21.6.04, in: Grachok 82, 22.6.04; RIA Nowosti am 19.8.04, in: Grachok 120, 20.8.04.

vestive Nutzung der Ölmilliarden. Es gibt auch zu denken, dass die russischen Zuwachsraten deutlich niedriger sind als etwa in Kasachstan oder der Ukraine – trotz der sehr hohen Rohstoffpreise.[123]

Die russische Wirtschaft leidet unter einigen gravierenden strukturellen Schwächen, beispielsweise dem deutlich unterentwickelten Bankensektor. Das mit Abstand größte russische Kreditinstitut, die Sberbank, rangiert weltweit an 152. Stelle.[124] Diese unzureichende Stärke der Finanzinstitute behindert eine effektive Allokation der Mittel. Der technologische Rückstand des Landes ist ein ebenso gravierendes und noch häufiger diskutiertes Problem.

Die russischen Steuereinnahmen hängen zu einem Drittel von der Öl- und Gaswirtschaft ab, der Anteil der Rohstoffexporte an den Ausfuhren ist in den vergangenen Jahren noch weiter angestiegen, von 40 % (1997) auf 50 % (2002), während der Anteil von Maschinen am Export zurückgeht, was auf eine sinkende Konkurrenzfähigkeit von russischen Industriegütern hindeutet.[125] Zugleich steigt der Kurs des russischen Rubels gegenüber dem US-Dollar, eine Folge des hohen Handelsüberschusses durch die Rohstoffexporte. Dies könnte die Konkurrenzfähigkeit russischer Fertigerzeugnisse noch weiter beeinträchtigen, obwohl die Daten des Jahres 2004 widersprüchlich sind.

Resümee: Die Wiedererlangung einer Großmachtstellung und die Steigerung des Lebensstandards der Bevölkerung erfordern eine wesentliche Stär-

---

123 Juri Durkot: Ladenschlußverkauf – die Wirtschaft in Wahlkampfzeiten, in: Wostok, Nr. 3/2004, S. 28.

124 Berechnungen für das Jahr 2000 bei Roland Götz: Ökonomische Voraussetzungen und Rahmenbedingungen russischer Außenpolitik, in: OE, Nr. 4-5/2001, S. 366-67; s. auch Heinz Timmermann: Russlands Außen- und Sicherheitspolitik: Die europäische Richtung, in: Bundeszentrale für politische Bildung, Hg.: Aus Politik und Zeitgeschichte, B 16-17/2003, S. 22; Juri Durkot: Ladenschlußverkauf – die Wirtschaft in Wahlkampfzeiten, in: Wostok, Nr. 3/2004, S. 28; Wostok Newsletter, Nr. 06/2004, S. 7; RIA Nowosti am 28.6.04, in: Grachok 87, 29.6.04.

125 Sutela: Russia and Europe, S. 132-133, 143; Roland Götz: Rußlands Energiestrategie und die Energieversorgung Europas. SWP-Studie, März 2004, S. 6-8, (künftig: Götz: Rußlands Energiestrategie); RIA Nowosti am 18.11.03, in: Grachok 188, 19.11.03; Hermann Clement: Die Wirtschaftsstruktur Russlands, in: Aus Politik und Zeitgeschichte, B 16-17/2003; O. Hiskow, in: Adomeit, Kolloquium, S. 36; Wostok Newsletter Nr. 4/2002, S. 7; Maria Kakturskaja: Investicii iz odnogo karmana v drugoi, in: Argumenty i fakty Nr. 49 (1206), 3.12.03; Pressekonferenz von German Gref, RIA Nowosti am 5.8.03, in: Grachok 118, 6.8.03. Zur Bedeutung Gasproms s. Russia Weekly Info,

kung der ökonomischen Basis des Landes. Die in den vergangenen Jahren erzielten Erfolge sind beeindruckend, müssten aber verstetigt und auf eine zukunftsträchtigere Grundlage gestellt werden. Beides kann nur durch eine wesentliche Verstärkung der staatlichen Investionsaktivität, eine durchdachte Öffnung der Märkte des Landes und Innovations- sowie Investitionsspritzen westlicher Konzerne gelingen. Letzteres ist den russischen Eliten bewusst. Wirtschaftliche Interessen Russlands sind das vielleicht dauerhafteste und verlässlichste Motiv einer engen Zusammenarbeit mit dem Westen, vor allem mit Deutschland.[126]

3.6.03; Berliner Zeitung Online, 24.2.03, in: Grachok, 25.2.03; RIA Nowosti am 19.08.04, in: Grachok 120, 20.8.04.

126 S. die ausführliche Studie von Christian Meier: Deutsch-Russische Wirtschaftsbeziehungen unter Putin. Praxis–Probleme–Perspektiven. SWP-Studie 2004/S 42, November 2004.

V. Russland und die Gemeinschaft Unabhängiger Staaten (GUS)

Nach einer Umfrage in Russland aus dem Jahre 1997 waren 56 Prozent der Befragten der Ansicht, dass Russen und Ukrainer dem selben Volk angehörten.[127] Selbst heutzutage noch sieht die Mehrheit der russischen Bevölkerung den Zerfall der Sowjetunion als Fehler an und noch 2001 neigte fast ein Drittel der Befragten dazu, sich als Bürger der UdSSR zu bezeichnen oder bekundete Unsicherheit darüber, mit welchem Staat sie sich identifizieren könnte. Mitte 2004 wünschten 19 % der russischen Bevölkerung eine Wiederherstellung der UdSSR und weitere 16 % eine Zusammenfassung der Länder der GUS bzw. eine Vereinigung Russlands mit Kasachstan, Weißrussland und der Ukraine.[128]

Millionen Russen bzw. Russischsprechende leben zudem außerhalb der Grenzen des Landes. 1989 gaben 22,1 % der Bewohner der Ukraine an, Russen zu sein, in Kasachstan bekundeten dies 1994 35,8 %. Für 2001/1999 lauten die entsprechenden Angaben 17,3 % bzw. 30,0 %.[129]

Eine gemeinsame Geschichte sowie unzählige persönliche Erfahrungen und Kontakte verbinden die Menschen in den GUS-Ländern miteinander. Aus diesen und zahlreichen anderen Gründen, auf die im folgenden noch eingegangen wird, besitzen die Länder der GUS eine zentrale Bedeutung für die russische Außenpolitik.

---

127 Jerzy Mackow: Russlands Beziehungen zu seinen „slawischen Brüdern“ Ukraine und Belarus, in: Aus Politik und Zeitgeschichte, B 16-17/2003, S. 33, nach: Andrew Wilson: The Ukrainians. Unexpected Nation. - Yale u.a.: 2002, p. 298.

128 Russisches, S. 346; European Sentiments in the Slavic Triangle, in: Russia in global affairs Nr. 3, Juli/September 2004, www.eng.globalaffairs.ru/docs/2004_english3.pdf (zuletzt geöffnet am 24.11.04).

129 Mario von Baratta, Hg.: Der Fischer Weltalmanach 2000. - Frankfurt/Main: 1999, Spalte 809, S. 437, Spalte, 847, S. 479.

V.1 Die russische GUS-Politik zur Zeit Präsident Jelzins

Die Länder der Gemeinschaft Unabhängiger Staaten konnten oder mussten zahlreiche Maßnahmen russischer Politik oder Bekundungen russischer Politiker dieser Jahre als Bedrohung ihrer Souveränität und territorialen Integrität auffassen:

- Russland nutzte und schürte Spannungen im Inneren von GUS-Ländern, um seinen Einfluss zu wahren.
- Präsident Jelzin und andere Politiker ergingen sich hin und wieder in imperialer Rhetorik, vereinzelt wurden gar Forderungen nach Grenzänderungen laut, z.B. von Jurij Luschkow *(Lužkov, russ: Лужков)*, dem Bürgermeister Moskaus, der zeitweilig als aussichtsreicher Nachfolger Jelzins galt.
- Russland übte durch wirtschaftliche Sanktionen politischen Druck aus.[130]

Das imperiale Gebaren Russlands wurde auch durch die zurückhaltende Reaktion des Westens ermöglicht, dessen Aufmerksamkeit durch die Balkankriege gefesselt war. Es diente zum einen dem Zweck, von der Misere im Inneren abzulenken, zum anderen war es der Versuch, den als schmerzlich empfundenen Verfall des Imperiums, wenn nicht rückgängig zu machen, so doch aufzuhalten oder zumindest zu verzögern. Der russische Druck rief jedoch Proteste der GUS-Länder hervor und beschleunigte deren Stabilisierung, von Moldau und Georgien abgesehen.

Die Führung Russlands verfolgte jedoch zu keiner Zeit die Politik einer Revision von Grenzen, nicht zuletzt deshalb, da Sorgen um die Integrität des eigenen Territoriums bestanden und bestehen. Russland war auch nicht in der Lage, vor allem jedoch nicht bereit, durch größere Opfer und entschlossenes Engagement GUS-Staaten als Vorstufe für einen eventuellen neuzugründenden Bundesstaat wieder enger an sich zu binden, wie beispielsweise die leere Integrationsrhetorik gegenüber Weißrussland deutlich machte.[131]

---

130 Die Verhandlungen über ukrainische Erdgasschulden wurden von russischer Seite nicht von Gasprom, sondern von Regierungsvertretern geführt, die somit ein wirksames Druckmittel in der Hand hatten, das sie z.B. bei den Verhandlungen um die Schwarzmeerflotte auch einsetzten, s. OE Nr. 4-5/01, S. 405-406.

131 Zu den russisch-weißrussisch bzw. -ukrainischen Beziehungen s. insb. die zahlreichen Veröffentlichungen Heinz Timmermanns, sowie: Jeronim Reovic: Probleme der Anpassung an die neuen Realitäten. Russische Außenpolitik gegenüber der Ukraine und Weißrussland, in: OE, Nr. 4-5/2001, 466ff und Alexander Ott: Die ukrainische Po-

Die zahlreichen Organe, Institutionen und Verträge, die im Rahmen der GUS geschlossen wurden, sind kaum mit Leben erfüllt oder umgesetzt worden. Es war zudem *Russland*, dass aus wirtschaftlichen Motiven 1993 die Liquidation der Rubelzone betrieb und sich jahrelang der Schaffung einer von allen anderen Ländern geforderten Freihandelszone innerhalb der GUS widersetzte. Russland ist zudem dasjenige GUS-Land, das sich am stärksten aus dem Handel mit den anderen Ländern des „nahen Auslands" desintegrierte. Im Sicherheitsbereich wurden zahlreiche Verträge nicht umgesetzt, vor allem dann nicht, wenn sie finanzieller Mittel von russischer Seite bedurften. Russland führte zudem einseitig Visumszwang für die Bürger einiger GUS-Staaten ein und erhob Einfuhrzölle auch von Mitgliedern der Zollunion.

Wirtschaftliche Interessen rangierten für Russland deutlich höher als eventuelle imperiale Ambitionen.[132] Bei ernsthaften entsprechenden Plänen wären diese an der russischen Politik unschwer zu erkennen gewesen. Zudem war die Handlungsfähigkeit russischer Politik eingeschränkt, auf die Stabilisierung der eigenen Lage bedacht und von Illusionen geprägt.

Man kann festhalten, dass die russische Politik gegenüber Ländern des „nahen Auslands" in den 90er Jahren in der Substanz pragmatischer und zurückhaltender war, als viele Beobachter erwartet hatten. Die prekäre innen- und wirtschaftspolitische Lage, das Gefühl verletzen Patriotismus', die zu Sowjetzeiten gezogenen Grenzen innerhalb der UdSSR, die oft fragwürdig waren, und die Tatsache, dass sich viele Millionen Russen plötzlich vor den Grenzen ihres „Mutterlandes" wiederfanden: all dies hätte eine irredentisti-

---

litik gegenüber Rußland, in: Alexandrova. Zu Aserbaidschan s. Rizvan Nabiyev: Erdöl- und Erdgaspolitik in der kaspischen Region. – Berlin: 2003, S. 135-139, 182, (künftig: Nabiyev). Zum russischen Druck auf Turkmenistan s. Venjamin Ginzburg/ Manuela Troaschke: Turkmenistans Gassektor: Keine Marktwirtschaft, aber Tauwetter. Osteuropainstitut München, Kurzanalysen und Informationen, Nr. 8, Juli 2003, S. 2. Grundsätzlich: Olga Alexandrova: Rußlands Außenpolitik gegenüber dem postsowjetischen Raum, in: Alexandrova, S. 23.

132 Olga Alexandrova: Schwierige Restauration alter Abhängigkeiten. Rußlands Politik gegenüber der GUS, in: OE Nr. 4-5/2001, 455ff ; Marie-Carin von Gumppenberg: Neue Konstellation in Zentralasien, in: GUS-Barometer 28; Hermann Clement/ Alexandra Reppegather/ Manuela Troschke: Handelsstruktur und nationale Interessen konterkarieren GUS-Integration. Osteuropainstitut München, Kurzanalysen und Informationen, Nr. 7, März 2003, S. 1. Russland verkauft aber an Staaten mit denen ein Sicherheitsvertrag abgeschlossen wurde, Waffen zu ermäßigten Preisen.

sche Politik erwarten lassen, ähnlich wie in Mitteleuropa während der ersten Hälfte des 20. Jahrhunderts. Die Auflösung des sowjetischen Imperiums ging jedoch mit weit weniger Blutvergießen vonstatten, als die Auflösung der Kolonialreiche europäischer Mächte in den Jahrzehnten nach dem Zweiten Weltkrieg.

V.2 Grundzüge der GUS-Politik unter Putin

Der GUS-Raum ist auch unter Putin ein zentrales Aktionsfeld russischer Politik geblieben, so trifft er bei sieben von zehn Zusammenkünften mit ausländischen Politikern Vertreter aus dem „nahen Ausland". Auch für die liberalen Parteien stehen die Beziehungen zu GUS-Ländern an erster Stelle der außenpolitischen Prioritätenliste.[133]

An die Stelle von Emotionen ist in den vergangenen Jahren auch verbal zunehmend die Vertretung der Interessen des russischen Staates getreten. Die Bereitschaft Russlands, durch materielle Zugeständnisse GUS-Staaten stärker an sich zu binden ist weiter geschwunden: Die Lieferung von Waffen oder Erdgas zu „Freundschaftspreisen" wurde und wird zunehmend reduziert. Abnehmer aus GUS-Ländern können russisches Gas jedoch nach wie vor zu erheblich günstigeren Preisen erstehen als westliche Importeure. Die Preise liegen im „nahen Ausland" – nach Abzug der Akzise, Mehrwertsteuer und Zölle – dennoch bereits etwa 40 % über den russischen Inlandspreisen.[134]

Der Kreml hat von seiner imperialen Rhetorik in den vergangenen Jahren eindeutig Abstand genommen, die offizielle Politik versucht im Gegenteil durch betont freundliche Gesten Vorbehalte zu zerstreuen, die in GUS-Ländern und im Westen gegenüber Russland herrschen. So begab sich der russische Präsident aus Anlass des 10. Jahrestages der Unabhängigkeit der Ukraine nach Kiew, um seine Glückwünsche auszusprechen. Russland erwirkte zudem, dass der ukrainische Präsident zu Beginn des Jahres 2003 Präsident des Rates der GUS-Regierungschefs wurde, eine Würde, die zuvor

---

133 S. z.B. Peter Rutland, in: Transitions Online, Russia in 2003, nach: CDI 294, 20.2.04.

134 RIA Nowosti am 12.07.04, in: Grachok 97, 13.7.04.

stets das russische Staatsoberhaupt inne hatte.[135] Beides führte bei imperial gesinnten Russen zu erheblichem Stirnrunzeln.

Im Sommer 2004 sagte der Präsident in einer Rede vor russischen Diplomaten, dass die oberste Priorität der Außenpolitik weiterhin darin bestehe, gute Beziehungen zu den ehemaligen Sowjetrepubliken zu pflegen.

> „Wir müssen", so Putin, „Russlands Beziehung zu anderen GUS-Ländern so attraktiv wie möglich gestalten – nicht nur für uns, sondern auch für sie (die anderen Länder)." „Wir sollten keine Zeit mit eloquenten Phrasen vergeuden – wie etwa, dass Russland das Recht habe, das Territorium der GUS zu führen." Die Annahme, dass „niemand anderer als wir das Recht zu führen hat, ist falsch, illusorisch und Irre führend", fügte Putin hinzu.[136]

Russland konzentriert sich seit einigen Jahren auf bilaterale Beziehungen mit Ländern des „nahen Auslandes", von einer wirtschaftlichen Integration aller GUS-Staaten ist keine Rede mehr und die verschiedenen Pläne einer Zollunion umfassen immer weniger Länder, inzwischen soll ein „Einheitlicher Wirtschaftsraum" mit lediglich Belarus, Kasachstan und der Ukraine entstehen. Aber auch die Umsetzung dieses Vorhabens ist aus verschiedenen Gründen fraglich, auf die im Folgenden näher eingegangen wird.[137]

Im Juni 2004 wurden Pläne, den russischen Rubel auch in Weißrussland einzuführen wieder einmal verschoben. Zudem gehören Weißrussland und

---

135 Peter Rutland, in: CDI 294, 20.2.04; Timur Arslanow: Brauchen die Russen Freiheit? Zur Krise der liberalen Bewegung, in: Wostok Nr. 2/2004, S. 27-28; s. auch: Ukrinform, 11.11.03, in: DW 218, 12.11.03. Sein Nachfolger wurde der moldauische Präsident. Im September 2004 wurde Präsident Putin zum Präsident des Rates gewählt.

136 RIA Nowosti am 13.07.04, in: Grachok 98, 14.7.04; APA/Reuters, 12.7.04, in: Grachok 97, 13.7.04.

137 S. auch Jerzy Mackow: Russlands Beziehungen zu seinen „slawischen Brüdern" Ukraine und Belarus, in: Aus Politik und Zeitgeschichte, B 16-17/2003, S. 33, nach: Andrew Wilson: The Ukrainians. Unexpected Nation. - Yale u.a.: 2002, p. 298 und Russisches, S. 346; RosBusinessConsulting, 6.12.03, in: Johnson's Russia List 7456, 7.12.03; Hans-Henning Schröder: Chronologie des politischen Wandels in der Sowjetunion und Russland, in: Olaf Hillenbrand/ Iris Kempe, Hg.: Der schwerfällige Riese. Wie Russland den Wandel gestalten soll. - Gütersloh: 2003, S. 322, 326 (künftig: Hillenbrand: Riese); Olga Alexandrova: Schwierige Restauration alter Abhängigkeiten. Rußlands Politik gegenüber der GUS, in: OE, Nr. 4-5/2001, S. 463; Werner Gumpel: Russland, Afghanistan und der Nahe Osten – eine geopolitische Betrachtung, in: KAS-AI Nr. 10/2003. Zu den Kontroversen zwischen Russland und Weißrussland im Februar 2004 s.: Interfax-Agi, 18.2.04, nach: DW 34, 18.2.04, Interfax-Agi, 19.2.04, nach: DW 35, 19.2.04; Olga Mazaeva, Jelena Baikova: Minsk kapituliroval, in: NG Nr. 34 (3147), 19.2.04; Alexandrova: Vorwort, in: Alexandrova, S. 9-10.

die Ukraine zu den Ländern auf der Welt, die der Einfuhr aus Russland die meisten Beschränkungen auferlegen.[138]

Die russische GUS-Politik ist seit dem Jahre 2000 weit berechenbarer geworden, das Land ist wirtschaftlich deutlich leistungsfähiger, innenpolitisch gefestigter und auch die entgegenkommendere Form der Politik könnte erwarten lassen, dass Russlands Einfluss in den GUS-Ländern steigt. Dies ist aus verschiedenen Gründen, auf die unten eingegangen wird, jedoch nicht der Fall.

V.3 Der wirtschaftliche Faktor

Das Russland Putins versucht nicht mehr durch Drohungen oder unrealistisch-ambitiöse Pläne seinen Einfluss in GUS-Ländern zu wahren und auszubauen, sondern durch eine wirtschaftliche Durchdringung. Russland hat sich beispielsweise die Schulden Armeniens und Kirgisistans in Form der Übergabe von strategisch wichtigen Betrieben des Landes begleichen lassen. Zudem stieg im Jahre 2003 der Warenumsatz zwischen den GUS-Staaten sehr stark an, zwischen Russland und Ukraine beispielsweise um über 30 %, und der GUS-Anteil am gesamten russischen Außenhandel wuchs von 16,9 % (2002) auf 17,8 % (2003). Das Wachstum des Handelsaustausches zwischen Russland und seinen GUS-Nachbarn blieb auch in den ersten neun Monaten des Jahres 2004 überdurchschnittlich.[139]

Der Warenumsatz zwischen den GUS-Staaten hat 2003 aber erst wieder das Niveau von 1997 erreicht, liegt nach wie vor weit niedriger, als in den ersten Jahren nach der Auflösung der UdSSR und weist eine ungünstige Struktur auf: Der Anteil von Brenn- und Rohstoffen hat sich fast vervierfacht und beträgt zur Zeit knapp 50 %, der Anteil von Fertigerzeugnissen ist hingegen deutlich gesunken. Es lässt sich auch nicht feststellen, dass der Kreml

---

138 Interfax am 5.6.04, in: DW 107, 7.6.04; RIA Nowosti am 6.4.04, in: Grachok 45, 7.4.04.

139 Irina Alešina: SNG nečem torgovat', www.gazeta.ru/2004/01/05/sngne4emtorg.shtml, 6.1.04 (zuletzt geöffnet am 24.11.04); RIA Nowosti am 11.2.04, in: Grachok 25, 12.2.04; RIA Nowosti am 21.1.0 4, in: Grachok 11, 23.1.04; s. auch RIA Nowosti am 15.10.03, in: Grachok 164, 16.10.03 (Pressekonferenz Viktor Christenkos); RIA Nowosti am 21.1.04, in: Grachok 11, 23.1.04; russlandintern.de/ RIA, 14.05.04, in: Grachok 63, 17.5.04.

die russische Wirtschaft in großem Umfang in den Dienst außenpolitischer Interessen zu stellen vermochte, falls er dies wirklich beabsichtigt haben sollte, denn in den vergangenen Jahren wurden nur ca. 10 % der russischen Auslandsinvestitionen in GUS-Ländern getätigt.[140] – Zwischen 1998 und 2002 flossen ca 1 Mrd. US $ an russischen Investitionen in Länder der GUS, zwei Drittel hiervon nach Weißrussland, jeweils 14 % nach Armenien und Moldau.[141] – Für die russischen (Rohstoff-) Konzerne stehen in aller Regel Geschäfts- und nicht nationale Interessen im Vordergrund ihrer Auslandsaktivitäten. Der Energieoligarch Vagit Alekperov, Präsident von Lukoil, der unter Druck der Finanzpolizei stand, betonte zwar, dass es den russischen Ölmagnaten nicht vor allem um Profit gehe, sondern um ein starkes Russland. Aber solche Aussagen sind weitgehend rhetorische Zugeständnisse an die Staatsmacht.[142]

Trotz aller Einschränkungen ist die Richtung der GUS-Politik jedoch eindeutig. Russland versucht durch zunehmendes wirtschaftliches Gewicht und vereinzelte Übernahmen strategisch wichtiger Betriebe seinen Einfluss in GUS-Ländern zu sichern bzw. zu steigern. Diese Zielrichtung russischer Politik ist sowohl legitim, als auch verständlich.

Gleichwohl hat es Russland aber nicht vermocht, sich über die Wirtschaft politischen Einfluss in verschiedenen GUS-Ländern zu sichern. Dies zeigt etwa das Beispiel der Republik Moldau. Russland ist dessen größter Investor und Gläubiger, nimmt 40 % der moldauischen Ausfuhren auf und liefert 13 % der Einfuhren, ist also auch der wichtigste Handelspartner des kleinen Lan-

---

140 Irina Kobrinskaja: Sodružestvo rasnyh skorostei, in: Rossija v global'noi politike, www.globalaffairs.ru/articles/2498.html 17.03.2004 (künftig: Kobrinskaja, Sodružestvo rasnyh). Der Anteil von Maschinen und Ausrüstungen am russischen Export in die GUS-Ländern liegt mit 22 % aber viermal so hoch wie bei der Ausfuhr in andere Länder (ebd.); Alexei Schurubowitsch/ Natalja Uschkakowa: Russisches Kapital im postsowjetischen Wirtschaftsraum, in: Alexandrova. Zur russisch-ukrainischen Wirtschaftsverflechtung S. 199; s. Elitenstudie, S. 29; Maria Olson: Die Ukraine in der Irakkrise, Ukrainische Widersprüche, in: GUS-Barometer 33; Grachok 158, 8.10.03.

141 Hermann Clement/ Alexandra Reppegather/ Manuela Troschke: Handelsstruktur und nationale Interessen konterkarieren GUS-Integration. Osteuropainstitut München, Kurzanalysen und Informationen, Nr. 7, 03/2003, S. 2.

142 Mark A. Smith: Russia's Energy Diplomacy, www.da.mod.uk/CSRC/documents/Rus sian/F75; s. auch: Alekrepovs Rede auf dem Internationalen Ölforum am 22.11.01: www.lukoil.ru/press.asp?div_id=2&id=286 (beide Seiten zuletzt geöffnet am 29.11.04).

des.[143] Die wirtschaftliche Abhängigkeit könnte zu der Ansicht führen, dass Russlands Stimme in dem Land eine besonders große Bedeutung besitzt, verstärkt durch die Abspaltung Transnistriens, eines schmalen dichtbesiedelten Streifens im Norden des Landes, in dem nicht rumänisch- sondern überwiegend russischsprachige Menschen leben. Dort stehen auch russische Truppen, ohne deren Anwesenheit die „Dnjestr-Republik" wahrscheinlich weder gegründet worden wäre, noch eine so ausdauernde Lebensfähigkeit bewiesen hätte.

Im Herbst 2003 wagte sich Russland weit hervor, um die langjährigen, paralysierenden Spannungen innerhalb Moldaus zu lösen und sich als Makler dauerhaften Einfluss zu sichern. Dmitrij Kosak *(Kozak, russ: Козак)*, ein enger Vertrauter des Präsidenten, war führende Kraft bei der Ausformulierung eines Friedensplanes zwischen Moldau und Transnistrien. Die Ukraine wurde eingebunden, nicht aber OSZE oder EU. Ende November 2003 meinte Kosak, dass alle Fragen geklärt seien und es nur noch gelte, „Kommata zu setzen". Die moldauische Ehrenkompanie probte bereits für den Staatsbesuch Präsident Putins, auf dem das Abkommen feierlich verkündet werden sollte.

Der Präsident Moldaus hatte Kosak bereits mündlich zugesichert zu unterschreiben – zog seine Zusage aber in letzter Minute zurück und der Besuch Putins wurde abgesagt. Vorbehalte der EU und umfangreiche Demonstrationen mit einem ausgeprägten antirussischen Tenor machten die Umsetzung des Planes unmöglich und führten zu einer der größten Demütigungen der russischen Diplomatie in den vergangenen Jahren. Die Regierung Moldaus hat Russland im Februar 2004 zudem erstmals formell zum Abzug seiner Truppen aus Transnistrien aufgefordert, der bis Ende 2001 hätte erfolgen müssen, was die russische Seite jedoch bestreitet. Die Regierung Moldaus erklärte Ende 2003, dass der Rückzug der russischen Einheiten „ohne Verzug" umgesetzt werden müsse, erst danach sei eine Lösung des Konfliktes um Transnistrien denkbar.[144] Die russische Seite vertrat hingegen bis in den

---

143 Zur Gasunion s. Roland Götz: Russlands Außenhandelsbeziehungen mit dem postsowjetischen Raum: Von der Dominanz zur Marginalität? Forschungsgruppe VII, Working Papers, 25.10.2002, SWP; Wladimir Nowossadjuk, RIA Nowosti am 12.2.04, in: Grachok 26, 13.2.04.

144 Irina Kobrinskaja: Sodružestvo rasnyh; RIA Nowosti/ Izvestija am 26.11.03, in: Grachok, 194, 27.11.03; AFP am 12.02.04, in: Grachok 26, 13.02.04; Hannes Ado-

Herbst 2004 hinein den Standpunkt, dass Interventionen von außen, d.h. von Seiten der EU und den USA, den Abzug russischen Militärmaterials aus der Dniestr Region verhinderten und empfahl weiterhin den von Kosak ausgehandelten Plan. Seit Oktober 2004 zeigt sich Russland aufgeschlossener, mit der EU in der Moldaufrage zusammen zu arbeiten. Etwas anderes bleibt realistischen Außenpolitikern in Moskau auch nicht übrig: Moldau bekräftigte wiederholt seine Absicht, der EU beizutreten.[145]

Selbst in Armenien sinkt der russische Einfluss tendenziell, trotz des beträchtlichen wirtschaftlichen Einflusses und Ansehens Russlands, das in dem kleinen Kaukasusland verbreitet als Schutzmacht betrachtet wird. Armenien scheint sich ernsthaft mit Plänen zu beschäftigen, unter Umgehung Russlands als Transitland für iranisches Gas nach Europa zu fungieren, sehr zum Missfallen des Kreml. Es verstärkt zudem seine Beziehungen zur NATO und beginnt westliche, anstelle von russischen Waffen, zu erwerben.[146] Im Sommer 2004 bezeichnete der armenische Außenminister den EU-Beitritt gar als „ein strategisches Ziel" seines Landes.[147]

Zusammenfassend lässt sich festhalten: Wirtschaftlicher Einfluss oder die Abhängigkeit verschiedener GUS-Länder von russischer Energie sind nicht hinreichend, um dem Kreml beherrschenden politischen Einfluss zu sichern. Wenn Russland versuchen würde, eines von beiden nachhaltig politisch zu instrumentalisieren, wäre mit erheblichen negativen Konsequenzen für den Kreml zu rechnen, die den potenziellen Gewinn weit überstiegen.

Wirtschaftlicher Einfluss ist häufig eine notwendige, aber keine hinreichende Bedingung für politische Dominanz. Zudem besitzen Russland und seine führenden Unternehmen oftmals nicht die Stärke, sich im Wettbewerb auf Drittmärkten gegen westliche Konzerne durchzusetzen. Investitionen von US-Bürgern und -Unternehmen übertreffen diejenigen Russlands beispielsweise

---

meit/ Heidi Reisinger: Militärische Macht und politischer Einfluß, in: Alexandrova, S. 157.

145 Interfax-AVN, in: CDI 313, 2.7.04; 700 – 715 UC, Radio Moldova, in: DW 184, 23.9.04.

146 Viktorija Panfilova: Kočarjan edet opravdyvat'sja, in: NG Nr. 93 (3206), 13.5.04; Wostok Newsletter Nr. 4/2004, S. 4.

147 RIA Nowosti am 30.7.04, in: Grachok 108, 2.8.04.

in Kasachstans um das zehnfache.[148] – Dies deutet einen weiteren Faktor an, der auf das Verhältnis zwischen Russland und den GUS-Ländern Einfluss ausübt und im folgenden Abschnitt erläutert wird.

V.4 Russland, der Westen und die GUS

Länder Europas, die Europäische Union sowie die USA sind im GUS-Raum weit aktiver als noch vor einigen Jahren und gewinnen an Einfluss. Dies liegt teils an den Erweiterungen von EU und NATO, teils an den großen Mengen von Kohlenwasserstoffen im kaspischen Becken, die zunehmendes Interesse der Verbraucherländer wecken und zum Dritten am Kampf gegen den Terror:

In den Sommermonaten der Jahre 1999 und 2000 griffen militante Islamisten Ziele in Kirgisistan und Usbekistan an, hunderte Menschen dürften zu Tode gekommen sein. Die Angriffe wirkten wie ein Schock und bewogen zentralasiatische Staaten zu einer engeren Kooperation und Anlehnung an Russland, von der sie nicht zuletzt wegen dessen mangelnder Bereitschaft zur Bindung in den vorhergehenden Jahren und der Stabilisierung der eigenen Lage Abstand genommen hatten. Und Russland engagierte sich, aus Sorge vor einem islamistischen Flächenbrand an seiner weichen Südflanke. Eine Destabilisierung und Radikalisierung der islamischen Welt stellt nach Ansicht der russischen Führung die größte Sicherheitsgefährdung für das Land dar. Russland hatte bereits seit 1996 die afghanische Nordallianz unterstützt. Wenige Tage vor dem 11. September 2001 wurde diese von den Taliban allerdings vernichtend geschlagen.[149]

Die kostspielige Aufgabe des Kampfes gegen die Islamisten übernahmen seit Herbst 2001 westliche Länder. Russland unterstützte diese mit Geheimdiensterkenntnissen und ohne dessen wohlwollende Billigung wäre es für die USA und ihre Verbündeten wahrscheinlich nicht möglich gewesen, Basen in

---

148 Alexei Schurubowitsch/ Natalja Uschakowa: Russisches Kapital im postsowjetischen Wirtschaftsraum, in: Alexandrova, S. 216.

149 Christoph Saurenbach: Russland und die USA – Strategische Partner auch nach dem Irakkrieg?, in: KAS-AI Nr. 3/2004, S. 16-32; Martin Malek: Russlands Westpolitik nach dem 11. September. Die postsowjetische Tangente des „Krieges gegen den Terror“, in: Die Politische Meinung, Nr. 394, 09/2002, S. 89-95; s. auch Birgit Brauer/ Beate Eschment: Rußlands Politik in Zentralasien, in: OE Nr. 4-5/2001, S. 503-504, 500 und Rahr: Putin, S. 290.

Mittelasien einrichten zu können. Präsident Putin stand für diese Politik innerhalb Russlands unter erheblicher Kritik, da sie, so das Argument, den Einfluss in einem traditionellen Interessengebiet schwäche.[150]

Die Stimmen der Kritiker wurden bald leiser, da Russland von dem Druck entlastet wurde Mittelasien gegen Fundamentalisten verteidigen zu müssen. Die russische Politik zeigt sich seit dem Jahre 2003 aber zunehmend unzufrieden mit der Dauerhaftigkeit der westlichen Basen in Mittelasien – die ursprünglich doch nur temporär zur Bekämpfung des Terrorismus gedacht gewesen sein sollten. Es gab auch keinen Zeitplan für den Abzug von US- und NATO-Truppen aus der Region. Russland richtete darum im Herbst 2003 in Kirgisistan eine Luftwaffenbasis ein um Präsenz zu zeigen, nur wenige Kilometer von einer entsprechenden westlichen Einrichtung entfernt. Nominell handelt es sich um einen Teil der schnellen Eingreiftruppe des kollektiven Verteidigungsvertrags, dem einige GUS-Staaten angehören. Russland und Tadschikistan luden zudem Indien dazu ein sich zu engagieren, und Ende 2003 gab letzteres bekannt, einen Stützpunkt in Tadschikistan erworben zu haben. Kirgisistan und Usbekistan erklärten Ende 2003, dass sie keine dauerhaften US-Basen auf ihrem Territorium wünschten, wahrscheinlich mit nachdrücklicher Formulierungshilfe aus Russland. Kirgisistan revidierte gar seine frühere Zusage, dass US-Truppen so lange bleiben könnten, wie es notwendig sei. Fast zeitgleich erhielt die russische Sprache wieder einen offiziellen Status als Amtssprache.[151]

Russland vermochte es, Kirgisistan und in gewissem Rahmen auch Tadschikistan von der engen Orientierung an den USA wieder abzubringen, obwohl die USA Tadschikistan erhebliche Mittel gewährten.[152] Bei der Kon-

---

150 Rahr: Putin, S. 292, anders: Hannes Adomeit/ Heidi Reisinger: Militärische Macht und politischer Einfluß, in: Alexandrova, S. 171. Scharfe Kritik an der US-freundlichen Politik Präsident Putins nach dem 11. September kam beispielsweise vom einflussreichen Jablokopolitiker Alexej Arbatow, s. in: Bundeszentrale für politische Bildung, Hg.: Aus Politik und Zeitgeschichte, Nr. B 8/2002.

151 Viktor Litovkin, RIA Novosti am 4.3.04, in: CDI 296, 5.3.04; Stephen Blank: Central Asia's great base race, in: Asia Times Online,19.12.03, www.atimes.com/atimes/Central_Asia/EL19Ag01.html (zuletzt geöffnet am 29.11.03); Peter Rutland, in: Transitions Online, Russia in 2003, nach: CDI 294, 20.2.04; DW-Radio am 3.11.03, in: DW 211, 3.11.03; Wostok Nr. 1/2004, S. 5.

152 Vladimir Muhin: Interesy SŠA i Rossii stalkivajutsja v Tadžikistane, in: NG Nr. 166 (2998), 12.8.03.

troverse um den Irak stellten sich beide Länder an die Seite Moskaus. Die russische Zeitung Nesawisimaja Gaseta zitiert den kirgisischen Staatspräsidenten mit den Worten: „Russland wurde uns von Gott selbst und der Geschichte gegeben. Wir wissen das zu schätzen. Kirgisistan wird Russland ein treuer Freund und Verbündeter im neuen Jahrhundert sein."[153]

Versuche Russlands, auch Usbekistan noch stärker von den Vereinigten Staaten zu entfremden, misslangen jedoch im Jahre 2003, was zum Teil an eigenen politischen Ambitionen Taschkents lag, zum anderen womöglich an hohen Zuwendungen der USA.[154]

Russland versucht seit dem Jahre 2003 verstärkt, den Einfluss der USA in Mittelasien zurückzudrängen und kann – nicht zuletzt dank der Unterstützung Chinas und Indiens – auch einige Erfolge verbuchen. Der mäßige Machtverlust der Vereinigten Staaten in Mittelasien bedeutet aber keinen ebensolchen Gewinn für Russland, weil:

1. China und Indien eine zunehmende Rolle in der Region spielen und Russland glaubt, sich ihrer Unterstützung durch Entgegenkommen versichern zu müssen. China hat mit Kirgisistan und anderen Mitgliedern der regionalen Sicherheitsgemeinschaft „Shanghai Organisation" (SOZ) begonnen, gemeinsame Manöver zu unternehmen. Die zentralen Organe der SOZ, der Russland, China, Kasachstan, Kirgisistan, Tadschikistan und Usbekistan angehören, befinden sich in Shanghai und ein Chinese wurde zum geschäftsführenden Sekretär der Organisation berufen.[155] Seit dem Frühjahr 2004 gibt es erstmals auch offizielle russische Stimmen, die vor einer zu starken Präsenz Chinas in Mittelasien warnen.[156]

---

153 Viktorija Panfilova: V Biškeke obnaruženy 10 inostrannyh špionov, in: NG Nr. 137 (3250), 6.7.04.

154 Alexander Rahr/ Alexandra Luchtai: Die Weltordnung nach dem Irakkrieg. Will Russland die „weiche Eindämmung" Amerikas? in: GUS-Barometer 33; zum Besuch von Rumsfeld im Februar 2004 in Usbekisten s. Antione Blua, RFE/RL am 26.2.04, in: CDI 295, 27.2.04.

155 Stephen Blank: Central Asia's Great Base Race, in: Asia Times Online,19.12.03; Benediktow: Perspektiven, S. 16; zu den Aussichten der SOZ s. auch: Christiane Hoffmann, DW-RADIO, 18.6.04, in: DW 115, 18.6.04.

156 S. Interview von Vladimir Skosyrev mit Vjačeslav Trubnikov, den ersten Stellvertreten-der des Außenministers: „Est' predel ustupkam Moskvy", in: NG Nr. 92 (3205), 12.5.04; Bobo Lo, in: International Affairs, Nr. 2/2004, S. 295-309 und Igor Torbakov:

2. Mittelasiatische Länder spielen die Großen gegeneinander aus, um ihre Unabhängigkeit durch eine Schaukelpolitik zu stabillisieren und von allen Seiten Zuwendungen zu erhalten. Die USA froren im Juli 2004 beispielsweise einen Teil ihrer Finanzhilfe an Usbekistan ein. Washington verwies als Begründung auf die mangelnde Beachtung der Menschenrechte in dem Land, der wahrscheinliche Grund ist jedoch die kurz zuvor erfolgte Annäherung Taschkents an Russland.[157] Nach dem Besuch eines führenden US-Militärs in Usbekistan gaben die USA jedoch im August 2004 bekannt, dass sie ihre Hilfe sogar auf 21 Millionen Dollar erhöhen werden.[158] Daraufhin wandte sich Usbekistan wieder Russland zu. Natürlich mit dem Argument, dass dieses entgegenkommender sein müsse, da es sonst schwerfalle, sich nicht auf die amerikanische Seite zu schlagen...

V.5 Georgien

Auch in Bezug auf Georgien gibt es seit Jahren Anzeichen amerikanisch-russischer Rivalität, die nicht zuletzt von der Bedeutung des Landes für den Energietransit aus dem kaspischen Raum herrühren. Es bietet sich aus verschiedenen Gründen an, die russische Politik gegenüber diesem Land in den vergangenen Jahren genauer darzustellen und zu untersuchen.

Die russische Regierung forderte im Herbst 2002 von der Regierung in Tiflis, das Eindringen tschetschenischer Kämpfer aus dem Pankisital, einem Teil Georgiens, in das Kriegsgebiet zu unterbinden, und es wurden Drohungen laut, dass Russland gewaltsam einschreiten könne. Die USA sandten auf Bitte Georgiens Militärberater, um georgische Truppen instand zu setzen, das Tal wieder unter effektive Kontrolle bringen zu können. In Russland erhob sich daraufhin fast ein Sturm der Empörung, der sich aber legte als Präsident Putin öffentlich erklärte, die Entwicklung nicht als beunruhigend anzusehen.

Kurze Zeit später warnte Steven Mann, der Berater des US-Außenministeriums für Fragen der Kaspischen Energiepolitik die georgische

---

Moscow gatherings debate russian-u.s. ties, in: Jamestown Foundation, Ed.: Eurasian Daily Monitor, Vol. I, Issue 9, 13.5.04.

157 DW-RADIO am 14.7.04, in: DW 134, 15.7.04.

158 John Hendren, in: Los Angeles Times, 13.8.04, in: CDI 318, 13.8.04; RFE/RL Central Asia Report am 24.8.04, in: CDI 320, 27.8.04.

Regierung ein Angebot Gasproms anzunehmen, eine Erdgasleitung durch Georgien zu verlegen und dafür Lieferungen zu günstigeren Konditionen zu erhalten. – Auch die amerkanische Seite erweist sich hin und wieder als eifersüchtiger und fordernder Partner. – Vor die Wahl zwischen beide Seiten gestellt, entschied und entscheidet sich Georgien für den Westen: Auf dem NATO-Gipfel von Prag im November 2002 stellte der georgische Präsident Schewarnadse *(russ: Шеварнадзе)* einen offiziellen Beitrittsantrag. Der NATO-Generalsekretär sowie Präsident Bush sicherten dem Anliegen ihre Unterstützung zu.[159]

Im Spätherbst 2003, während des Höhepunktes der Demonstrationen gegen Präsident Schewarnadse, reiste Außenminister Iwanov nach Tiflis, was auch auf georgischer Seite als konstruktive und beruhigende Maßnahme verstanden wurde. Zudem sicherte und verstärkte Russland in den kritischen Wochen seine Stromausfuhren nach Georgien, dessen Energiesektor zur Missbilligung der USA nahezu völlig von Russland kontrolliert wird.[160] Es gab und gibt allerdings keinerlei Anzeichen, dass die russische Seite versucht, diese Abhängigkeit Georgiens für machtpolitische Interessen zu instrumentalisieren.

Andererseits trafen sich Ende November die Oberhäupter Adschariens und Südossetiens in Moskau. Adscharien spielte innerhalb Georgiens eine Reihe von Jahren eine sehr eigenständige Rolle, auch mit Hilfe Russlands. Südossetien, nominell ein Teil Georgiens, wünscht gar eine Vereinigung mit Russland.[161] Der Vertreter Südossetiens sagte nach dem Treffen in der russischen Hauptstadt: „Ich schließe nicht aus, dass Südossetien, Adscharien und Abchasien in den nächsten Tagen ein Dokument unterzeichnen werden, das auf die Festigung der gegenseitigen Beziehungen (...) gerichtet sein wird." Dies musste Georgien als sehr massive Drohung verstehen. Der russische Außenminister Igor Iwanov traf in diesen Tagen mit den beiden erwähnten Poli-

---

159 Wostok Newsletter, Nr. 3/2003, S. 10; Sebastian Mayer: Georgische Außen- und Sicherheitspolitik, in: Blätter für deutsche und internationale Politik Nr. 6/2003, S. 711.

160 Irina Kobrinskaja: Sodruženstvo rasnyh skorostei, in: Rossija v global'noi politike; Wostok Newsletter Nr. 3/2003, S. 10.

161 Georgien trägt für die Abspaltung Abchasiens und Südossetiens wegen seiner nationalistischen Politik in den ersten Jahren nach seiner Unabhängigkeit gegenüber den Minderheiten eine erhebliche Mitverantwortung.

tikern und dem Präsidenten Abchasien zusammen. Letzteres hatte sich 1992/93, zumindest mit Billigung Russlands, in einem blutigen Krieg von Georgien abgespalten, ist international aber nicht anerkannt. Behörden Georgiens waren über diese Treffen nicht informiert worden, die drei Politiker sind zudem anscheinend auf Einladung Iwanovs nach Moskau gekommen. Die angesehene „Nesawisimaja Gaseta“ schrieb, dass sie von einer gut informierten Quelle aus dem russischen Außenministerium erfahren habe, dass Russland seine Haltung gegenüber den Bitten Abchasiens und Südossetiens um die Aufnahme in die russische Föderation überdenken könnte. Diese massive Droh- und Einschüchterungspolitik gegenüber Georgien wurde offiziell durch beruhigende Zeichen relativiert. So erklärte der Außenminister auf der offiziellen Webseite des Außenministeriums, dass Russland Abchasien als Teil Georgiens betrachte.[162]

Anfang Dezember 2003 besuchte US-Verteidigungsminister Rumsfeld Aserbaidschan und Georgien. Wladimir Lukin, ein gemäßigter und angesehener Politiker, sagte, Georgien müsse russische Interessen in der Region berücksichtigen „oder auseinanderfallen. Dies ist die objektive Realität.“ Andrej Rjabov, russischer Botschafter in Aserbaidschan, erklärte, dass ihn der Besuch Rumsfelds in Baku „provoziere“. „Es gab keine und wird keine irgendwie geartete amerikanische Präsenz im kaspischen Raum geben“, sagte Rjabov. „Wir werden das nicht zulassen.“ US-Außenminister Powell erklärte etwa zur selben Zeit, dass er ein „wachsames Auge“ auf die russischen Aktionen in Georgien haben werde.[163]

Die drastischen Warnungen russischer Vertreter wurden durch unfreundliche Taten untermauert: Russland vereinfachte mit Wirkung vom 9. Dezember 2003 Visaregelungen zwischen Adscharien und Russland, wovon die georgische Botschaft in Moskau erst aus Medienberichten erfuhr. Russland setzte zudem am 11. Dezember 2003 die Erteilung von Visa für georgische Staats-

---

162 RIA Nowosti/ Interfax am 26.11.03 und Interfax am 25.11.03, in: DW 228, 26.11.03; Swobodnaja Grusija, 29.11.03, in: DW 229, 27.11.03; Georgisches Staatsfernsehen, 1. Programm, 3.12.03, nach: DW 234, 4.12.03; Jelena Baikova/ Anatoli Gordienko: V Moskve podumyvajut ob anšljuse Abhazii i Južnoi Osetii, in: NG Nr. 256 (3088), 27.11.03 und Interview von Jelena Baikova mit Raul Hadžimba: Abhazia po-prežnemu stremitsja stat' čast'ju Rossii, in: NG Nr. 259 (3091),01.12.03.

bürger für die Zeit bis zu den Präsidentschaftswahlen am 4. Januar 2004 aus. Dies schuf für unzählige Georgier zweifelsohne eine sehr schwierige Situation, da ein erheblicher Anteil der arbeitsfähigen Bevölkerung wegen der prekären Verhältnisse in ihrer Heimat in Russland einer Beschäftigung nachgeht. Sie konnten zu den Festtagen folglich nicht nach Hause reisen. Russland hatte zudem auf dem OSZE-Gipfel 1999 erklärt, seine beiden Stützpunkte in Georgien bis zum Jahresende 2003 zu schließen, unternahm aber keine erkennbaren Anstalten dies umzusetzen. Russland argumentierte – nicht überzeugend –, dass diese Zusage nicht verpflichtend sei und zunächst Unterkünfte in Russland für die abziehenden Truppen errichtet werden müssten.[164]

Die russischen Andeutungen, dass man den Bitten Abchasiens und Südossetiens nach einem Anschluss an Russland entsprechen könnte, waren kaum glaubwürdig. Russland möchte prinzipiell die Unantastbarkeit von Grenzen gewahrt wissen, nicht zuletzt um keinen Präzedenzfall zu schaffen der sich einmal zu Lasten Russlands auswirken könnte, etwa in Tschetschenien. Russland scheint Georgien immer wieder unter starken Druck zu setzen, damit das Land von seinem Plan Abstand nimmt der NATO beizutreten, es wünscht die Neutralität Georgiens. Moskau unternimmt aber keine Versuche seine stärkste Waffe einzusetzen: die Energieabhängigkeit Georgiens.

Die anhaltende Präsenz von amerikanischen Militärberatern in Georgien stößt auf den zunehmenden Widerwillen Russlands. Denn deren Aufgabe, die georgischen Truppen instand zu setzen, das Pankisital wieder effektiv kontrollieren zu können, kann mittlerweile als erledigt angesehen werden. Die USA und die NATO auf der anderen Seite haben erklärt es abzulehnen, den Vertrag über die konventionellen Streitkräfte in Europa zu ratifizieren, solange Russland seine Basen in Georgien nicht aufgebe. Bei dem Vertrag handelt es sich um eine aktualisierte Version eines bestehenden Abkommens, das die Anzahl von verschiedensten Waffen in 30 europäischen Staaten und den

---

163 Stephen Blank: Central Asia's Great Base Race, in: Asia Times Online,19.12.03; AFP am 4.12.03, in: CDI 285, 5.12.03.

164 RUSTAWI-2 TV, nach: DW 238, 10.12.03; IMEDI TV, 11.12.03, nach: DW 240, 12.12.03; Pavel Felgenhauer: Motives in Georgia Are Base, in: Moscow Times, 13.1.04. S. auch DW 6, 9.1.04; DW 15, 23.1.04; Xenija Soljanskaja, gazeta.ru, 5.2.04, in: CDI, 6.2.04, Nr. 292; s. auch Uwe Halbach: Partner und Widerpart: Rußland in der Außen-

USA bzw. Russland beschränkt. Der Kreml möchte die revidierte Version so schnell wie möglich in Kraft setzen, damit die drei baltischen Länder, die bislang keinen Beschränkungen unterliegen, einbezogen werden. Nach Angaben der US-Denkfabrik „Arms Control Association" befürchtet Russland, dass die NATO ansonsten große Waffenmengen an der Westgrenze Russlands auftürmen könnte.[165]

Zu Beginn des Jahres 2004 gab es ermutigende Anzeichen der Entspannung des russisch-georgischen Verhältnisses: Der neue Präsident Saakaschwili, der wie zahlreiche andere Mitglieder seines Kabinetts in den USA studiert hatte, wurde im Januar 2004 in Anwesenheit sowohl Powells, als auch Iwanovs vereidigt, was als Zeichen russischer Bereitschaft zum Ausgleich gewertet wurde. Iwanov sagte, dass es wegen Georgien zu keinen „Komplikationen" zwischen Russland und den USA kommen werde. Saakaschwili unternahm seine erste Reise nach Moskau, und die russische Regierung zeigte sich nach dem Besuch sichtlich erleichtert, es mit einem „verantwortlichen Politiker" zu tun zu haben, „mit dem man sprechen kann". Saakaschwili machte seit seinem Amtsantritt deutlich, dass er den Präsidenten Adschariens, einen alten Freund Russlands, völlig entmachten wolle. Der Kreml stellte sich daraufhin aber nicht auf dessen Seite. Folglich gab seit dem Winter 2003/04 Anzeichen, dass Adscharien und Abchasien, die sich von Russland verlassen sahen, Verhandlungen mit den USA begannen.[166]

Anfang Februar 2004 willigte Russland ein, seine beiden Basen in Georgien nicht erst in etwa zehn, von denen bislang die Rede war, sondern bereits nach fünf Jahren aufzulösen und konstruktive Verhandlungen zwischen beiden Seiten wurden begonnen. Anfang März 2004 wurde bekannt, dass Russland und Georgien vor dem Abschluss eines Abkommens stehen, das ausländische Militärstützpunkte auf georgischem Territorium untersagt. Da dies nicht nur die befürchteten amerikanischen, sondern auch russische Militärbasen beträfe und Georgien zudem nicht zugesichert hat, bündnisfrei zu

---

und Sicherheitspolitik kaukasischer und mittelasiatischer Staaten, in: Alexandrova, S. 283.

165 Sophie Lambroschini in CDI 289, 16.1.04.

166 Dmitrij Danilow: Russlands Interessen, in: IP Nr. 03/2004, S. 12; Jana Amelina, Rosbalt, in: CDI 295, 27.2.04; zu den Entwicklungen Mitte/ Ende März 2004 s. DW vom 15.3., 16.3. und 23.3.04.

bleiben, konnte man dies als beträchtliches Zugeständnis Russlands werten. Zudem gibt es Anzeichen, dass die USA gar keine dauerhaften Basen im südkaukasischen Raum wünschen, aber logistische Stützpunkte. Diese stünden nicht im Gegensatz zu dem russisch-georgischen Abkommen. Das Entgegenkommen Präsident Saakaschwilis gegenüber Moskau beschränkte sich hingegen weitgehend auf freundliche Gesten, er bezeichnete z.B. Putin als einen „äußerst begabten Staatsmann mit Weitblick", inhaltlich blieb Georgien jedoch auf Kurs Richtung Westen. Er bezeichnete den NATO-Beitritt wiederholt als wichtigstes außenpolitisches Ziel des Landes.[167]

Im April nahmen die Spannungen zwischen der georgischen und adscharischen Führung erheblich zu, und zeitweise schien eine gewaltsame Eskalation möglich. Anfang Mai 2004 wurde der Präsident Adschariens schließlich friedlich entmachtet. Mit ausschlaggebend hierfür war die demonstrative Zurückhaltung des Kremls, die innerhalb Russlands nicht nur auf Zustimmung stieß: Noch wenige Wochen zuvor hatte Moskaus Bürgermeister Luschkow sich ostentativ hinter den Präsidenten Adschariens gestellt. Diese Entwicklungen verstärkten die Sorgen in Abchasien und Südossetien, dass sich Russland in den Konflikten wohlwollend neutral auf die georgische Seite schlagen könnte.[168] Zudem suspendierte Sakaaschwili die seit 130 Jahren bestehende Autonomie Adschariens, was Abchasien und Südossetien in ihrer harten Haltung gegenüber den Vereinigungsforderungen der georgischen Seite noch bestärkte.

Der georgische Ministerpräsident Surab Schwanija *(Zurab Žvania, russ.: Зураб Жвания)* lud Russland bei seinem Aufenthalt in Moskau Ende Mai 2004 öffentlich dazu ein, bei der Lösung der Konflikte um Abchasien und Südossetien eine „sehr zentrale Rolle zu spielen", wenn auch unter dem

---

[167] Xenija Soljanskaja, gazeta.ru, 5.2.04, in: ebd.; Rosbalt am 26.1.04: Rossii pridetsja vyvesti voennye bazy s territorii Gruzii, nach: Rossija v global'noi politike, www.global affairs.ru/news/1480.html; Rosbalt am 28.04.04: US Does Not Intend Placing Permanent Military Bases in South Caucasus, nach: www.eng.globalaffairs.ru/news/417.html (beide Seiten zuletzt geöffnet am 30.11.04); Sebastian Mayer: Georgische Außen- und Sicherheitspolitik, in: Blätter für deutsche und internationale Politik Nr. 6/2003, S. 711; Swobodnaja Grusija, 14.2.04, in: DW 32, 16.2.04; s. verschiedene Beiträge in: DW 52, 16.3.04 und DW 57, 23.3.04, insb. Kavkasia-Press, 22.3.04.

[168] S. z.B. in Russlandanalysen Nr. 26/2004: Chronik vom 6. bis zum 13. Mai 2004, am 7.5.04 (S. 8); Bernd Johann, DW-Radio, 6.5.04, in: DW 87, 6.5.04.

Schirm der UNO. Schwanija und sein russischer Kollege Fradkov einigten sich auf die Vorbereitung eines umfassenden Wirtschaftsabkommens und sprachen über umfangreiche russische Investitionen in Georgien sowie verstärkte Stromlieferungen. Der georgische Ministerpräsident zeigte sich mit der Entwicklung der politischen und wirtschaftlichen Zusammenarbeit mit Russland „sehr zufrieden".[169]

Am selben Tag des Besuches von Schwanija in Moskau fanden in Südossetien Parlamentswahlen statt, bei denen die regierende Partei, die für einen Anschluss an Russland eintritt, 72 % der Stimmen errang.[170] In den darauffolgenden Tagen nahmen die Spannungen um Südossetien zu. Die russische Duma gab hierzu eine einstimmig angenommene Stellungnahme ab, in der Georgien hierfür die Verantwortung zugeschrieben wurde, während man in Tiflis die Schuld teils auf russischer, teils auf südossetischer Seite sah. Der russische Föderationsrat erklärte einstimmig: „Wir begrüßen (...) jegliche Bemühungen, die auf die Herstellung von Vertrauen und Frieden zwischen dem georgischen und dem ossetischen Volk gerichtet sind."[171] Diese Wortwahl – die beiden Völker wurden als gleichwertige Subjekte genannt – musste auf die georgische Seite provokativ wirken.

Die innerrussische Kritik an der Georgienpolitik Präsident Putins und seiner Regierung hat seit den Ereignissen um Adscharien im April/Mai 2004 spürbar zugenommen. Es ist nicht untypisch, dass der „Moskovskij Komsomolez", eine der bedeutendsten Zeitungen in Lande, dem Kreml vorwirft, „im Fahrwasser der amerikanischen Interessen in der Region" zu schwimmen.[172]

Für Russland geht es in Georgien nicht nur darum, das Land nicht allzu weit in Richtung Westen abdriften zu lassen. Abchasien und Südossetien sind für Russland auch *innen*politische Fragen. Beide Gebiete gehören völkerrechtlich betrachtet, zu Georgien, die Bewohner besitzen jedoch zumeist die russische Staatsangehörigkeit. Zudem dürfte nicht nur Nordossetien, eine Republik im russischen Staatsverband, in Aufruhr geraten, falls die Bewohner

---

169 Interfax am 25.5.04, in: DW 99, 25.5.04.

170 Prime-News am 24.5.04, in: DW 99, 25.5.04.

171 S. verschiedene russische und georgische Quellen in: DW 105, 3.6.04; Interfax am 9.6.04, in: DW 109, 9.6.04.

172 Marija Martova/ Marina Perevozkina: Predčuvstvie kavkazkoi voiny, in: Moskovski komsomolec, 2.6.04.

den Eindruck erhalten sollten, dass der Kreml ihre Landsleute im Süden als Tauschobjekt zu behandeln gedenkt. Der gesamte russische Nordkaukasus könnte in Brand geraten und es waren nicht zuletzt Angehörige nordkaukasischer Völker, die im russischen Staatsverband leben, welche den Abchasen zu Beginn der 90er Jahre bei ihrem Kampf gegen die georgische Zentralmacht zur Seite gestanden haben. Auch aus der russischen Armee und dem Geheimdienst gibt es deutliche Signale der Sympathie für Südossetien. Die Situation wird erschwert über nicht unberechtigte Sorgen über die Persönlichkeit des georgischen Staatspräsidenten, der im Juni 2004 eine beträchtliche Erhöhung der Mittel für die Armee ankündigte.[173]

In Russland herrschen beträchtliche Sorgen, dass die USA und die EU Russland aus dem gesamten Kaukasusraum verdrängen wollen. Die Europäische Kommission widmet dem Südkaukasus weit mehr Aufmerksamkeit als noch im Jahre 2003 und gewährte Georgien Mitte Juni 2004 125 Millionen €, um die „jüngsten Erfolge" des Landes zu unterstützen, wie der Kommissar für Außenbeziehungen Chris Patten bemerkte, obwohl Saakaschwili die Rechte des Parlamentes und die Pressefreiheit betträchtlich beschnitt. Die Kontakte zwischen der NATO und Aserbaidschan werden seit Ende Mai 2004 wesentlich intensiviert und Georgien ist nachdrücklich dabei, seine Verteidigungsstrukturen NATO-kompatibel zu machen. Als Antwort darauf berief Russland keinen Vertreter, der mit der georgischen Seite über den Abzug der russischen Truppen verhandeln könnte, sodass im Frühjahr und Sommer 2004 praktisch keine offiziellen Gespräche über diese Frage stattfanden.[174]

Mitte Juni 2004 hielt sich der südossetische Präsident Eduard Kokojty *(Ėduard Kokoity, russ.: Эдуард Кокойты)* in Moskau auf, um die Föderalversammlung und den russischen Präsidenten zu bitten, Südossetien in die russische Föderation aufzunehmen. Bereits 1992 hatte die überwiegende Mehrheit der Südosseten für den Anschluss an Russland votiert und neben der

---

173 RUSTAWI-2 TV, 25.6.04, Saakaschwili im Fernsehen, in: DW 121, 28.6.04.

174 Prime-News am 16.6.04, in: DW 114, 17.6.04; Barbara Minderjahn: Enttäuschung nach „Rosenrevolution", in: DW-Radio 6.12.04, in: DW 236, 6.12.04; Juri Simonjan/ Tatjana Ivženko: NATO pytaetsja osporit' rossiskoe vlijanie v SNG, in: NG Nr. 115 (3238), 8.6.04. Zur US-amerikanischen Aserbaidschanpolitik aus russischer Sicht s. auch: Rauf Mirkadyrov/ Tatiana Ivženko: Iz Baku v Krym s priceelom na Gruziju, in:

südossetischen weht die russische Flagge auf den öffentlichen Gebäuden der Region. Ausschüsse der Duma berieten über diese Frage, Kokojty wurde jedoch der Zutritt zu den Beratungen verwehrt. Vor der Sitzung hatte der US-Botschafter in Russland Journalisten erklärt, dass Russland die Südossetien-Frage offen lassen müsse, da sich Russland und die USA über die territoriale Integrität Georgiens einig seien. Und die Duma fällte keine Entscheidung.[175] Der georgische Botschafter in Russland war bereits entrüstet, dass das russische Parlament diese Frage überhaupt diskutiert. Russland ging somit auf den Wunsch der südossetischen Bevölkerung nicht ein.[176] Boris Gryzlov, der Vorsitzende der russischen Duma, erklärte einige Tage darauf aber, dass das Parlament bereit sei die Bitte Südossetiens noch einmal zu überdenken.[177]

Anfang Juli 2004 schienen sich die russisch-georgischen Beziehungen wieder zu entspannen. Georgien schlug die Gründung eines russisch-georgischen Antiterrorzentrums auf georgischem Boden vor, so dass 500 russische Soldaten, statt der bisherigen 3000, auf Dauer im Lande bleiben könnten.[178] Georgien erleichterte zudem einseitig Visabestimmungen für russische Staatsbürger und Saakaschwili erklärte, dass die südossetische Frage nicht mit Gewalt gelöst werde. Am 4. Juli gab er bekannt, dass Putin Georgien im Oktober besuchen wolle.[179]

Unmittelbar darauf wuchsen die Spannungen um Südossetien wieder erheblich an, wofür sich Georgien und Russland wechselseitig verantwortlich machten. Am 7. Juli kündigte der georgische Verteidigungsminister gar die vollständige Mobilmachung der Armee an und die USA sicherten Georgien ihrer volle Unterstützung zu.[180] Die akute Krise entspannte sich, aber Georgien verhinderte, dass humanitäre Hilfe des russischen Katastrophenschutzministeriums nach Südossetien floss. Die russischen Signale wurden eher ver-

---

NG Nr. 170 (3283), 13.8.04; Rauf Mirkadyrov/ Igor' Plugatarev: V Azerbaidžane pojavjatsja voennye bazy SŠA, in. NG Nr. 174 (3287), 18.8.04.

175 S. verschiedene Berichte in DW 110, 11.6.04 sowie Chronik vom 10.6. in: Russlandanalysen Nr. 31/04

176 Jelena Baikova/ Anatoli Gordienko: Ėduardu Kokoity ostavljajut šans, in: NG Nr. 120 (3233), 16.6.04.

177 Sergei Blagov, CNSNews.com, 16.6.04, in: CDI 311, 18.6.04.

178 Mihail Vignanski: Cena – dogovornaja, in: Vremja novostej Nr. 114, 2.7.04.

179 Interfax am 2.7.04, in: DW 125, 2.7.04; Imedi TV am 4.7.04, in: DW 126, 5.7.04.

180 S. entsprechende Berichte in DW 129, 8.7.04 und DW 130, 9.7.04.

söhnlich und Russland ging so weit sich bereit zu erklären, mit der georgischen Seite in Kürze wieder Gespräche über die russischen Stützpunkte in Georgien aufnehmen zu wollen.[181]

Saakaschwili erklärte kurz darauf, dass er unter Umständen die Vereinbarungen über Südossetien „für Null und nichtig“ erklären wird und beschuldigte den russischen militärischen Geheimdienst in der Region aktiv zu sein. Russland wies die Anschuldigung offiziell zurück und der Präsident Südossetiens erklärte, dass eine Aufhebung der Vereinbarungen Krieg bedeute.[182]

Georgien setzte seine Drohung vorerst nicht um, georgische Schnellboote beschossen Anfang August 2004 jedoch ein türkisches Schiff, das Abchasien anlaufen wollte und Saakaschwili drohte bei einer direkt im Fernsehen übertragenen Pressekonferenz mit der Versenkung russischer Touristenschiffe, die Abchasien anlaufen wollten – kurz bevor er in die USA abreiste. Russland reagierte empört und mit drohendem Unterton.[183]

Der Leiter der georgischen Küstenwache versuchte die Bedeutung der Worte des Präsidenten herunter zu spielen, während das georgische Außenministerium den „aggressiven und unangebrachten Ton“ der russischen Reaktion bedauerte. Ebenfalls in diesen ersten Augusttagen (4.8.) wurde der Konvoi von des Vorsitzenden des Duma-Ausschusses für Angelegenheiten der GUS Andrej Kokoschin, in Südossetien 30 Minuten lang beschossen.[184] Die russische Seite erklärte, dass die Angriffe von georgischer Seite gekommen seien, was diese zwar nicht bestritt, aber letztlich die Südosseten für den Zwischenfall verantwortlich machte. Die Staatsduma verabschiedete daraufhin einstimmig eine in herausforderndem und provokativem Ton gehaltene Erklärung zu Südossetien, während offizielle russische Stellen für Dialog und Schadensbegrenzung eintraten.[185]

---

181 S. verschiedene Berichte in DW 132, 13.7.04 und DW 133, 14.7.04.

182 S. verschiedene Berichte in DW 138, 21.7.04.

183 Georgisches Staatsfernsehen am 3.8.04, in: DW 148; Mitteilung für die Medien des Außenministeriums der Russischen Föderation am 4.8.04: Ob ugrozah gruzinskoi storony v adres rossiskih turistov: s. www.ln.mid.ru, novostnaja lenta MID 03.08-04.08.04.

184 Mitteilung für die Medien des Außenministeriums der Russischen Föderation am 4.8.04: Ob obstrele rossiskoi delegacii v Južnoi Osetii, ebd.

185 RFE/RL am 5.8.04, in: CDI 317, 6.8.04; RIA Nowosti am 5.8.04, in: DW 150, 6.8.04.

SAAKASCHWILI erklärte am 5. August, nachdem er mit Condoleeza Rice im Weißen Haus gesprochen hatte:

> „Jedermann sollte begreifen, dass es jetzt unsere Aufgabe ist, uns nicht von Heißspornen in Moskau, die einfach verrückt spielen – verrückt spielen, weil Georgien wieder auf die Beine kommt (...) Ich glaube, wir haben die volle Unterstützung nicht nur von der amerikanischen Regierung, sondern auch von der ganzen vernünftigen Welt. (...) Russland hat sich nicht geändert. Wie es war, so ist es. Unsere Vision hat sich geändert und wir haben mehr Erfahrung. Es ist gut, dass ich im Weißen Haus war. Wir haben die volle Unterstützung Washingtons, die volle Unterstützung."[186]

Der georgische Verteidigungsminister Georgij Baramidse fand bei seiner Ankunft in Moskau am 9. August versöhnliche Worte an die russische Adresse. Die Gespräche mit seinem russischen Amtskollegen Sergej Iwanov waren von dem Bemühen beider Seiten gekennzeichnet die Lage zu entspannen und Ansätze für eine Kooperation herauszuarbeiten.[187]

Am darauffolgenden Tag beschossen georgische Truppen mit schweren Waffen Südossetien, unter anderem das Krankenhaus der Hauptstadt. – Oder ging die Provokation von südossetischer Seite aus, von Moskau gedeckt, wie Georgien behauptete? Erstmals seit Jahren waren Tote zu beklagen.[188] Die Schwere der gewaltsamen Auseinandersetzungen nahm in den folgenden Tagen ab, es gab jedoch jede Nacht Schießereien in Südossetien, trotz eines vereinbarten Waffenstillstandes. Sowohl die georgische, als auch die südossetische Seite bestritten hierfür die Verantwortung. Putin sagte seinen beabsichtigten Besuch in Georgien ab.[189]

Die georgische Seite verstärkte ihre Truppen in Südossetien um 2000 Mann, entgegen internationaler Vereinbarungen. Am 19. August flammten die Kämpfe stark auf und die südossetische Hauptstadt wurde mit Artilleriebeschuss belegt. Saakaschwili verkündete im Fernsehen des Landes, dass georgische Truppen, falls notwendig, eine strategisch wichtige Höhe in Südossetien besetzen und danach ohne Probleme die Kontrolle über den gesamten abtrünnigen Landesteil erringen könnten. Georgien beschuldigte zudem

---

186 Imedi TV am 5.8.04, in: DW 150, 6.8.04.

187 Interfax am 9.8.04, in: DW 151, 9.8.04; Izvestija, 11.8.04, in: DW 153, 11.8.04.

188 DW-Radio am 12.8.04, in: DW 154, 12.8.04; Globe and Mail (Canada), 13.8.04, Mark MacKinnon, in: CDI 318, 13.8.04.

189 Interfax am 18.8.04, in: DW 159, 19.8.04.

Russland, das seine in Südossetien stationierten Friedenstruppen und Kosaken auf Seiten der Separatisten kämpften. Letzteres kann als wahrscheinlich gelten. Am gleichen Tag drohte der georgische Innenminister, dass seine Einheiten die russischen Friedensstreitkräfte „mit jeder verfügbaren Waffenart niederschießen werden, falls sie bei georgischen Stellungen auftauchen sollten".[190]

Am 19. August eroberten georgische Truppen die oben erwähnte Anhöhe, übergaben diese aber den gemischten georgisch-russisch-südossetischen Friedenskräften. Georgien zog seine Truppen unmittelbar darauf ab. Der Grund hierfür ist unklar: War mehr Vernunft in Tiflis eingekehrt, warnten die USA, drohte Russland? Vermutlich handelte es sich um eine Kombination der drei Faktoren.[191]

Am 24. August erklärte Giwi Targamadse, der Vorsitzende des Verteidigungsausschusses des georgischen Parlamentes und enger Vertrauter des Präsidenten, dass ein Krieg mit Russland „unvermeidlich" sei und sich die Regierung des Landes darauf vorbereiten werde.[192] Die georgische Regierung wollte dadurch wahrscheinlich von der blutigen Schlappe ihrer Südossetienpolitik ablenken. Die offizielle Stellungnahme des russischen Außenministeriums ließ an Deutlichkeit nichts zu wünschen übrig.[193]

Am Tag darauf (25.8.) betonte der georgische Präsident: „Wir bereiten uns nicht auf einen Krieg vor, wir bereiten uns nicht darauf vor." Er kündigte jedoch den Aufbau einer Reservetruppe an. In ihr zu dienen sei „die heilige Pflicht eines jeden einzelnen Bürgers".[194]

Am 27. August beklagte sich das russische Außenministerium öffentlich mit gereizten Worten über die ständigen Demonstrationen, die vor der russischen Botschaft in Tiflis stattfänden:

> „Wir halten es nicht für möglich, während des Bacchanals, das vor dem Gebäude der russischen Botschaft in Tbilissi andauert, Kontakte zur georgischen Seite zu pflegen oder Verhandlungen durchzuführen – egal, ob in militärischen Fragen

---

190 Jean-Christophe Peuch, RFE/RL, 19.8.04, in: CDI 319, 20.8.04; BBC Monitoring, 19.8.04, in: CDI 319, 20.8.04.

191 Civil.ge, 20.8.04, in: DW 160, 20.8.04.

192 Imedi TV am 24.8.04, in: DW 163, 25.8.04.

193 26.8.04, in: DW 164, 26.8.04.

194 Imedi TV am 25.8.04, in: DW 164, 26.8.04.

> oder über den ‚großen' Vertrag. (...) Wir zweifeln nicht daran, dass dieses ganze Spektakel mit Wissen und Billigung der offiziellen Machtorgane vorgeführt wird."[195]

Am 29. August traf Putin „zufällig" mit dem Premierminister Abchasiens in Sotschi zusammen.[196] Dies muss einerseits als gezielte und provokative Warnung Russlands an die georgische Führung gewertet werden, andererseits versuchte der Kreml dadurch die bevorstehenden Wahlen in Abchasien zu beeinflussen, was aber gänzlich misslang.

Seit Mitte September entspannen sich die russisch-georgischen Beziehungen: Russland übergab Georgien elf Immobilien, die bislang von russischen Streitkräften genutzt wurden und weitere sollen folgen. Die georgische Seite wiederum räumte gegenüber dem Kreml inoffiziell Fehler in der Südossetienpolitik ein und die Sekretäre des russischen und georgischen Sicherheitsrates traten wieder in den Dialog ein. Anfang November reiste Nino Burdschanadse, die Vorsitzende des georgischen Parlamentes nach Moskau, sprach mit hochrangigen Vertretern und erklärte, dass das Eis zwischen den beiden Ländern zu schmelzen beginne. Sie erklärte sich überrascht, dass Russland die georgische Absicht, sich der EU und NATO zu nähern so besonnen aufnehme.[197]

Die russisch-georgischen Beziehungen sind seit der Unabhängigkeit des Landes 1991 sehr spannungsgeladen. Für die Zeit von 2002 bis Ende 2004, die auf den vorhergehenden Seiten Gegenstand der Betrachtung war, kann man folgendes festhalten:

Russland sichert die Energieversorgung Georgiens zu Vorzugspreisen, deutete aber zu keiner Zeit an, dies irgendwann als Druckmittel einsetzen zu wollen. Es sandte wiederholt, auch in Zeiten der Spannung, versöhnliche und entgegenkommende Signale aus und erkennt im Prinzip die Ansprüche Ge-

---

195 Mitteilung für die Medien des Außenministeriums der Russischen Föderation am 27.8.04: Ob obstanovke vokrug posol'stva Rossii v Gruzii: s. www.ln.mid.ru, novostnaja lenta MID 26.08-27.08.04.

196 Anatoli Gordienko: Putin javilsja k veteranam bez priglašenija, NG Nr. 185, 31.8.04.

197 russlandonline.ru am 11.09.04: Russland übergibt Militärobjekte in Transkaukasien an Georgien (nach RIA), www.russlandonline.ru/schlagzeilen/morenews.php?iditem=1582 (zuletzt geöffnet am 30.11.04; Natal'ja Ratiani: Graždanskoi voiny ne budet, in: Izvestija am 3.11.04, www.izvestia.ru/politic/article629002 (zuletzt geöffnet am 30.11.04); AFP am 4.11.04, in: CDI 329, 5.11.04.

orgiens an Abchasien und Südossetien an. Diese sind völkerrechtlich gedeckt, moralisch aber nicht unbedenklich, denn die dort lebenden Menschen wünschen einen anderen Weg zu gehen. – Die russische Seite wird sicher aufmerksam verfolgen, ob und inwieweit Deutschland und der Westen bereit ist, die völkerrechtlich unbestrittene Legitimität serbischer Ansprüche auf den Kosovo in Zukunft anzuerkennen. – Andererseits wurde und wird den Bewohnern dieser Gebiete die Möglichkeit eröffnet, die russische Staatsangehörigkeit zu erwerben (was das Völkerrecht verletzt), russische Zusagen, seine Truppen aus Georgien abzuziehen, werden mit fadenscheinigen Begründungen nicht eingehalten und Abchasien sowie Südossetien werden von russischen Stellen unterstützt.

Die georgische Seite ist ein eher noch unberechenbarerer Partner für den Kreml, als dies umgekehrt der Fall ist. Dies liegt an der labilen Staatlichkeit des Landes, den enormen wirtschaftlichen Problemen, die eine nationalistische Rhetorik begünstigen – und Präsident Sakaaschwili. Dieser demonstriert populistische und selbstherrliche Tendenzen und wird im Westen sicher mit zu viel Vorschusslorbeeren bedacht.

Es ist offensichtlich, dass der Konflikt um Südossetien im Spätsommer 2004 von der georgischen Seite begonnen wurde. Zwölf Jahre lang gab es dort keinerlei Schusswechsel und die Grenze zwischen Georgien und Südossetien war fast frei passierbar. Der Kreml hatte und hat kein Interesse an einer Verschärfung der Lage in Südossetien, weil dies zur weiteren Destabilisierung des ohnedies labilen Nordkaukasus beitragen könnte. Eine Vereinigung von Abchasien und Südossetien gegen den Willen der dortigen Bevölkerung kommt für Moskau ebenso wenig in Frage, denn dies würde kaukasische Völker, die im russischen Haus leben, in Aufruhr versetzen. Russland wünscht, Statusfragen erst einmal hintan zu stellen und sich praktischen Problemen zuzuwenden, um die Lebensbedingungen der Menschen in der Region zu verbessern und ein Klima des Vertrauens zu schaffen. Erst dies könnte in Zukunft die Grundlage für die Lösung der völkerrechtlichen Fragen legen. Russland argumentiert ähnlich wie der Westen im Kosovo.

V.6 Selbstfindungsprozesse in GUS-Ländern

Die nationale Identität ist in Weißrussland wahrscheinlich schwächer ausgeprägt als in jedem anderen GUS-Land. Russland wird von einem bedeutenden Teil der Bevölkerung weiterhin als „Mutterland" angesehen, so dass neben der wirtschaftlichen Komponente auch eine emotionale – die aber nach und nach an Bedeutung zu verlieren scheint[198] – eine Vereinigung beider Staaten nahelegt.

Im Sommer 2002 endete die mehrjährige Phase der leeren Integrationsrhetorik Russlands. Jelzin galt Millionen seiner Landsleute als „Zerstörer der Sowjetunion" und sah sich darum aus innenpolitischen Motiven genötigt, dieser Gruppe verbal entgegenzukommen. Putin jedoch rückt pragmatische Interessen Russlands in den Vordergrund, er muss keine Kritik nationalen Verrats fürchten, wenn er gegenüber Weißrussland deutlich russische Standpunkte betont. Das Lukaschenko-Regime erscheint aus russischer Sicht außerdem zunehmend als Störfaktor der Beziehungen zum Westen und Russland wendet einige Mühe auf, Minsk zu verträglichen Beziehungen mit der OSZE zu veranlassen. Der Kreml neigt aber weiterhin dazu, Weißrussland in internationalen Gremien gegen Kritik zu verteidigen.[199]

Die Beziehungen zwischen beiden ostslawischen Ländern verschlechterten sich 2002/03 zusehends. Streitigkeiten über Handelsfragen und den Gassektor weiteten sich zu veritablen Krisen aus und die weißrussische Führung reagiert sehr gereizt auf die ihres Erachtens sehr kritische Haltung der russischen Medien, auch der staatseigenen, über die Wahlen von Oktober 2004.[200]

Präsident Lukaschenko instrumentalisiert die Außenpolitik für seinen persönlichen Machterhalt. „So gilt Rußland einmal als Präferenzpartner und dann quasi wieder als imperiale Macht." Weißrussland ist unter diesem Präsidenten ein in hohem Maße unberechenbarer Partner. Eine enge Zusam-

198 Zur zunehmenden Skepsis der weißrussischen Bevölkerung in Bezug auf eine Vereinigung mit Russland s. z.B. Juri Svirko: Belorusy razljubili Rossiju, in: Kommersant Nr. 74, 23.4.04.

199 Diverse Veröffentlichungen Heinz Timmermanns, z.B. Die widersprüchlichen Beziehungen Rußland-Belarus im europäischen Kontext: SWP-Studie, Oktober 2002, S. 37.

menarbeit beider Länder liegt nahe, eine Vereinigung ist jedoch sehr unwahrscheinlich und rückt mit jedem Jahr in weitere Ferne. Nicht nur die weißrussische Opposition, sondern seiet wenigen Jahren auch Lukaschenko wollen die Unnabhängigkeit des Landes wahren.[201]

In den ersten Jahren nach ihrer Unabhängigkeit wollten sich einige der neuentstandenen Staaten, insbesondere in Mittelasien, an Russland anlehnen, da sie sich ihrer selbst noch allzu unsicher fühlten. Russland stand als Stütze aber kaum bereit. Die GUS-Länder haben sich seitdem mehr oder minder konsolidiert und bedürfen nicht mehr in dem Maße einer Vormacht, wie in der ersten Zeit nach der – für einige Länder – eher weniger als mehr gewünschten Unabhängigkeit. Seit einigen Jahren zeichnet sich eine wachsende Tendenz der Abgrenzung gegenüber Russland ab, von gelegentlichen konjunkturellen Schwankungen abgesehen. Die neuen Staaten haben sich nicht nur – mehr oder minder – konsolidiert. Sie neigen zudem dazu sich nachdrücklich trotz, ja *wegen* aller wirtschaftlichen und historischen Verflechtung gegen die einstige Vormacht abzugrenzen, um ihre Identität herzustellen bzw. zu festigen, und ihren Handlungsspielraum durch eine Schaukelpolitik zwischen verschiedenen Mächten zu erweitern. Letzteres wird durch das zunehmende Engagement westlicher Länder und etwa Chinas oder Indiens ermöglicht. Die Ukraine und beispielsweise Usbekistan stellten sich in der Irakkrise auf die US-Seite, um der westlichen Vormacht näher rücken zu können.[202]

Selbst Tadschikistan, das ärmste Land der Region, betont gegenüber Russland weit deutlicher eine eigenständige Position, als beispielsweise gegen Ende der 90er Jahre. Die Anwesenheit russischer Truppen in Tadschikistan basiert z.B. auf einem Abkommen von 1993, das im Jahre 2003 ausgelaufen ist. Tadschikistan sah sich so weit gefestigt, dass es im Jahre 2003 die Frage nach dem Abzug der Truppen erhoben hat, obwohl Präsident Putin während seines Aufenthaltes in Duschanbe im April dieses Jahres angekün-

---

200 S. z.B. Charta-97, 19.10.04, in: DW 203, 20.10.04 und andere Berichte des DW 202, sowie DW 204.

201 Heinz Timmermann, Belarus-News, Herbst 2004.

202 Maria Olson: Die Ukraine in der Irakkrise, Ukrainische Widersprüche, in: GUS-Barometer 33.

digt hatte, die Präsenz in Tadschikistan weiter auszubauen.[203] Mitte Mai 2004 kündigte der stellvertretenden russische Außenminister Wjacheslav Trubnikov an, dass Russland seine Truppen von der tadschikisch-afghanischen Grenze auf tadschikischen Wunsch, der möglicherweise von den USA inspiriert war, abziehen wird.[204] Anfang Juni dieses Jahres wurde diese Meldung grundsätzlich offiziell bestätigt. Zugleich schlossen die Präsidenten Tadschikistans und Russlands jedoch eine Übereinkunft, dass russischen Truppen kostenlos und auf unbefristete Zeit ein Gelände für eine Militärbasis in Tadschikistan überlassen wird. Mitte Oktober 2004 wurden bei einem Staatsbesuch Putins in Tadschikistan entsprechende Abkommen unterzeichnet.[205] Die Truppenstärke der russischen Streitkräfte wird aber erheblich reduziert.

Der russische Einfluss sinkt tendenziell selbst in Kasachstan, obwohl die beiderseitigen Beziehungen als Beispiel für eine gelungene und unkomplizierte Zusammenarbeit gelten können. Kasachstan gehört der Organisation für kollektive Sicherheit an und will mit Weissrussland, Russland und der Ukraine zusammen den „Einheitlichen Wirtschaftsraum" gründen. Es ist jedoch gefestigter als in den 90er Jahren, während derer es sich durch besondere Integrationswilligkeit hervortat. Kasachstan versucht zunehmend durch engere Beziehungen zum Westen und zu China die Bedeutung des nördlichen Nachbarn für das eigene Land zu verringern, mit einigen durchaus unangenehmen Konsequenzen für Russland. So gibt es beispielsweise Sorgen, dass die starke russischsprachige Minderheit an den Rand gedrängt werden könnte. Auch Kasachstan hat sich in der Irakfrage zudem offen auf die Seite der USA gestellt und hat sogar ein kleines Kontingent eigener Truppen zum ersten Auslandseinsatz der kasachischen Armee überhaupt in den Irak geschickt.[206]

---

203 Russische Truppen nach Tadschikistan, in: FAZ Nr. 98, 28.4.03, S. 7.

204 Interview von Vladimir Skosyrev mit Vjačeslav Trubnikov, in: NG Nr. 92, 12.5.04; Viktorija Panfilova/ Igor' Plugatarev: Rossiskie voiska vydvorjajut iz Tadžikistana, in: NG Nr. 103 (3016), 25.5.04; Ira Strauss, www.inthenationalinterest.org, 6.6.04, in: CDI. 312, 25.6.04.

205 Interfax am 4.6.04, in: DW 107, 7.6.04; DW-Radio, 17.10.04, in: DW 201, 18.10.04.

206 Uwe Halbach: Seidenstraße und Great Game: Internationale Politik und regionale Entwicklung zwischen Kaukasus und Pamir, in: Jens van Scherpenberg/ Peter Schmidt, Hg.: Stabilität und Kooperation: Aufgaben internationaler Ordnungspolitik. - Baden-Baden: 2000, S. 113; Pavel Belov: Astana tam pravit bal, in: Kommersant

Kasachstan ist aber kooperationsbereit, wie der im Januar 2004 erfolgte Besuch Präsident Putins im Lande zeigte und das beiderseitige Verhältnis ist durch keine öffentlich gewordene Missstimmung auf hoher Ebene getrübt. Die offiziellen Beziehungen sind im Gegenteil fast herzlich zu nennen. Als im Februar 2004 eine Bilanz der kasachisch-russischen Manöver gezogen wurde, meinte der kasachische Präsident: „Sich allein zu verteidigen ist kostspielig, deshalb gehen wir hier Hand in Hand mit der Russischen Föderation."[207] Andererseits hält das Land auch mit Großbritannien gemeinsame Manöver ab, mit der NATO wurden mehrere Abkommen unterzeichnet und Kasachstan beschloss, sich an dem Baku-Tiflis-Ceyhan-Pipelineprojekt zu beteiligen, sehr zum Missfallen Russlands. Denn diese im Bau befindliche Leitung ermöglicht den Transport kaspischen Öls unter Umgehung Russlands, was sowohl negative Auswirkungen auf den Einfluss, als auch die wirtschaftlichen Interessen Moskaus hat.[208]

Im Mai 2004 schloss Kasachstan zudem mit China ein Abkommen über den Bau einer Ölleitung vom kaspischen Becken nach Westchina ab und der kasachische Präsident sagte bei seinem Besuch in Peking gar, dass es Ziel seines Besuches sei, China zum wichtigsten Partner Kasachstans zu machen.[209]

Nr. 1, 9.1.04; RIA Nowosti am 13.1.04, in: Grachok 6, 14.1.04; Antione Blua, RFE/RL, 26.2.04, in: CDI 295, 27.2.04.

207 Nikolai Iwanov: Otnošenija Rossii i Kazahstana, strana.ru, 17.2.04.

208 BBC Monitoring, aus: Krasnaya Zvesda, 2.11.04, in: CDI 329, 5.11.04; Irina Kobrinskaja: Sodružestvo rasnyh skorostei.

209 Chabar TV am 17.5.04, in: DW 95, 18.5.04.

VI. Russland und die Vereinigten Staaten von Amerika

Im vorhergehenden Kapitel über Russland und die GUS konnten Hintergründe und Verlauf russischer Politik bereits eingehender ausgeleuchtet werden. Darum ist es möglich und geboten, sich in den folgenden, die das Verhältnis Russlands zu den USA, der EU und Deutschland betreffen, auf einige Grundlinien und aktuelle Entwicklungen zu beschränken:

Eine Kooperation mit europäischen Staaten und der EU hat unter Präsident Putin erkennbar an Stellenwert gewonnen. Emotionaler und machtpolitischer Bezugspunkt für Russland bleiben jedoch die USA, denen man in einer Mischung aus tiefer Abneigung und zugleich Bewunderung verbunden ist. Die für das Ost-West- und West-Ost-Verhältnis charakteristischen emotionalen Schwankungen sind dementsprechend in Bezug auf die USA besonders ausgeprägt. Auf die Frage „Welche Gefühle wecken folgende Länder in Ihnen?“ lautete die Antwort bezüglich der USA:

Hauptsächlich positive		Hauptsächlich negative		Keine Antwort	
1995	2002	1995	2002	1995	2002
77,6	38,7	9,0	45,5	13,4	15,8

Tabelle 2, Quelle: Deutschland und Europa[210]

Die Abneigung wird ergänzt durch Misstrauen: 54 % der Gesamtbevölkerung – und sogar 64 % der Hochschulabsolventen – waren im Sommer 2004 der Ansicht, dass die USA Russland nicht freundlich gesonnen sind. Man kann sogar eine ausgeprägte Furcht vor vermuteten feindlichen Absichten der USA gegenüber Russland feststellen.[211] Es ist nicht wahrscheinlich, dass

---

210 Deutschland und Europa, S. 7; s. auch Russisches, S. 347; andere Umfragen erbringen ähnliche Ergebnisse, s. z.B. Interfax am 21.2.02, nach: Grachok, 25.2.2002.

211 Umfrage des Fonds Öffentliche Meinung (FOM), 21.-22.8.04, www.bd.fom.ru/zip/tb04 34.zip, in: Russlandanalysen Nr. 38/2004, S. 9; RosBusinessConsulting am 18.9.03, in: CDI 274, 19.9.03; Annette Schaper: Die Aufwertung von Kernwaffen durch die Bush-Administration, in: Corinna Hauswedell u.a., Hg.: Friedensgutachten 2003. - Münster u.a.: 2003, S. 142 (künftig: Friedensgutachten); Michael Mann: Die ohnmäch-

diese in der außenpolitischen Elite ebenso verbreitet sind, sie hat aber die Stimmung in der Bevölkerung mit in ihr Kalkül einzubeziehen, beispielsweise in den Streitkräften: Zu Beginn des Jahres 2003 unterbreiteten die USA Russland ein Angebot zur Zusammenarbeit in der Raketenabwehr, auf dem russische Fachleute anerkanntermaßen eine beachtliche Expertise besitzen. Eine Kooperation hätte womöglich Grundlage für eine strategische Partnerschaft sein können, denn schließlich arbeiten beide Seiten in der Raumfahrt seit langem weitgehend reibungslos zusammen. Das Misstrauen der Militärs beider Seiten war aber unüberwindlich. Der stellvertretende russische Generalstabschef Jurij Balujewskij vertritt beispielsweise öffentlich die Ansicht, dass das amerikanische Raketenabwehrsystem vermutlich gegen Russland gerichtet ist. Es wäre ein Fehler zu glauben, dass diese Äußerung lediglich taktisch bedingt ist.[212] – Russland müsste zudem negative Auswirkungen auf sein Verhältnis zu China fürchten.

Die USA geben aus russischer Sicht auch einigen Anlass zur Sorge. Im März 2002 wurde der „National Posture Review" bekannt (NPR), in dem die Verteidigungsplanung für die folgenden fünf bis zehn Jahre analysiert wird. Russland befindet sich dort auf einer Liste von Ländern, für die der preemptive potenzielle Einsatz von Atomwaffen vorgesehen ist.[213] Russische Falken dürften sich bestätigt fühlen und auch der damalige US-Außenminister Powell, der sich gewöhnlich abseits der „Hardliner" hielt, bezeichnete den NPR als „weise militärische Planung".[214]

Im Mai 2002 stattete Präsident Bush in Moskau einen Besuch ab und der „SORT"-Vertrag wurde unterzeichnet. Er sieht eine erhebliche Reduzierung

---

tige Supermacht. Warum die USA die Welt nicht regieren können. - Frankfurt/Main: 2003; Interfax am 10.10.04, in: DW 196, 11.10.04.

212 S. Alexander Rahr: Will Russland die „weiche Eindämmung" Amerikas? in GUS-Barometer 33, S. 2; Markus Siebenmorgen: Partnerschaft oder Widerstand? in: OE Nr. 6/ 2003, S. 784-785; Gespräch von A. Lebedev mit Juri Baluevski: Opasnost' – v odinočnyh puskah raket, in: Izvestija, 29.7.03; s. auch Alexander Golts: What Is Underpinning U.S.-Russian Relations? in: Moscow Times, 5.6.03 und Nikolai Poroskov: Apokalipsis ne segodnja, in: Vremja novostej Nr. 169, 17.9.04.

213 Annette Schaper: Die Aufwertung von Kernwaffen durch die Bush-Administration, in: Friedensgutachten, S. 142; Michael Mann: Die ohnmächtige Supermacht. Warum die USA die Welt nicht regieren können. - Frankfurt/Main: 2003.

214 Jochen Bölsche: Bushs Alleingang gegen die Welt, www.spiegel.de/politik/ausland/ 0,1518,druck-237004,00.html vom 24.2.03 (zuletzt geöffnet am 01.12.04).

der Anzahl von Atomsprengköpfen beider Seiten vor, enthält aber die Möglichkeit, diese lediglich „einzumotten" sodass sie rasch wieder verfügbar gemacht werden könnten. Der amerikanische Präsident begründete dies auf Nachfrage öffentlich damit, dass man nicht wissen könne, was in zehn Jahren sei.[215] Diese freimütige Äußerung könnte man als Warnung an China verstehen, aber sie wird auch in Russland ihre Wirkung nicht verfehlt haben.

Moskau unternahm zu dieser Zeit den Versuch, Verhandlungen über taktische Atomwaffen mit den USA zu beginnen, diese sperrten sich jedoch. Russland weigerte sich daraufhin, den Vereinigten Staaten Angaben über die eigenen taktischen Atomwaffen ohne vorhergehende Verhandlungen auszuhändigen. Verteidigungsminister Rumsfeld nutzte dies für seine Zwecke: Er sagte im Frühjahr 2003 zu Journalisten, die er von der Notwendigkeit der Produktion sogenannter „Mini-Nukes" überzeugen wollte, dass Russland solche Waffen „on a daily basis" herstellen könne.[216]

Neben diesen anhaltenden Elementen des Argwohns hat seit dem 11. September die russisch-amerikanische Kooperation im Antiterrorkampf aber beträchtlich an Dynamik gewonnen. Gleiches scheint seit dem Sommer 2004 auch für die Kooperation bei der Verhinderung der Weiterverbreitung von Massenvernichtungswaffen zuzutreffen. Die russisch-amerikanische Zusammenarbeit erstreckt sich aber relativ eindimensional auf den Sicherheitsbereich. Der beiderseitige Handel zeigt bislang wenig Dynamik und ist beträchtlich geringer, als derjenige zwischen Russland und Deutschland bzw. China.

Der Kreml hat sich in den vergangenen Jahren auch gegenüber den USA in einem überraschenden Ausmaß konzessions- und kooperationsbereit gezeigt sowie Zuverlässigkeit bewiesen. Kritik an der amerikanischen Politik ist rar, im Gegensatz zur Rhetorik Präsident Jelzins.[217] Eine gewisse russisch-amerikanische Konkurrenz um Einfluss in verschiedenen GUS-Ländern ist erkennbar, sie wird jedoch nicht allzu offen ausgetragen. Beide Seiten bemühen sich, sie nicht eskalieren zu lassen und Präsident Putin hat während sei-

---

215 Viktor Timtschenko: Putin und das neue Russland. - Köln: 2003, S. 282, (künftig: Timtschenko: Putin).

216 Alexander Golts: What Is Underpinning U.S.-Russian Relations? ebd. Quelle.

217 Mark A. Smith: Current Russo-Chinese Relations. Ed.: Defence Academy of the United Kingdom, Conflict Research Center: January 2003, p. 3 (künftig: Smith: Current).

ner gesamten ersten Amtszeit unerwartet viele freundliche Worte für die USA gefunden.[218] Die russische Politik, nicht nur gegenüber den USA, ist durch die Bereitschaft zur Kooperation gekennzeichnet, definiert zugleich grundsätzlich aber deutlicher als zur Zeit Jelzins eigene Interessen, bei deren Verteidigung sie beträchtliche Hartnäckigkeit beweist. Dies macht sie mitunter zu einem unbequemen aber berechenbaren Partner.

Um die Dynamik der russisch-amerikanischen Beziehungen herauszuarbeiten, bietet sich eine Analyse der Irakkrise an. Für Russland waren und sind die USA der außenpolitische Schlüsselpartner und -kontrahent, darum lag es nahe, dass bis in den Januar 2003 hinein eine Billigung oder gar Beteiligung an einem Irakkrieg nicht grundsätzlich ausgeschlossen wurde. Nicht, weil die russische Führung den Krieg für richtig hielt, sondern zur Pflege der Beziehungen mit den Vereinigten Staaten. Dies zeigte sich auch daran, dass Präsident Putin den amerikanischen Präsidenten bei seinem Besuch in Berlin Anfang 2003 demonstrativ als einen „engen Freund“ bezeichnete. Die ausgezeichneten Beziehungen zwischen beiden war seit Mitte 2001, dem ersten Zusammentreffen der beiden Staatsmänner, eine wichtige, vielleicht die bedeutsamste Basis der russisch-amerikanischen Beziehungen.[219]

Die russische Politik jonglierte zu Beginn des Jahres 2003 zunächst zwischen der kontinentaleuropäischen und der angelsächsischen Gruppe, nicht zuletzt, um die eigenen sehr umfangreichen handels- und finanzpolitischen Interessen im Irak nicht zu gefährden. Noch Ende Februar/Anfang März gab es Anzeichen, dass sich Russlands Haltung zum kommenden Krieg noch verändern könnte. Kreml-Stabschef Alexander Woloschin wurde von Putin zu Bush geschickt, was verschiedene Spekulationen und eine gewisse Nervosität in Berlin und Paris auslöste. Zudem sagte Präsident Putin, dass Russland von seinem Vetorecht im Weltsicherheitsrat (nur) Gebrauch machen werde, „wenn es sein muss“.[220]

---

218 Timtschenko: Putin, S. 282; Smith: Current, p. 3.

219 S. auch Jochen Hippler: Irakkrieg, in: Friedensgutachten 2003, S. 96; Christoph Saurenbach: Russland und die USA – Strategische Partner auch nach dem Irakkrieg? in: KAS-AI Nr. 3/2004; Nikolai Zlobin: Nužna novaja model’ strategičeskogo partnerstva, in: NG Nr. 219, 13.10.03.

220 Peter W. Schulze: Das Pendel schwingt nicht mehr, www.fr-aktuell.de, 23.5.03, S. 3 der Druckversion; Jochen Bölsche: Der Ex-Agent und die diplomatische A-Bombe,

Die USA führten Anfang März 2003 jedoch einen dreißigprozentigen Zoll auf russischen Stahl ein, was in Russland breit und verärgert diskutiert wurde.[221] Die amerikanische Maßnahme war in Vorwahlzeiten innenpolitisch bedingt, wurde in Russland aber nicht zu Unrecht als erstaunliche Rücksichtslosigkeit verstanden und führte mit zu einer Verhärtung der russischen Haltung gegenüber der US-Irakpolitik.

Wenige Tage später fanden sich Deutschland, Frankreich und Russland zusammen und veröffentlichten eine gemeinsame Erklärung, zu der die New York Times schrieb: „Das lauteste ‚Nein', das im Verlauf des vergangenen letzten halben Jahrhunderts – oder länger – über den Atlantik gerufen wurde." US-Diplomaten warnten Russland, dass sich die zweiseitigen Beziehungen verschlechtern würden, ebenso wie die Aussichten des Landes auf einen WTO-Beitritt, falls es im Sicherheitsrat mit „Nein" stimmen sollte. Mitte März hatte sich Russland noch nicht endgültig auf eine ablehnende Haltung zu einer möglichen Resolution des UN-Sicherheitsrates festgelegt.[222] Außenminister Powell erklärt zu dieser Zeit öffentlich, dass die Beziehungen mit Frankreich kurzfristig Schaden genommen hätten, mit Bezug auf Russland sagt er: „Wir haben einige Spannungen in dieser Frage, aber wir glauben, dass es keinerlei Schaden für unsere Beziehungen gibt, auch kurzfristig nicht."

Russland wünschte keinen Keil zwischen die USA und europäische Länder zu treiben, es braucht den gesamten Westen, wie es Außenminister Iwanov formulierte. Von allen großen Mächten, die in die Irakkrise involviert waren, zeichnete sich Russland durch die flexibelste Haltung aus, und zwar um eine Spaltung des Westens zu verhindern, um bestmögliche Bedingungen für die Modernisierung des Landes herzustellen bzw. zu bewahren. Gerade Letzteres war und ist das vorrangige Ziel der Politik. Hierfür bedarf es einer stabilen außenpolitische Situation und guten Beziehungen mit sowohl europäischen Ländern, als auch mit den USA und Japan.

---

www.spiegel.de/politik/ausland/0,1518,238514,00.html, am 3.3.03 (zuletzt geöffnet am 1.12.04).

221 Benediktow: Russische, S. 8.

222 S. Patrick E. Tyler: A Fissure Deepening for Allies Over Use of Force Against Iraq, in: New York Times, nach: www.spiegel.de/politik/ausland/0,1518,238959,00.html, 6.3.04 (zuletzt geöffnet am 1.12.04); Catherine Belton: Putin's Delicate Balancing Game, in: Moscow Times, 13.3.03.

Die russische Expertengemeinschaft war sich zudem bis auf wenige radikale Ausnahmen einig wie nie. Eine Konfrontation mit Washington über den Irak, die Ausübung des Vetorechts sowie das Paktieren mit Frankreich und Deutschland sei nicht nur unnütz, sondern sogar verhängnisvoll für Russland. Seit dem Herbst 2001 gibt es in der außenpolitischen Fachwelt Russlands fast keine Befürworter einer Konfrontation gegen die USA mehr. Putin stand mit seiner gemäßigt amerikakritischen Haltung unter starker Kritik der Experten.[223]

Auch in diesen Krisenmonaten gab es einen intensiven Kontakt zwischen der russischen und amerikanischen Seite. Die Bedeutung Russlands als Partner im Anti-Terrorkampf und zur Einhegung Chinas, seine Rohstoffe und das amerikanische Bedürfnis, die deutsch-französisch-russische Verbindung nicht noch fester werden zu lassen, trugen zu einem sachlichen Verhältnis zwischen Washington und Moskau bei. Zudem waren nicht nur NATO und EU in der Irakfrage gespalten, sondern auch die GUS. Russland musste folglich fürchten, dass sich die Ukraine, einige kaukasische und zentralasiatische Länder, die eine NATO-Mitgliedschaft anstreben, bei einer russisch-amerikanischen Konfrontation noch nachdrücklicher auf die US-Seite stellen.[224]

Die Haltung Russlands versteifte sich erst als klar wurde, dass mit einem eventuellen starken Bedeutungsverlust der UNO und einer Gefährdung der internationalen Ordnung existenzielle außenpolitische Interessen Russlands bedroht sind – und diejenigen an innerer und wirtschaftlicher Modernisierung, die zur gleichen Zeit auch durch einseitige Maßnahmen der USA auf handelspolitischem Gebiet gefährdet zu sein schienen. Zur Verhinderung wurde ein möglicher, ja wahrscheinlicher erheblicher finanzieller Verlust im Irak in Kauf genommen. Einem Regimewechsel im Irak auf Grund des Drucks der USA und selbst Entwaffnungskriegen hätte sich Russland nicht grundsätzlich entgegengestellt. Der Anreiz, Partner der Vereinigten Staaten zu sein, war und ist für Russland sehr groß, dass Vertrauen in die Standfestigkeit, Hand-

---

223 Andrej W. Sagorskij: Entwicklung der russisch-amerikanischen Beziehungen, in: Gorzka/ Schulze: Wohin steuert, S. 336-337.

224 Alexander Rahr/ Alexandra Luchtai: Die Weltordnung nach dem Irakkrieg, Will Russland die „weiche Eindämmung“ Amerikas? in: GUS-Barometer 33.

lungsfähigkeit und -bereitschaft europäischer Länder aber klein.[225] Die russische Regierung befürchtet jedoch, dass das unbekümmerte Verhältnis der Bush-Administration zur Wahrheit und zum Völkerrecht, nicht nur eine nach dem 11. September vielleicht verständliche vorübergehende Erscheinung sein könnte, sondern Ausdruck eines Paradigmenwechsels. Falls dies der Fall sein sollte wäre eine strategische Partnerschaft mit den USA nur bei einer deutlichen Unterordnung Moskaus denkbar.[226]

Russland demonstrierte sowohl in der Substanz, als auch in Worten im Frühjahr 2003 zunächst die größte Härte im kontinentaleuropäischen Dreierbund: Putin bezeichnete den Krieg nach Ausbruch der Feindseligkeiten als „schweren politischen Fehler", betonte aber, dass Russland aus politischen und ökonomischen Gründen an keiner Konfrontation mit den Vereinigten Staaten interessiert sei und keine Niederlage der USA wünsche. Letzteres wurde in den USA mitunter als herablassend interpretiert. Anders als in Frankreich oder Deutschland, wurde von offizieller Seite am Tag des Falls von Bagdad auch keine Genugtuung geäußert, im Gegenteil. Der Zufall wollte es, dass zur gleichen Zeit eine von der kremlnahen Partei „Einiges Russland" organisierte Demonstration vor der US-Botschaft stattfand. Die Organisatoren, die sich in Wahlkampfzeiten eine Steigerung ihrer Popularität erhofften, gaben 100.000 Teilnehmer an, andere 20.000. Auf jeden Fall handelte es sich um eine der größten Kundgebungen der vergangenen Jahre.[227]

Zu Beginn des Irakkrieges gab es in Moskau eine Demonstration mit lediglich 300 Teilnehmern, diejenige in St. Petersburg war noch bescheidener. Dies lässt aber keineswegs auf eine neutrale oder gar freundliche Haltung der Bevölkerung zur US-Politik schließen. Nach Ausbruch des Krieges wünschten nach einer Umfrage 74 % der Menschen eine Niederlage der Vereinigten Staaten. Nur eine kleine Minderheit befürwortete jedoch eine offen antiamerikanische Politik: 48 Prozent unterstützten die Irakpolitik der russi-

225 Benediktow: Russische, S. 8; S. Patrick E. Tyler: A Fissure Deepening for Allies Over Use of Force Against Iraq, ebd. Quelle; Catherine Belton: Putin's Delicate Balancing Game, ebd. Quelle; Peter W. Schulze: Das Pendel schwingt nicht mehr, www.fr-aktuell.de, 23.5.03, S. 3, 4 der Druckversion.

226 Peter W. Schulze: Das Pendel schwingt nicht mehr, ebd., S. 5, 8 der Druckversion.

schen Regierung, 33 % hätten bevorzugt, wenn sie sich aus der Krise herausgehalten hätte.[228]

Auf dem Gipfel Putins, Chiracs und Schröders im April 2003 in St. Petersburg fand der russische Präsident die härtesten Worte. Er sandte, anders als Frankreich und Deutschland, auch in den ersten Wochen nach Kriegsende keine Signale des Entgegenkommens aus. Ende April stellte er den britischen Premierminister auf einer Pressekonferenz öffentlich bloß, wobei offensichtlich war, dass im Grunde die Vereinigten Staaten gemeint waren.[229]

Mitte Mai hielt sich US-Außenminister Powell in Moskau auf, freundliche Worte wurden ausgetauscht und die Duma ratifizierte den SORT-Vertrag. Zur gleichen Zeit führten russische Streitkräfte jedoch umfassende Manöver durch, in denen Angriffe auf US-Ziele im Indischen Ozean geprobt wurden und das russische Verteidigungsministerium machte keinen Hehl aus diesen Übungen.[230]

Russische Stellen blieben mit ihren amerikanischen Gegenüber in engem Kontakt, demonstrierten aber deutlich, dass bei einer existenziellen Bedrohung russischer Interessen entschiedene Reaktionen zu erwarten waren. Die USA sandten vereinzelte Warnungen aus, machten aber zugleich deutlich, dass die Politik des Kreml zu keiner Abkühlung der zweiseitigen Beziehungen führen werde.

Nach den Demonstrationen der Stärke kamen von Russland in der Folgezeit entgegenkommende Signale an die US-Adresse. Ende Mai 2003 deutete es seine Zustimmung zu einer neuen Irakresolution der Alliierten an, Frank-

---

227 Manfred Quiring: Putin fürchtet um seine Milliarden aus dem Irak, www.welt.de/data/2003/04/09/68640.html?prx=1 (zuletzt geöffnet am 1.12.04); Sergej Blagov: IRAQ: Putin Changes the Tune, in: Inter Press Service (www.ips.org) am 4.4.2003.

228 Pavel Felgenhauer. Bush's Brezhnev Doctrine, in: Moscow Times, 20.3.03; AFP, 26.3.03, nach: Grachok, 27.3.03; weitere Umfragen bei ITAR-Tass, 3.4.03, in: CDI 251; Nikolai Zlobin: Mesto v istorii ili rejting, in: Izvestija, 10.4.03.

229 Blätter für deutsche und internationale Politik, Nr. 6/2003, Chronik, S. 646; AFP am 26.3.2003, in: Grachok, 27.3.03; weitere Umfragen bei ITAR-Tass, 3.4.03, in: CDI 251; Nilolai Zlobin, in: Izvestija, 10.4.03; Manfred Quiring: Blair spricht mit Putin, in: Die Welt, 30.4.03.

230 Igor' Korotčenko: NATO i Rossija obrazovali protivoraketnyi klub, in: NG Nr. 93, 14.5.03; Dmitrij Litovkin: Meridiany i paralleli. Naš flot snova savoevyvaet mir, in: Izvestija, 9.6.03; Pavel Felgenhauer: New Detente to Die Young, in: Moscow Times, 29.5.03.

reich hingegen eine Enthaltung. Schließlich einigten sich die Außenminister Deutschlands, Frankreichs und Russlands auf eine gemeinsame Haltung und die Zustimmung zu einem nachgebesserten Entwurf der Alliierten. Iwanov und Fischer betonten zugleich die Bedeutung der Beziehungen zu den Vereinigten Staaten. Putin war im Spätsommer 2003 der erste prominente Staatschef, der sich eine Uno-Friedenstruppe unter US-Kommando vorstellen konnte, falls der Sicherheitsrat zustimme. Kurze Zeit später sagte er, dass die russische Haltung zu einer neuen, von den Alliierten vorgelegten Resolution des UN-Sicherheitsrates „sehr liberal" sei und sich von derjenigen Frankreichs und Deutschlands unterscheide. Auf der UN-Vollversammlung Ende September 2003 machte Putin, anders als der französische Präsident und der deutsche Kanzler, nur eine vage Andeutung über die Bedeutung der UNO im Irak und erwähnt mit keinem Wort eine mögliche oder erforderliche Übertragung der Macht.[231]

Auch auf dem Energiesektor zeigte Russland ein Bedürfnis nach Annäherung an die USA. Die vom Staat kontrollierte Gasprom gab auf dem 2. russisch-amerikanischen Energiegipfel in St. Petersburg Ende September 2003 bekannt, dass sie gemeinsam mit ConocoPhilips ein Projekt über 10 Milliarden US-Dollar realisieren werde, um das Schtokmangasfeld zu erschließen. Die US-Firma erklärte hingegen, aktuell keine derartigen Pläne zu hegen. Russland wünscht offensichtlich, die USA durch eine intensive Zusammenarbeit im Energiesektor zu einer konziliantеren Politik zu veranlassen und wechselseitige Abhängigkeiten zu erzeugen. Hierfür nahm es in Kauf, den deutschen Partner eher hintanzustellen, wie die Unzufriedenheit von Ruhrgas bei der Kooperation mit Gasprom zeigt. Grundsätzlich ist der Energiesektor ein wichtiger und ausbaufähiger Bereich russisch-amerikanischer Kooperation, an der aus politischen und wirtschaftlichen Überlegungen beide Seiten ein großes und wachsendes Interesse zeigen.[232]

---

231 www.spiegel.de/politik/ausland/0,1518,druck-263871,00.html, s. auch Sophie Lambroschini, RFE/RL am 3.9.03, in: CDI 272, 5.9.03; Wolfgang Koydl, in: Süddeutsche Zeitung, 22.9.03; AFP am 25.9.03, in: CDI 275, 26.9.03.

232 Sophie Lambroschini, RFE/RL am 24.9.03, in: CDI 275, 26.9.03; Götz: Rußlands Energiestrategie, S. 12; Interfax: Sovmestnoe sajavlenie. Presidenty Putin i Buš dogovorilis' rasširit' dostup rossiskih energoresursov na mirowye rynki, 24.5.02, in: Archiv

Zugleich legen beide Seiten aus taktischen Gründen mitunter eine kühle Haltung an den Tag, um der anderen Seite zu zeigen, dass er sich mehr um das Wohlwollen des Spröden bemühen solle. So machte Putin in der jährlichen Botschaft des Staatspräsidenten an die Föderalversammlung im Frühjahr 2003 deutlich, dass er sein Land in Europa integriert sehen möchte, der „strategische Partner" USA wurde in der Rede aber nicht genannt. Auch bei der Jährlichen Botschaft des amerikanischen Präsidenten an den Kongress wurde Russland erstmals seit vielen Jahren nicht erwähnt. Außenminister Powell sprach zudem bei seinem Aufenthalt im Januar 2004 in Moskau öffentlich das Thema Tschetschenien an, sowie Mängel in Bezug auf die Pressefreiheit und die Qualität der Wahlen. Er nannte seine in der Form moderate Kritik „einen leisen Rat zwischen Freunden". Dmitrij Medwedev, stellvertretender Leiter der Präsidialadministration, reiste daraufhin wenige Tage später überraschend nach Washington, um Verstimmungen wegen der unterschiedlichen Einschätzung der inneren Entwicklung Russlands auszuräumen. – Dies machte wieder offensichtlich, wer sich um wen zu bemühen hatte. – Der Erfolg war offensichtlich bescheiden, weder Putin noch Medwedev sprechen seitdem von einer „strategischen Partnerschaft" mit den USA.[233] Im September 2003 war noch im Gespräch, russische Truppen in den Irak zu entsenden, im Herbst 2004 war ernsthaft keine Rede mehr davon.[234]

Auch in Bezug auf den Westen in seiner Gesamtheit gibt sich Russland mitunter unnahbar. So lehnte Präsident Putin zum einen die Einladung der NATO ab, am Gipfel in Istanbul im Ende Juni 2004 teilzunehmen. Zum anderen begründete Außenminister Lawrov, der Russland dort vertrat, das Fernbleiben öffentlich vor Journalisten in Istanbul folgendermaßen: „Moskau erhält

---

Körber-Arbeitsstelle Russland/GUS, DGAP; Katja Tichomirowa: Russlands Wirtschaft hängt am Rohstoff-Export, in: Berliner Zeitung, 7.6.04.

233 www.russische-botschaft.de/old/index.html, in: IP Nr. 03/2004; Elena Chiyaeva, Russia and Asia Review, Vol. 2, Issue 11, 27.5.03, in: CDI 259; Pressekonferenz mit Sergej Oznobishchev und Sergej Kortunov, www.fednews.ru, 2.2.04, nach: CDI 292, 6.2.04; Kim Murphy, Los Angeles Times, 29.1.04, in: CDI 291, 30.1.04; Jevgeni Verlin: Nestrategičeskoe portnerstvo, in: NG Nr. 28, 12.2.04.

234 Marianna Belenkaya, RIA Novosti, 27.7.04, in: CDI 316, 30.7.04.

regelmäßig alle möglichen Einladungen, aber man kann nicht an jedem Ereignis teilnehmen.“[235]

Die oben aufgeführten Begebenheiten sind bemerkens-wert, aber kein Indiz für eine grundsätzliche Abkühlung des Verhältnisses auf *offizieller* Ebene. Seit dem Herbst 2003 mehren sich wegen der schwierigen Verhältnisse im Irak außerdem die Anzeichen, dass die US-Politik wieder stärkeren Wert auf Kompromiss und Ausgleich legt, zugleich – und aus diesem Grunde – ist die russisch-deutsche (-französische) Kooperation etwas in den Hintergrund getreten.[236]

Die russisch-amerikanischen Beziehungen werden in der *Substanz* weiter intensiviert, beispielsweise in Bezug auf die Nichtverbreitung von Massenvernichtungswaffen und die Kooperation in NATO-Russland-Rat. Der Kreml hält seine Unzufriedenheit über die NATO-Osterweiterung und amerikanische Pläne, wichtige Elemente des Raketenabwehrsystems in Polen oder der Tschechischen Republik zu stationieren im Zaum.[237] Und das amerikanische Vorhaben, die Truppenanzahl vor allem in Deutschland beträchtlich zu vermindern und kleinere Stützpunkte rings um den Krisenherd des Nahen Ostens einzurichten und zu verstärken wird von offizieller russischer Seite sogar eher begrüßt.[238]

Die russische Seite bekundet deutliches Interesse an guten und engen Beziehungen zu den Vereinigten Staaten. So gab der staatlich kontrollierte Gaskonzern Gasprom Ende September 2004 bekannt, dass er mit dem US-

---

235 Vladimir Socor: Russia at the NATO Summit: cooperative Rhetoric, Zero-Sum Practice, in: The Jamestown Foundation, Ed.: Eurasia Daily Monitor, Vol. 1, Issue 43 (July 01, 2004).

236 Peter W. Schulze: Das Pendel schwingt nicht mehr, www.fr-aktuell.de, 23.5.03, S. 5, 8 der Druckversion.

237 Tomas Valasek/ Ivan Safranchuk, in: The Wall Street Journal Europe, 3.1.03. Zum Kooperationsrat s. auch Reinhart Mutz: Die NATO – Relikt der Vergangenheit oder Allianz mit Zukunft? in: Friedensgutachten, S. 129-130; Harald Müller: Supermacht in der Sackgasse? Die Weltordnung nach dem 11. September. Schriftenreihe der Bundeszentrale für politische Bildung, Band 419. - Bonn: 2003, S. 193; Ivan Jegorov, Rossiskaja gazeta, 8.4.04, in: CDI 301, 9.4.04; Vladimir Bogdanov, Rossiskaja gazeta, 15.7.04, in: CDI 315, 23.7.04; Interfax-AWN am 17.8.04, in: DW 157, 17.8.04; RIA Nowosti am 31.5.04, in: DW 103, 1.6.04; Paul Fritch: Russia Building Hope on Experience, in: Transitions Online, 24.6.04, nach: CDI 312, 25.6.04; Sergei Blagov, Asia Times, 19.8.04, in: CDI 319, 20.8.04; Chronik in Russlandanalysen Nr. 44/2004.

238 Svetlana Babaeva: Amerikancy idut na Jug, in: Izvestija, 16.8.04.

Konzern Chevron Texaco ein Memorandum über die künftige Kooperation um die Entwicklung des bereits erwähnten Schtokmanfeldes unterzeichnet habe, die 10-15 Milliarden Dollar erfordern wird. Es ist bezeichnend, dass auch in diesem Fall, ebenso wie im Herbst 2003 (s.o.) die Initiative von der russischen Seite ausging – und die amerikanischen Partner diesmal zur Kooperation bereit waren. Die unangenehme Lage der USA im Irak mäßigt zudem deren Kritik an der russischen Tschetschenienpolitik und die weltweit angespannte Lage im Energiesektor verstärkt den Willen zur Zusammenarbeit mit Russland. Dieses wiederum beharrt nicht allzu lautstark darauf, dass die Frage der Massenvernichtungswaffen, die die Begründung für den Irakkrieg darstellten, vollständig und international aufgeklärt wird und belehrende Kommentare, dass man die Amerikaner vor dem Krieg vor dessen unabsehbaren und gefährlichen Konsequenzen gewarnt habe, bleiben aus.[239]

Imperial gesonnene russische Westler und Anhänger einer „Realpolitik" verbreiten seit Jahren hin und wieder Gerüchte, dass Moskau und Washington vor einem großen „Deal" stünden: Russland unterstützt die USA in wichtigen Fragen und Krisen und erhält von diesem dafür „freie Hand" in der GUS. Solche weitgehenden Absprachen sind nicht zu erwarten, die russische Führung lässt aber mitunter „Versuchsballons" los, ob diese nicht auch eine Nummer kleiner zu erzielen wären.[240] Unter diese Rubrik fällt beispielsweise eine überraschende Äußerung Präsident Putins vom Juni 2004. Er behauptete, dass russische Geheimdienste wiederholt Informationen erhalten und an Washington weitergeleitet haben über geplante terroristische Akte des Irak Saddam Husseins gegen die USA und gegen amerikanische Interessen. Auch das offizielle Washington war überrascht. Die Deutung der Äußerung Putins ist umstritten, die Botschaft jedoch eindeutig: Russland wünscht ein gutes Verhältnis zu den USA und ist bereit, sich auch in schwierigen Zeiten an deren Seite zu stellen – und dabei Deutschland sowie Frankreich vor den Kopf zu stoßen. Bush revanchierte sich mit den Worten, dass es für ihn immer eine Freude sei, mit seinem Freund Wladimir Putin zu sprechen. „Er ist ein starker Führer, der sich um sein Volk sorgt und die Komplexität der Pro-

---

239 S. Chronik in Russlandanalysen Nr. 39/2004, S. 14; Sergei Blagov, Asia Times, 20.5.04, in: CDI 307, 21.5.04; Sergei Blagov, Asia Times, 6.6.04, in: CDI 310, 11.6.04.

240 BBC Monitoring, nach: Argumenty i fakty, 18.5.04, in CDI 307, 21.5.04.

bleme wirklich versteht, vor denen wir stehen", so der US-Präsident.[241] Die USA zeigten auch weniger Skrupel, als Russland Mitte September 2004, wenige Tage nach Beslan, sich die Möglichkeit von präemptiven Militärschlägen gegen Terroristennester überall in der Welt offenhielt, ja Präsident Bush soll Putin sogar hierzu ermutigt haben.[242] Es ist nicht zu erwarten, dass Russland versucht, einen Keil in die atlantische Allianz zu treiben, oder sich grundsätzlich auf die US-amerikanische oder die deutsch/europäische Seite zu schlagen, falls es wieder zu gravierenden Spannungen zwischen beiden Seiten kommen sollte. Russland braucht den gesamten Westen.

Eine Umfrage des „Pew Research Center" kam im Frühjahr 2004 zu dem Ergebnis, dass fast drei Viertel der Befragten in Russland einen US-geführten Krieg gegen den Terrorismus unterstützen, deutlich mehr als in Frankreich oder Deutschland und selbst in Großbritannien.[243] In einer anderen Umfrage, ebenfalls vom Frühjahr 2004 bekundeten 41 % der Befragten, dass ihre Sympathien „auf der Seite der irakischen Aufständischen" liege, nur 7 % auf Seiten der USA und ihrer Alliierten.[244] Diese Ergebnisse sind nur scheinbar widersprüchlich.

Die überwältigende weltweite Stellung der USA und ihre unbekümmerte und nachdrückliche Art, eigene Interessen zu vertreten machen Washington zu einem schwierigen, aber auch bewunderten Kontrahenten und Partner. Die starken antiamerikanischen Stimmungen in Russland rühren *nicht* daher, dass die machtbetonte und eher gewaltbereite Politik der USA auf grundsätzliche Ablehnung stößt, wie dies in Deutschland der Fall ist. Amerikaphobie speist sich vielmehr aus der Sorge, dass Washington seine Macht *gegen* Russland einsetzt oder einsetzen könnte sowie der Eifersucht, dass es *ohne* Russland handelt. Eine enge Kooperation beider, im gegenseitigen Interesse, stieße auf Erleichterung, ja Begeisterung, von den entschiedensten Demokraten bis zu den hartgesottensten Nationalisten. Letztere, die den Anteil ehr-

---

241 Robert Coalson, RFE/RL am 22.5.04, in: CDI 308, 28.5.04; Ėduard Lozanski: Klubnye uspehi Putina, in: Novye izvestija, 15.6.04.

242 Pavel Felgenhauer: By Any Means Necessary, in: Moscow Times, 14.9.04.

243 The Pew Research Center for the People & the Press, Hg. (www.people-press.org): A Year After Iraq War. A Nine-Country Survey, p. 9, 17.

244 Umfrage des Levadazentrums am 25. und 26.4.04, www.levada.ru./press/2004 042804.html, in: Russlandanalysen Nr. 38/2004, S. 5.

lichen Idealismus in der amerikanischen Politik stark unterschätzen, würden lediglich einen größeren Teil des von beiden erwirtschafteten Mehrwertes fordern als erstere, die oft ein erstaunlich blauäugiges Bild von den USA demonstrieren.

VII. Russland und die Europäische Union

In der wissenschaftlichen Diskussion der EU-Länder – und mit Abstrichen auch in Russland – überwiegt bereits seit Jahren die Skepsis in Bezug auf den Stand der beiderseitigen Beziehungen, während offizielle Vertreter meist mehr Optimismus zeigen. Dabei sind die Herausforderungen, vor denen beide Seiten stehen ähnlich und die Interessengemeinsamkeiten größer als die Unterschiede.[245]

Die „Gemeinsame Strategie" der EU für eine Russlandpolitik von 1999 war der erste Versuch der Union, eine gemeinsame Vision und Interessen in Bezug auf eine dritte Partei zu definieren. Ihr Herangehen ähnelt letztlich den Forderungen, die an künftige Mitglieder gestellt werden, wie bereits im „Partnerschafts- und Kooperationsabkommen" von 1994: Russland soll EU-Regeln übernehmen, ohne an deren Formulierung beteiligt gewesen zu sein und ohne, dass dies für die Zukunft in Aussicht gestellt wird. Die Tragweite dessen wurde in Russland bis in die jüngste Zeit stark unterschätzt und von der EU anscheinend nicht ausreichend überdacht. Die russische Seite hat seit dem Jahre 2004 erkannt, welche Folgen eine reine Übernahme des „acquis" für sie hätte und lehnt dies ab.

Das Konzept der EU konzentrierte sich auf *Werte* sowie die Notwendigkeit für Russland, sich grundlegend zu verändern. In der russischen Antwort auf das EU-Konzept vom Herbst 1999 werden hingegen nationale Interessen betont und der Großmachtstatus hervorgehoben. Die EU wünscht eine Stabilisierung durch Einbindung, die russische Seite eine verstärkte Zusammenarbeit, um wieder die Rolle eines der mächtigsten Länder der Welt spielen zu können. Aber trotz aller Verständigungsprobleme zwischen beiden Seiten und den vielleicht unvermeidlichen Mängeln der „Gemeinsamen Strategie"

245 Timofei V. Bordachev: Strategy and strategies, in: Arkady Moshes, Ed.: Rethinking the Respective Strategies of Russia and the European Union (www.upi-fiia.fi 20.1.04), p. 31-32 (künftig: Bordachev: Strategy); Hiski Haukkala: A problematic ‚Strategic Partnership', Ed. Dov Lynch, in: EU-Russian Security Dimensions, Occasional Papers No. 46, July 2003. European Union Institute for Security Studies, Paris, p. 8 (künftig: Haukkala).

wird seit einigen Jahren eine kontinuierliche und prinzipiell fruchtbare Diskussion zwischen beiden Seiten geführt.[246]

Auf den EU-Russland-Gipfeltreffen vom Mai 2002 bzw. 2003 einigten sich beide Seiten darauf, „ihren Dialog und ihre Zusammenarbeit im Blick auf Krisenmanagement und Sicherheitsfragen ganz wesentlich zu vertiefen". Russland schlug darüber hinaus die gemeinsame Erarbeitung eines „Aktionsplanes Russland-EU auf dem Gebiet der Europäischen Sicherheits- und Verteidigungspolitik" vor, aber die europäische Seite blieb zurückhaltend. Nicht nur Russland grenzt sich gegenüber Außen ab, um zur eigenen Identität finden zu können, sondern auch die EU.

Zudem wurde im Jahre 2002 ein ständiger Partnerschaftsrat installiert, ähnlich dem NATO-Russland-Rat. Beide Seiten steuern die langfristige Schaffung von vier gemeinsamen Räumen für (1) Wirtschaft, (2) innere und (3) äußere Sicherheit sowie (4) Forschung, Bildung und Kultur an. Im September 2003 trat Russland dem sogenannten Bolognaprozess bei, der eine gegenseitige Anerkennung von Diplomen vorsieht, bekundete also Bereitschaft, sich in den europäischen Bildungsraum zu integrieren.[247]

Russland wünscht erkennbar eine große Nähe zur Europäischen Union, will zugleich aber nicht darauf verzichten, auch eigene Wege gehen zu können. Die europäisch-russischen Verhandlungen über die Umsetzung der vier gemeinsamen Räume verlaufen dementsprechend recht zäh, was nicht am allgemein fehlenden Integrationswillen der Seiten liegt, sondern daran, dass trotz aller Integrationsbeschwörungen die EU und Russland nicht vollständig kompatible Ziele verfolgen. Bei dem für beide Seiten wichtigen Dialog über

---

246 Roland Götz: Licht und Schatten. Die Energiepartnerschaft zwischen Russland und der EU, in: OE Nr. 9-10/2003, S. 1525; Sutela: Russia and Europe, p. 117-118. Haukkala, p. 12; Bordachev: Strategy, 45ff; Timmermann: Visionen, S. 3; Dov Lynch: Russia Faces Europe, Chaillot Papers, No. 600, May 2003. Institut for Security Studies, EU, Paris, p. 56-57, 59 (künftig: Lynch: Russia). Lynch stellt fest, dass die Konzeption der EU sowohl einen arroganten als auch inhaltsarmen Eindruck hinterlasse; Viktor Christenko: Nužna li nam integrazija? in: Rossija v global'noi politike, Nr. 1, Januar/Februar 2004.; Haukkala, p. 10, 13-14, 16.

247 Heinz Timmermann: Russlands Außen- und Sicherheitspolitik: Die europäische Richtung, in: Aus Politik und Zeitgeschichte, B 16-17/2003, S. 24, 26; Christian Meier: Nach der Dumawahl. Zur Gestaltung der Partnerschaft EU-Russland, in: SWP-Aktuell, Nr. 54, Dezember 2003 (künftig: Meier: Dumawahl). Zum Thema Russland und die ESVP s. auch GUS-Barometer 30, S. 5; Haukkala, p. 14; Bordachev: Strategy, p. 45.

Energiefragen wird dies besonders deutlich. Die EU fordert von Russland beispielsweise freien Transit von Öl und Gas durch die russischen Pipelines, die Möglichkeit zum Bau privater Leitungen und die Erhöhung der inländischen Gaspreise. Beim letzten Punkt kam man sich schrittweise näher, wobei vor allem die EU-Seite Zugeständnisse machte. Die anderen Punkte wird Russland auf absehbare Zeit kaum übernehmen wollen.[248]

Beide Seiten bekräftigten zum Abschluss des 12. EU-Russland-Gipfels im November 2003, dass sie ihre strategische Partnerschaft auf der Basis gemeinsamer Werte weiter ausbauen wollen. Die EU schlug dementsprechend vor, einen offenen Dialog über die menschenrechtliche Situation in Tschetschenien zu führen, um eventuell gemeinsame Ansätze für politische Lösungen zu entwickeln. Präsident Putin war dazu aber nur bereit, wenn ebenso ausführlich über die Situation der russischsprachigen Minderheit im Baltikum gesprochen werde, was wiederum die EU nicht zubilligen wollte.[249]

Während des Winters 2003/04 häuften sich die Konflikte zwischen Russland und der EU. Ersteres betonte, dass ihm durch die EU-Erweiterung Nachteile erwüchsen, forderte im Januar 2004 einen Ausgleich und drohte an, das Partnerschafts- und Kooperationsabkommen (PKA) mit der EU nicht auf die Neumitglieder zu übertragen. – Warum äußerte Moskau seine Gravamina erst kurz vor Toresschluss? – Aus EU-Sicht hingegen profitierten alle Beteiligten von der Erweiterung. Die EU andererseits wollte die WTO-Beitrittsverhandlungen nutzen, um von Russland verschiedene Zugeständnisse in Fragen zu erhalten, die mit der Welthandelsorganisation eigentlich in keinerlei Verbindung stehen, beispielsweise die Ratifizierung des Kyoto-Protokolls.[250]

---

248 Roland Götz: Licht und Schatten. Die Energiepartnerschaft zwischen Russland und der EU, in: OE Nr. 9-10/2003, S. 1526; Heinz Timmermann: Rußlands Partnerschaftsbeziehungen zur EU. Erwartungen, Chancen und Probleme. Brennpunkt-Beitrag, 27.01.03 in: SWP, Hg.: Dossier Russland-EU, www.old.swp-berlin.org/produkte/bparchiv/russland_eu1.htm (zuletzt geöffnet am 1.12.04); Götz: Rußlands Energiestrategie, S. 26; Meier: Dumawahl.

249 Meier: Dumawahl.

250 Neue Zürcher Zeitung, 6.2.04, in: Alexandrova; Grachok 21, 6.2.04; Pekka Sutela: The Linnen Divorce: Die baltischen Staaten und Russland, in: Alexandrova, S. 273-274,. Zur Frage, ob Russland durch die EU-Erweiterung einen Verlust erleide s. Juri Borko: Erweiterung der EU – Folgen für Russland, russlandonline.ru am 13.02.04:

Die EU-Kommission stellte zu Beginn des Jahres 2004 fest, dass die Zusammenarbeit mit Russland in den vergangenen Jahren immer schwieriger und ineffektiver geworden sei. In einem vertraulichen Papier des Europäischen Rates von Ende Februar diesen Jahres wurde ein ähnlicher Ton angeschlagen. Am 23. Februar drohten die EU-Außenminister Russland „ernste Auswirkungen für die allgemeinen Beziehungen" an, wenn das PKA nicht ohne Vorbedingungen auch auf die EU-Neumitglieder angewandt werde.[251] Der russische Außenminster Iwanov sandte unmittelbar darauf öffentlich versöhnliche Signale aus, um die Stimmung zu entkrampfen und bezeichnete in der „Izvestija" die Beziehungen zwischen beiden Seiten als „recht gut". Beide würden als gleichberechtigte Partner agieren.[252]

Unterhalb dieser höchsten Ebene bekundete die russische Seite aber ihre Unzufriedenheit: Wladimir Iwanov, der Leiter der Informationsabteilung des russischen Außenministeriums sagte am gleichen Tag wie sein Minister, das Hauptproblem der Beziehung Russlands zur EU sei, dass „Brüssel uns wie einen Untergebenen behandeln will".[253]

Die spätwinterlichen Gewitter wirkten reinigend, und Ende April unterzeichneten beide Seiten das Protokoll über die Ausweitung des PKA auf die neuen EU-Mitglieder, wobei Vize-Außenminister Wladimir Tschischow *(Čižov, russ.: Чижов)* wiederum den Großmachtstatus Russlands betonte.[254]

Die Einigung weist folgende Eckpunkte auf:

- Der Transit von und nach Kaliningrad wird billiger und einfacher.

---

www.russlandonline.ru/rupol0010/morenews.php?lang=de&iditem=525 (zuletzt geöffnet am 1.12.2004).

251 Bernd Riegert, DW-Radio, 13.2.04, in: DW 31, 13.2.04; Judy Dempsey/ Andrew Jack, Financial Times Deutschland, 23.2.04; Christian Wernicke, Süddeutsche Zeitung, 24.2.04.

252 Interview des Außenministers der Russischen Föderation I.S. Ivanova gazete „Izvestija" po otnošenijam Rossii s Evropeiskim Sojusom, in: Tägliches Informationsbulletin von MID RF (novostnaja lenta MID), 25.02. - 26.02.2004, www.ln.mid.ru, abrufen unter 392-26-02-2004 (zuletzt geöffnet am 1.12.04).

253 Die Presse am 27.2.04: EU behandelt uns wie Untergebene. Ein Moskauer Diplomat beklagt europäische Fehleinschätzungen von Russland, www.diepresse.at/Artikel.aspx?channel=p&ressort=a&id=407257&archiv=false (zuletzt geöffnet am 01.12.04).

254 Jens P. Dorner: Russland will Rechte einer Großmacht, in: Kölnische Rundschau, 27.4.04, s. www.rundschau-online.de.

- Zölle auf russische Waren, die in Neu-EU-Mitgliedsländer eingeführt werden, sinken durchschnittlich.
- Beide Seiten einigen sich, bei den „vier gemeinsamen Räumen" weitere Fortschritte erzielen zu wollen.
- Brüssel verspricht, allerdings nicht spezifiziert, etwas zur Verbesserung der Lage der russischen Minderheit im Baltikum zu tun.[255] Beim Gipfeltreffen Ende November 2004 vereinbarten beide Seiten die Bildung einer Kommission, die sich mit der Situation der russischen Minderheit in den baltischen Staaten beschäftigen soll.
- Die Gaspreise für russische Industriebetriebe werden angehoben, allerdings weit geringer, als von der EU angestrebt.[256]
- Die EU und Russland einigen sich in Bezug auf den russischen Beitritt zur Welthandelsorganisation und Putin deutet an, dass dies positive Auswirkungen für die Ratifizierung des Kyotoprotokolls durch Russland haben wird, die im Oktober 2004 erfolgte.
- Russland senkt Einfuhrzölle auf einige Industriegüter, z.B. Autos.[257]

Die EU hat allerdings nur wenig Erfolg mit der Forderung, den russischen Markt für EU-Finanzunternehmen zu öffnen.

Das EU-Russland-Gipfeltreffen vom Frühjahr 2004 verlief in einer ausgezeichneten Atmosphäre und Putin zeigte, wie bereits regelmäßig, sein überragendes Interesse an einem Ausbau einer Partnerschaft mit der Europäischen Union. In seiner Rede an die Föderalversammlung vom Mai sagte er, dass die EU-Osterweiterung beide „nicht nur geographisch, sondern auch wirtschaftlichen und geistig" näher zusammenbringen sollte. Javier Solana, der damalige Hohe Vertreter der Gemeinsamen Außen- und Sicherheitspolitik der EU charakterisiert die Entwicklung der Partnerschaft EU-Russland als

---

255 RIA Nowosti, 27.4.04, in: Grachok 56, 28.4.04; Gespräch von Katerina Labeckaja mit dem Vizeaußenminister Vladimir Čižov, in: Vremja novostei Nr. 85, 20.5.04.

256 RIA Nowosti, 24.8.2004, in: Grachok 123, 25.8.04.

257 Zum Thema s.: Natal'ja Ratiani: Romano, bol'šoe tebe spasibo, in: Izvestija, 22.5.04; Natal'ja Melikova: Moskva i Brjussel' zaključili torgovo-ėkologičeski kontrakt, in: NG Nr. 102, 24.5.04; Anastasija Samotorova: Ne dobilis', a dogovorilis', in: Novye izvestija, 24.5.04; Heiko Pleines: Der Moskauer EU-Russland Gipfel. Russland auf dem Weg in die WTO, in: Russlandanalysen, Nr. 28/2004, S. 2-3.

„die wichtigste, drängendste und herausforderndste Aufgabe der EU zu Beginn des 21. Jahrhunderts“.[258]

Die Zusammenarbeit zwischen beiden Seiten entwickelt sich, aber langsamer, als die Konvergenz beider Seiten beispielsweise im Bereich der internationalen Beziehungen erwarten ließe, ja, dies lässt sich auf die vier gemeinsamen Räume verallgemeinern.[259]

Warum? – Die EU ist mit sich selbst beschäftigt, für die meisten Alt-EU-Mitglieder spielt der Handel mit Russland nur eine marginale Rolle, anders als für Deutschland, Österreich, Finnland und einige wenige andere.

Zudem sind viele der neuen EU-Mitglieder stark antirussisch eingestellt, und es steht zu befürchten, dass dies Auswirkungen auf die EU Politik haben wird. Günther Verheugen kündigte im Januar 2004 in Warschau an, dass Polen „einen bedeutenden Einfluss darauf haben“ muss, wie die EU ihre Beziehungen zu Russland gestaltet.[260]

---

[258] Heinz Timmermann: Von Visionen zu Aktionen. Die Zukunft der europäisch-russischen Zusammenarbeit, in: Policy Paper 22, Stiftung Entwicklung und Frieden. – Bonn: 2004, S. 2, (künftig: Timmermann: Visionen).

[259] Eckart D. Stratenschulte: Ade Ambiguität! Die neue Nachbarschaftspolitik der EU, in: OE Nr. 7/2004, S. 73-74.

[260] Günther Verheugen, Gazeta Wyborcza, 28.1.04, in: OE Nr. 5-6/2004, Katarzyna Stoklosa: Laboratorien der Einigung. Grenzregionen am EU-East-End, S. 496.

VIII. Russland und Deutschland

Die deutsche Außenpolitik ist eingebettet in die euro-atlantischen Strukturen, und diplomatische Vertreter der EU-Länder kommen in Moskau wöchentlich zusammen, um ihr Vorgehen abzustimmen. Dies bedeutet, dass die zweiseitigen russisch-deutschen Beziehungen in einigen Fragen an Bedeutung verlieren. In einigen Aspekten gewinnen sie durch die Einbindung Berlins jedoch an Gewicht, denn Deutschland fungiert wiederholt als Anwalt Russlands im Westen. So betonten russische Stellen beispielsweise, dass Deutschland Russland sehr hilfreich gewesen sei, Ende 2003 ein besseres „Investment Ranking" zu erhalten. Die Beziehungen zu Deutschland besitzen insofern eine größere Bedeutung für Russland, als es bei rein zweiseitigen Beziehungen der Fall wäre.[261] Da eine Union von Staaten wie die EU zudem ihre Kräfte auch in Zukunft nicht in gleicher Weise und Geschwindigkeit bündeln können wird, wie es einzelnen Staaten möglich ist, werden zweiseitige Kontakte und Initiativen auf Dauer von großer Bedeutung bleiben.

Die gegenüber Deutschland in Russland gehegten Gefühle sind in aller Regel positiver als gegenüber jedem anderen Land. Bei einer Befragung im Januar 2004, an der 32.500 Menschen teilnahmen, rangierte Deutschland deutlich vor allen anderen Ländern – mit Frankreich, Japan und Italien auf den folgenden Plätzen. Ähnlich war das Ergebnis im Herbst 2004. Aber auch mit Deutschland werden aus den bereits genannten Gründen weniger positive und mehr negative Gefühle verbunden als noch vor einigen Jahren.[262]

Die Breite und Tiefe der russisch-deutschen Beziehungen können als beispiellos bezeichnet werden:

- Russland und die Russen pflegen mit keinem anderen Land (möglicherweise mit Ausnahme der Ukraine) derart umfangreiche, breite und tiefe Kontakte wie mit Deutschland und den Deutschen:

---

261 Andrei Zagorski: Is the Outcome Worth the Effort? Reflections on the Russo-German Top Down Dialogue, Newsletter - Issue 12, German Foreign Policy in Dialogue, The German - Russian Relations: Trading Democracy for Security and Stability?

262 MDZ, 20.1.04; Deutschland und Europa, S. 7; s. auch Russisches, S. 347 u. Elitenstudie, S. 22; Interfax am 10.10.04, in: DW 196, 11.10.04.

- Deutschland ist der größte Handelspartner, Gläubiger und Auslandsinvestor. Letzteres dürfte von besonderem Gewicht sein, weil sich die deutschen Investitionen auf eine Vielzahl Projekte insbesondere im produzierenden Bereich verteilen und somit, anders als entsprechende US-amerikanische oder britische, die sich auf wenige große Vorhaben im Rohstoffbereich konzentrieren, eine besonders große Breitenwirkung entfalten.[263]

- Jeder Dritte, der weltweit Deutsch als Fremdsprache lernt, lebt in Russland.

- Deutsche stellen die mit Abstand größte Touristengruppe in Russland.[264]

- Die Millionen Deutschstämmigen, die in Russland leben bzw. aus dem russischsprachigen Raum nach Deutschland übergesiedelt sind, verstärken die bereits dichten Kontakte zwischen beiden Ländern und Völkern wesentlich.

- Das Leiden und die Leistungen der Menschen der Sowjetunion während des Zweiten Weltkrieges sind unvergessen. Dies wird sich auch nach dem Tod der letzten Zeitzeugen noch auf Jahrzehnte kaum ändern. Daraus erwachsende antideutsche Ressentiments sind aber außerordentlich selten.

- Millionen Russen waren in den fünfzig Jahren nach Ende des Zweiten Weltkrieges als Soldaten in Ostdeutschland stationiert. Dies verstärkt, trotz der meist unerfreulichen Umstände des Militärdienstes, ein Bild von Deutschland, das positives ist als in fast allen anderen europäischen Ländern.

- Der „Petersburger Dialog“ zeigt zwar nicht gänzlich befriedigende, aber doch merklich positive Auswirkungen auch auf die Zivilgesellschaft Russlands.

Die emotionale und ökonomische Bedeutung Deutschlands ist für Russland größer als umgekehrt, andererseits kann man sagen, dass die Deutschen von allen größeren Völkern der EU das größte Interesse an Russland, seiner Kultur und seinen Menschen zeigen. In Deutschland gibt es beispielsweise ebenso viele Russischlernende an den Schulen wie im gesamten übrigen Gebiet der (Alt-) EU.

---

263 RIA Nowosti am 9.12.03, in: Grachok 200, 9.12.03; Tagesspiegel, 6.7.04.

264 Olga Sobolewskaja, RIA Nowosti, 14.4.04, in: Grachok 51, 15.04.04.

Neben den vielseitigen gesellschaftlichen und wirtschaftlichen Kontakten bildet das ausgezeichnete Verhältnis der führenden Politiker beider Länder eine wichtige Basis für die Zusammenarbeit.[265] Im Jahre 2003 trafen Bundeskanzler Schröder und Präsident Putin sieben Mal zusammen. Russland und Deutschland vereinbarten 2003 beispielsweise:

- Visaerleichterungen für bestimmte Personengruppen, die zur Zufriedenheit anlaufen (Frankreich und Italien schlossen ebensolche Abkommen mit Russland im Jahre 2004).

- Den Transfer von Soldaten und Ausrüstung der Bundeswehr durch russisches Territorium nach Afghanistan. Dieses Abkommen, das reibungslos umgesetzt wird, wurde von deutscher Seite als außerordentlicher Vertrauensbeweis gewertet.

- Im Dezember 2003 wurde eine Arbeitsgruppe eingerichtet, um Sicherheitsfragen zu diskutieren – noch im Jahre 2002 war es überwiegende Ansicht gewesen, dass zwischen europäischen Ländern und Russland kein Sicherheitsdialog geführt werden könne, weil dies bereits Russland und die USA unternähmen. Die Europäer und Deutschen waren davor zurückgeschreckt, eine eigenständige Position in Sicherheitsfragen zu beziehen.[266]

- Die Zusammenarbeit beider Seiten bei der Sicherung und Entsorgung radioaktiven Materials aus dem Arsenal der Roten Armee ist auf russischer Seite von weit größerer Offenheit und Zuverlässigkeit geprägt als noch vor einigen Jahren. (Während der 1990er Jahre wurden umfangreiche Summen, die für ähnliche Zwecke von deutscher Seite bereitgestellt worden waren, veruntreut.[267] – Dies ist ein bezeichnendes Indiz für den Zustand der staatlichen Organe unter Jelzin.)

- Die Einrichtung eines deutschen Generalkonsulats in Kaliningrad. Die deutsche Seite ging in dieser Frage sehr behutsam vor und brachte zunächst lediglich den Vorschlag ein, dass „ein deutscher Schreibtisch" im Gebäude des schwedischen Generalkonsulats eingerichtet wird, um eventuellen „Re-

---

265 Putin war beispielsweise der einzige ausländische Gast bei der Feier zum 60. Geburtstag des Kanzlers: Juri Filippow, RIA Nowosti, 22.4.04, in: Grachok 53, 23.4.04.

266 RIA Nowosti am 7.12.03, in: Grachok 200, 9.12.03; RIA Nowosti am 11.12.03, in: Grachok 202, 11.12.03; RIA Nowosti am 9.6.04, in: Grachok 75, 10.6.04; GUS-Barometer 29.

267 Rolf Wenkel, DW-RADIO, 13.7.04, in: DW 132, 13.7.04.

vanchismusverdächtigungen“ vorzubeugen. Russland schlug daraufhin von sich aus vor, dass Deutschland ein „richtiges Generalkonsulat“ einrichten solle, dessen Einrichtung aber auf Schwierigkeiten stieß, für die möglicherweise die Gebietsverwaltung von Kaliningrad die Hauptverantwortung trägt.

Seit Herbst 2003 ist es um die russisch-deutsche Kooperation in weltpolitischen Fragen stiller geworden, die in den Monaten der Irakkrise einigen Einfluss auf die internationalen Beziehungen ausübte. Beide Seiten schließen eine erneute engere Kooperation aber nicht grundsätzlich aus, falls die Verhältnisse dies erfordern sollten. So unternahm ein führender Mitarbeiter des Auswärtigen Amtes Mitte Februar 2004 den ungewöhnlichen Schritt, in der Öffentlichkeit zu betonen, dass die kontinentaleuropäische Troika des Jahres 2003 „kein Kind der politischen Konjunktur“ sei, sondern die Nähe der strategischen Position der beteiligten Länder widerspiegele, und dass es jetzt darauf ankomme, diese Partnerschaft im Alltag zu verankern.[268]

Zur selben Zeit, Mitte Februar 2004, hielt sich Bundesaußenminister Fischer, der gewöhnlich wenig Interesse an Russland zeigt, in Moskau auf. In der Pressekonferenz, die er gemeinsam mit seinem russischen Kollegen abhielt, wurde ungewöhnlich deutlich über voneinander abweichende Einschätzungen der russischen Innenpolitik gesprochen. Fischer bemängelte den Krieg in Tschetschenien, die russische Medienpolitik und „beunruhigende Tendenzen in Sachen Demokratie“. „Es gibt unterschiedliche Beurteilungen der Lage in Tschetschenien, bei den Massenmedien und hinsichtlich des Status’ der russischsprachigen Minderheiten in Lettland und Estland“, räumte auch Iwanov ein. Der einflussreiche Bundestagsabgeordnete GERNOT ERLER sagte bereits im Februar 2004,

> „dass sich in Russland eine Systemveränderung vollzieht, die es nicht mehr gerechtfertigt erscheinen lasse, von einem parlamentarischen System zu sprechen. (...) Er sei sich sicher, dass diese atmosphärische Veränderung auch bald die offiziellen Beziehungen erreichen werde. ‚Wenn Russland so weitermacht, wird es in einer weltpolitischen Sackgasse landen‘, sagte er.“[269]

---

268 RIA Nowosti, 8.10.03, in: Grachok 159, 9.1.03; Wladimir Ostrogorski: Diplomatische Dimensionen. Vortrag des Botschafters Norbert Baars über die deutsch-russischen Beziehungen in Berlin, in: MDZ, 13.2.04.

269 Klaus-Helge Donath: Eine Kaltfront zwischen Berlin und Moskau, in: taz, 14.2.04, S. 9.

Bei dem Besuch von Bundeskanzler Schröder in Moskau am 2. April 2004 wurde nach wie vor die hervorragende Qualität der russisch-deutschen Beziehungen betont, und Schröder war der erste führende ausländische Gast Putins nach dessen Wahlsieg bei den Präsidentschaftswahlen. Probleme im russisch-deutschen/europäischen Verhältnis wurden von beiden Politikern darauf zurückgeführt, dass die Bürokratien hin und wieder Unvollkommenheiten bei der Umsetzung der Vereinbarungen zeigten, im Grundsatz seien die deutsch-russischen Beziehungen jedoch so gut wie noch nie in den vergangenen 100 Jahren. Objektiv gesehen gibt es viele Anzeichen dafür, dass man die zweiseitigen Beziehungen tatsächlich ähnlich wie die beiden Staatsmänner charakterisieren könnte. Auf der hohen politischen und auch der Umsetzungsebene lässt sich auch im Jahre 2004 keine Verhärtung der russischen Haltung feststellen wie beispielsweise die Pläne zur Intensivierung des Jugendaustausches und wichtige Ergebnisse und Signale des deutsch-russischen Wirtschaftsgipfels vom Juli in Moskau belegen, der auch Ruhrgas und Gasprom wieder näher zusammenbrachte. Beide sprachen im November 2004 gar von „sehr zufriedenstellenden" zweiseitigen Verhandlungen.[270]

Die *Stimmung* der Öffentlichkeit, der Medien, bei den meisten Vertreter der Zivilgesellschaften und bei Politiker aus der zweiten Reihe hat sich jedoch verändert. Die russisch-deutschen Beziehungen bleiben auf offizieller Seite weiter ausgezeichnet, aber das wechselseitige Unverständnis und die Gereiztheit der Gesellschaften über die Haltung der jeweils anderen Seite wächst. Im August 2004 fand beispielsweise im Berliner Hauptsitz der Konrad-Adenauer-Stiftung ein hochrangig besetztes Symposium mit Politikern und Experten aus Deutschland und Russland statt. Die Diskussion war lebhaft und teils von Missstimmungen geprägt, „vor allem, wenn es um die Frage ging, wie der Dialog zwischen Russland und Deutschland gestaltet werden solle: (...) <wie> zwischen einem strengen Lehrer und einem unterbemittelten Schüler, oder aber auf gleicher Augenhöhe." Wolfgang Schäuble warnte eindringlich davor, Russland von oben herab zu behandeln, hatte jedoch keinen

270 dpa, Berlin, 06.06.2004, in: Grachok 72, 7.6.04; Presse- und Informationsamt der Bundesregierung, Pressemitteilung 08.07.04, www.bundesregierung.de; Ewald B. Schulte: Eon investiert Milliarden in Russland. Düsseldorfer Konzern steigt in die Erdgasförderung ein, in: Berliner Zeitung, 8.7.04, S. 9; Dow Jones-VWD, 3.11.04, in: Grachok, 45. Woche, 8.11.04.

Erfolg. Als die russische Seite zunehmend gereizt reagierte und der Leiter der russischen Delegation mit der Frage konterte, was den Gastgebern erlaube, ihre Gäste zu verhören , „waren die deutschen Gastgeber (...) vom Gefühlsausbruch (...) sichtlich betroffen"...[271]

Während des „Petersburger Dialogs" vom September 2004 in Hamburg wiederholten sich ähnliche Szenen. Die Atmosphäre war von Vorwürfen, Rechtfertigungen, Gereiztheit und Beschwichtigungen geprägt. Viele russische Teilnehmer waren wütend auf den Westen, dessen teils wohlmeinend besorgte, teils von Herablassung und Unkenntnis zeugende Fragen zur russischen Politik als Angriff gedeutet wurden.[272]

Die russische Seite stellt wiederholt erbittert fest, dass die deutsche Öffentlichkeit und Presse ein noch negativeres Bild von den Entwicklungen in Russland verbreite als diejenige anderer Länder. Dieser Eindruck trifft wahrscheinlich zu: In Deutschland herrscht seit Jahren eine missmutige, wenn nicht depressive Stimmung. Man konzentriert sich *nicht nur* bei der Darstellung der *heimischen* Zustände auf Dunkelgrau- und Schwarztöne.

Um so provokativer und erfrischender wirkt die standhafte Haltung des Bundeskanzlers an der Seite Putins. Er setzt zur Gesinnungsethik, die in Deutschland vorherrscht, einen kräftigen Kontrapunkt. Russland hat unter allen G8-Ländern mit Deutschland die meisten gemeinsamen Interessen, und Deutschland hat – stärker als jedes andere Land – die Aufgabe und die Chance mit Russland zusammen zu arbeiten und als Mittler russischer Kooperation mit euro-atlantischen Organisationen zu wirken, um es einzubinden und seine verschiedenen Sorgen bzw. die Angst vor der Isolation zu mindern. Somit könnte Deutschland die Wahrscheinlichkeit deutlich steigern, dass sich das größte Volk des Kontinents in einem „europäischen Haus" wohl fühlt – ebenso wie die anderen Miteigentümer.

---

271 Wladimir Ostrogorski: Tennis statt Erdöl. Deutsch-russischer Zwist bei der Konrad-Adenauer-Stiftung, in: MDZ, 12.8.04.

272 Cornelia Rabitz, DW-Radio, 10.9.04, in: DW 175, 10.9.04.

IX. Ausblick auf die künftige russische Außenpolitik

Präsident Putin hat seit seinem Amtsantritt bei außenpolitischen Fragen eine unerwartete Führungsstärke und Handlungsautonomie bewiesen, während seine Abhängigkeiten in der Innenpolitik erheblich größer sind. Er hat sich gegen erhebliche Widerstände durchgesetzt, die Zeit des grollenden, beleidigten und perspektivlosen Abseitsstehens seines Landes beendet und Jahre der Zusammenarbeit eingeleitet, um das Land zu einem akzeptierten und geschätzten Partner des Westens zu machen. Zugleich wurden und werden russische Interessen deutlich benannt und verteidigt. Russland wird auf Dauer ein machtbewusster und mitunter schwieriger Partner bleiben, aber ein solches Verhalten lässt sich mitunter ja auch innerhalb der EU feststellen.

Der kooperative und rationale außenpolitische Kurs des Präsidenten hat in den Eliten nach und nach mehr Anhänger gewonnen, die Anzahl der Kritiker ist seit 2003 aber angewachsen. Die gegenwärtige Phase der Identitätsfindung der russischen Nation erfordert eine stärkere Abgrenzung gegenüber der Außenwelt, als sie bei gefestigteren Gesellschaften sinnvoll und notwendig ist. Die unsichere Nation neigt dazu, sich benachteiligt oder übervorteilt zu sehen. Dieser schwierige aber doch notwendige Zeitabschnitt gewinnt dadurch an Schärfe, dass in Russland Ängste über die Sicherheit der territorialen Integrität herrschen. Dies betrifft zum einen die Zukunft der Grenze zu China und zum anderen diejenige im Nordkaukasus.

Die russische Nation sieht sich tendenziell auch mit mangelndem Respekt behandelt. Hierfür gibt es eine bezeichnende Episode aus den Tagen unmittelbar nach Beslan, Anfang September 2004. Der niederländische Außenminister Bot hatte, als seinerzeitiger Vorsitzender des EU-Ministerrates, erklärt: „Alle Länder der Welt müssen zusammenarbeiten, um Tragödien wie diese zu verhindern. Aber wir würden von den russischen Behörden auch gerne erfahren, wie diese Tragödie geschehen konnte." Die Äußerung war erstaunlich taktlos und beinhaltete u.a. die implizite Aufforderung an Russland, sich vor den Niederlanden/ der EU zu rechtfertigen. Der Kreml reagierte dementsprechend gereizt, die Erklärung wurde von der Internetseite der niederländischen EU-Präsidentschaft genommen und durch die Formulierung BOTS ersetzt:

> „Um besser verstehen zu können, was sich in der Schule abgespielt hat, würden wir gerne von den russischen Behörden mehr Einzelheiten erfahren, so dass wir im Kampf gegen den Terrorismus in jeder Form überall in der Welt einander helfen können."[273]

Russland glaubt sich nicht nur zu wenig geachtet und reagiert darum oft schroffer, als es bei gefestigteren Nationen der Fall wäre. Es sieht sich zudem strategisch, kulturell und demographisch in der Defensive. Um diese unbefriedigenden und beängstigenden Phänomene zu erklären, wird seit einigen Jahren in Russland zunehmend von westlichen Vorurteilen gegenüber Russland oder gar grundsätzlich feindlichen Absichten des Westens, vor allem der USA gesprochen, die die Konsolidierung und Entwicklung des Landes behindern würden. Der Präsident selbst erklärte in einer Fernsehansprache nach Beslan, dass ausländische Mächte Mitverantwortung für die Gräuel trügen und er vermied jede Erwähnung einer internationalen Kooperation, um den Terror zu bekämpfen. Im Ersten Staatlichen Fernsehprogramm gab es gar vielbeachtete Stimmen, dass die Vereinigten Staaten ein Interesse daran hätten, Russland zu „liquidieren".[274] Vertreter letzterer Ansichten bleiben aber Außenseiter und es ist sicher, dass sie unter *diesem* Präsidenten keinen bestimmenden Einfluss auf die Politik Russlands ausüben werden.[275]

IX.1 Der Westen

Politische Entwicklungen lassen sich nicht mit Sicherheit voraussagen, sodass die folgenden Ausführungen lediglich den Anspruch erheben, begründete Hypothesen zu sein. – Deutschland muss damit rechnen, dass sich Mißtrauen und das Gefühl gekränkten Patriotismus hin und wieder in einer Weise Bahn bricht, die unangebracht oder gar provokativ erscheint, ob in Bezug auf das Baltikum, die „Beutekunst" oder andere kontroverse Themen.

---

273 Verstimmung in Russland, in: Süddeutsche Zeitung am 5.9.04, www.sueddeutsche.de/ausland/artikel/616/38578 (zuletzt geöffnet am 1.12.04).

274 S. z.B. FBIS Media Analysis, in: CDI, 325, 8.10.04; Ėcho Moskvy, 29.9.2004, DW 190, 1.10.04; Natalija Melikova/ Alexandra Samarina: Medovyi mesjac Putina i „semerki" prošel, in: NG Nr. 205, 23.9.04.

275 FBIS Media Analysis am 1.10.04, in: CDI 325, 8.10.04.

Bei einer anderen Führung des Landes oder einem stärkeren Parlament träfe dies noch verstärkt zu. Unfreundliche Akte blieben letztlich aber auf die Rhetorik beschränkt (was für die beiderseitigen Beziehungen jedoch auch abträglich wäre), und zwar aus folgenden Gründen:

- Russland lebt weiterhin von der in Sowjetzeiten erarbeiteten Substanz, ob in Bezug auf das militärische Potenzial, die Infrastruktur oder Einflussfaktoren in GUS-Ländern. Die Nachbarn und der Westen hegen zudem weiterhin einen latenten Verdacht gegen das Land. Einer möglichen antiwestlichen Politik fehlte aufgrund mangelnder „Hard-" und „Soft-Power" somit das tragfähige Fundament.
- Russland bleibt auf eine enge wirtschaftliche und technologische Kooperation mit den entwickeltsten Ländern angewiesen. Die Gefahr, auf den Status eines Entwicklungslandes zurück zu fallen ist noch lange nicht gebannt.
- Nicht der Westen gilt letztlich als Gefahr, sondern der islamische Fundamentalismus und die potenzielle Bedrohung durch China.
- Die russischen Eliten und die Bevölkerung wünschen zudem im Grunde keine antiwestliche oder gar antieuropäische Politik. Die Anzeichen der Abgrenzung und des Misstrauens besitzen andere Ursachen. Sie sind zum einen in der Notwendigkeit der Identitätsfindung begründet, zum anderen Ausdruck nicht erwiderter Zuneigung, auf die mit Trotz reagiert wird. Dieser könnte sich so weit verhärten, dass man es bevorzugt gefürchtet zu werden, wenn schon keine Möglichkeit besteht, Achtung und Sympathie zu erringen.

Die Prognose, dass Russland auch unter einer anderen Führung keine antiwestliche Politik betriebe, stützt sich somit auf reale Faktoren: Die mangelnde „Soft-" und „Hard-Power" des Landes, die ökonomisch bedingte Notwendigkeit der Kooperation mit dem Westen und dem Faktum, dass dieser die Integrität des Landes nicht bedroht, sondern eher als Verbündeter gegen die wirklichen oder vermeintlichen Gefahren gelten kann. Die Psychologie aber bleibt ein Unsicherheitsfaktor. Es bleibt ein starkes irrationales Moment, sodass sich Russland in Zukunft wieder einmal in einer Sackgasse wiederfinden könnte und zwar wegen des verletzten Stolzes und Trotzes auf der russischen bzw. einer allzu kritischen Beurteilung der innenpolitischen Entwicklung Russlands sowie einer deutlichen Überschätzung der russischen Bereitschaft und Fähigkeit zu imperialer Politik auf westlicher Seite, die zu einer unangemessenen und die Situation verhärtenden „Containmentpolitik“ führen könnten.

Das Verhältnis zum Westen ist für die Erfolgsaussichten der russischen Politik in der GUS ebenso wichtig, wie das Ausmaß der Kooperationsbereitschaft postsowjetischer Staaten. Die Beziehungen Russlands zu führenden westlichen Ländern werden auch dadurch bestimmt, ob diese den Kreml als Verbündeten betrachten, ob sie in Russland einen der ihren oder einen Fremden sehen, ob man derselben Zivilisation angehört und Werte teilt oder nicht. Dies hat großen Einfluss darauf, inwieweit der Westen russischen Einfluss im GUS-Raum als legitim anzuerkennen bereit ist oder ihm Widerstand entgegensetzt, den der Kreml zu überwinden nicht in der Lage ist.

Russland kommt nicht darum herum, eine kooperative Politik mit dem Westen anzustreben und auszubauen. Es gibt auch keinen hinreichenden Anlass für die Befürchtung, dass dies nicht dem Willen der Eliten und der Bevölkerung entspräche. Russland wendet zudem viel Energie auf, um sowohl mit den USA, als auch mit Deutschland und der EU ein konstruktives und zukunftsgerichtetes Verhältnis zu pflegen. Es braucht zur Modernisierung des Landes den gesamten Westen. Der Kreml will keinen Keil in ihn hineintreiben, eine Spaltung widerspräche russischen Interessen. Dies würde die internationale Handlungsfähigkeit des Westens, aber auch Russlands beeinträchtigen, was in Anbetracht der islamistischen und potenziell chinesischen Gefahr nicht in russischem Interesse liegt. Russland will sich außerdem aus Sorge vor negativen Folgen in Streitfällen nicht zwischen verschiedenen westlichen Lagern entscheiden müssen. Dieser Balanceakt ist in den vergangenen Jahren recht gut gelungen und es ist sehr wahrscheinliich, dass ihn der Kreml auch in den kommenden Jahren unternehmen wird.

Zu den alten Urteilen und Vorurteilen, die zwischen Russland und dem Westen stehen, sind seit 2003 aber weitere atmosphärische Störungen getreten. Es ist unwahrscheinlich, dass diese zu einem „kalten Frieden“ führen. Vor allem dem Präsidenten, aber auch der großen Mehrheit der russischen Eliten und der Bevölkerung ist bewusst, dass Russland durch eine tiefgreifende Entfremdung mit dem Westen in eine gefährliche und kostspielige Sackgasse geriete. Die Gefahr ist aber recht hoch, dass das Ausmaß der Kooperation in den kommenden Jahren nicht den Umfang annimmt, der grundsätzlich wünschenswert und möglich wäre. Hierfür trügen nicht die real vorhandenen, die „objektiven“ Interessengegensätze, sondern die von Vorurteilen geprägte „subjektive“ Wahrnehmung der jeweils anderen Seite in Russland und dem Westen die Verantwortung.

IX.2 Asien

Die Zusammenarbeit mit Deutschland, Europa und dem Westen wird auch in Zukunft außenpolitische Priorität genießen (zur GUS s.u.). Die Kontakte mit China und anderen asiatischen Ländern werden aber an Bedeutung gewinnen. Der russisch-chinesische Handel weist geradezu explosionsartige Zuwachsraten auf, und man kann erwarten, dass der Austausch in wenigen Jahren ebenso umfangreich sein wird – wenn auch nicht so bedeutsam, – wie derjenige mit Deutschland.[276]

Außerdem werden sich die Rohstoffhandelsströme Russlands zunehmend verschieben. Die Lagerstätten im europäischen bzw. europanahen Teil des Landes erschöpfen sich zusehends, die ostsibirischen aber werden erschlossen. Trotz der ungelöste Kurilenfrage wird die ökonomische Zusammenarbeit mit Japan und auch Südkorea darum stark an Bedeutung gewinnen und über die pazifischen Häfen Russlands wird der Rohstoffexport in die USA in einigen Jahren vermutlich einen beträchtlichen Umfang annehmen.

Die europäische Ausrichtung des Landes wird dies jedoch aus folgenden Gründen nicht beeinträchtigen:

- Der Bevölkerungsschwerpunkt Russlands hat sich seit dem Ende der Sowjetunion deutlich in westliche Richtung verlagert. Damit verbundene Probleme für die Entwicklung Sibiriens sind erkannt und werden diskutiert, eine Lösung zeichnet sich jedoch nicht ab. Russland wendet seit einigen Jahren im Gegenteil Mittel dafür auf, um Menschen aus den unwirtlichen Gebieten des Nordens und Ostens die Möglichkeit zu eröffnen, in ein geographisch und klimatisch verträglicheres Umfeld abzuwandern, wofür sowohl humanitäre, als auch volkswirtschaftliche Gründe sprechen. Seit den 1990er Jahren lebt ein noch höherer Prozentsatz der russischen Bevölkerung in Europa, als dies bereits zuvor der Fall war, und dieser Anteil wird sich auch in Zukunft nicht vermindern. Dies hat selbstverständlich mannig-

---

276 Interfax am 14.9.04, in: DW 185, 14.9.04.

faltige Auswirkungen auf die Wirtschaft, die Kommunikationsströme und auf die Außenpolitik Russlands.

- Der Grad kultureller Fremdheit zwischen dem russischen und ostasiatischen Völkern ist deutlich höher als zwischen Ersterem und etwa den Deutschen.
- Das Studium asiatischer Sprachen hat in den vergangenen 15 Jahren an Bedeutung gewonnen, Englisch und auch Deutsch bleiben jedoch die vorherrschenden Fremdsprachen, mit offensichtlichen und vielfältigen Auswirkungen.
- Unter Präsident Jelzin wurde das Konzept der „multipolaren Welt" verbal aggressiv und mit deutlich antiamerikanischem Unterton vertreten. Diese Politik war bei weitem nicht stringent, sondern diente (neben innenpolitischen Zwecken) letztlich dazu, den Westen durch vereinzeltes Brüllen des Bären zu größerer Kooperationsbereitschaft zu veranlassen. Es handelte sich um eine phonstarke Mischung, die nach Zuneigung schrie und von Trotz kündete. Erschrockene Reaktionen im Westen waren nicht verwunderlich. Unter Putin werden die Beziehungen mit China weiter gepflegt, der Anschein einer antiwestlichen Tendenz wird jedoch tunlichst vermieden, man spricht im Kreml sogar nicht einmal mehr von einer „strategischen Partnerschaft" und brüskiert Peking in Energiefragen, während die USA geradezu hofiert werden.
- Deutschland und Europa gelten, trotz aller einsetzenden Konkurrenz um Einfluss in GUS-Ländern, nicht als Gefahr für Russland. China wird jedoch als eine solche betrachtet. Und selbst wenn diese übertriebenen Sorgen an Gewicht verlieren sollten: China ist bereits heutzutage in vielen Bereichen stärker als Russland und wird wahrscheinlich auch in Zukunft stärker wachsen als dieses. Da Russland kein Interesse daran haben kann, Juniorpartner Chinas zu werden, wird es sich Europa zuwenden, in dem es dauerhaft eine führende Rolle zu spielen vermag. Deutschland und Europa, anders als vielleicht die USA, haben jedoch kein Interesse an einem gespannten russisch-chinesischen Verhältnis und werden auf absehbare Zukunft keinesfalls bereit sein, „Europa am Amur" zu verteidigen. Das bedeutet: Falls sich die russisch-chinesischen Beziehungen tiefgreifend verschlechtern sollten, was für die kommenden Jahre nicht zu erwarten ist und auch in Zukunft glücklicherweise als unwahrscheinlich gelten muss, würde

sich Russland an Washington anlehnen und sich um einen NATO-Beitritt bemühen. Die USA signalisieren bereits, dass sie einem Aufnahmeersuchen Russlands positiv gegenüberständen.[277]

Präsident Putin setzt sich mit großem Nachdruck für eine Intensivierung der Beziehungen zu Deutschland und zur Europäischen Union ein. Auf der Umsetzungsebene treten in Moskau, aber auch andernorts, retardierende Elemente auf, aber es steht zu erwarten, dass die zweiseitigen Beziehungen die deklaratorische Ebene noch weiter verlassen, als dies in den vergangenen Jahren bereits der Fall war, und das Wort von der „Strategischen Partnerschaft“ noch stärker mit konkretem Inhalt gefüllt wird.

Die russische GUS- und Europapolitik sind hierbei eng verbunden, wie im folgenden Abschnitt deutlich wird.

IX.3 Gemeinschaft Unabhängiger Staaten

Russlands Außenpolitik steht vor einem Dilemma: Soll es eine strategische Partnerschaft mit europäischen Ländern und der EU anstreben oder versuchen den Einfluss im postsowjetischen Raum auszubauen? „Es gibt keine offizielle Stellungnahme, wie diese beide Bereiche miteinander kombiniert werden könnten, sie müssen jedoch kombiniert werden“, wie einer der bekanntesten russischen Politikberater konstatiert.[278]

Wo liegt das Dilemma, und warum müssen sie kombiniert werden? Russland wünscht und benötigt zur Modernisierung des Landes ein freundschaftliches und enges Verhältnis mit dem Westen. Dies legt eine strategische Partnerschaft mit Deutschland, anderen europäischen Ländern und der EU nahe. Letztere hat jedoch sehr deutlich gemacht, dass zwar Kompromisse möglich sind, Brüssel fordert jedoch, dass sich Russland grundsätzlich nach den Regeln richtet, die von der EU aufgestellt wurden. Es ist für Moskau aber nicht akzeptabel, wie die kleineren und kleinen Staaten Ostmitteleuropas oder des Balkans behandelt zu werden, noch dazu, ohne eine Beitrittsperspektive zu besitzen oder diese (mittelfristig) anzustreben. Um größeres Eigengewicht in

---

277 S. das Interview des US-Botschafters in Russland, Alexander Versbow, in: Interfax, 4.11.04, in: CDI 329, 5.11.04.

278 Yuri Borko: Rethinking Russia-EU Relations, in: Russia in global affairs Nr. 3, Juli/ September 2004.

den Verhandlungen mit der EU zu erlangen liegt es für den Kreml darum nahe, die Zusammenarbeit im postsowjetischen Raum wesentlich zu verstärken. – Andere Motive treten selbstverständlich hinzu. – Eine mögliche Westdrift beispielsweise der Ukraine widerspricht nicht russischen Interessen, aber Russland wünscht, dass sich dieses Land in einen östlichen Geleitzug einfügt und sich gemeinsam mit Russland bewegt.

Falls es einen funktionierenden eurasischen Verband unter der Führung Russlands gäbe wären die Chancen größer, mit Brüssel auf gleicher Augenhöhe verhandeln zu können. Versuche, diese herzustellen, schaffen und verstärken jedoch das Misstrauen auf europäischer Seite, ebenso wie die Konkurrenzsituation um Einfluss in Weißrussland, Ukraine, Moldau und den Ländern des Südkaukasus. Dies behindert zum einen die strategische Partnerschaft mit Europa, und zum anderen ist Russland nicht in der Lage, eine erfolgversprechende Politik im GUS-Raum *gegen* den Westen betreiben zu können.

Der Kreml unternimmt offensichtlich den Versuch, sowohl die Beziehungen zu europäischen Ländern, zur EU, den USA und der NATO zu intensivieren, als auch einen Integrationsraum zu bilden, der von ihm selbst dominiert wird. Es ist nicht ausgemacht, ob der „Gemeinsame Wirtschaftsraum" mit der Ukraine, Kasachstan und Weißrussland wirklich Gestalt annimmt und der „Vertrag für kollektive Sicherheit", der mit mehreren GUS-Staaten abgeschlossen wurde, tatsächlich dauerhaft funktionieren wird. Die russische Diplomatie entfaltete in den Jahren 2003 und 2004 aber eine beträchtliche Aktivität, um diese Ziele zu erreichen und die russischen Erfolgsaussichten sind deutlich größer als in den Jahren, als sich Russland unter Jelzin auf abschüssiger Bahn befand oder in den ersten Jahren Putins, als es zunächst darum gehen musste, Russland im Inneren zu konsolidieren.

Zur Zeit weist sowohl die russische Europa- als auch GUS-Politik eine hohe Dynamik auf, die Integrationsbemühungen befinden sich aber auf beiden Gebieten in einem frühen Stadium. Folgende Szenarien sind möglich:

- Russland strebt weiterhin beide Ziele an, erreicht aber weder das eine noch das andere. Weil die EU auf die Integrationsbemühungen des Kreml im GUS-Raum mit zunehmendem Misstrauen und Widerstand reagiert, um (vermeintliche) imperiale Bestrebungen Russlands zu konterkarieren. Das seit einigen Jahren wachsende Engagement der EU in Moldau, der Ukraine und dem Südkaukasusraum könnte sich in diesem Fall so weit verdichten, dass diese Länder deutlich auf die EU-Seite gezogen werden.

- Der „Gemeinsame Wirtschaftsraum" nimmt tatsächlich Gestalt an und wegen seines Gewichts wird Russland natürlich die Führungsrolle zufallen. Wegen der schwachen Staatsgewalten in allen beteiligten Staaten und ihrem Bedürfnis eigene Identität zu definieren, muss es aber als sehr unwahrscheinlich gelten, dass er eine Integrationstiefe und somit Stärke bzw. Verhandlungsmacht erreicht, der diese „Eurasische EU" auch nur entfernt mit der Europäischen Union vergleichbar macht.
- Der „Gemeinsame Wirtschaftsraum" entwickelt sich zum Vorteil der beteiligten Länder zu einer Freihandelszone, die auch im gesamten mittelasiatischen Raum stabilisierend wirkt. Zugleich nehmen die „Vier gemeinsamen Räume" zwischen Russland und der EU zunehmend Gestalt an.

Die Realisierung des letztgenannten Szenariums entspräche den russischen, deutschen und europäischen Interessen am stärksten. Es besteht u.a. dann Aussicht auf Erfolg, wenn auf russischer Seite die Einsicht an Boden gewinnt, dass Russland aus verschiedenen Gründen und grundsätzlich nicht in der Lage ist und sein wird, die *beherrschende* Macht im GUS-Raum zu werden. Ja, sogar die Gefahr besteht, dass es nicht einmal die *vorherrschende* Macht bleibt bzw. wird, wenn es zuviel Ehrgeiz an den Tag legt.

Um die Erfolgsaussichten russischer Politik im GUS-Raum beurteilen zu können, werde ich auf den kommenden Seiten zunächst einige strukturelle Faktoren darlegen, die einer hegemonialen Politik Russlands im GUS-Raum entgegenstehen:

In Russland herrscht die Auffassung vor, für Länder der jetzigen GUS jahrhundertelang beträchtliche zivilisatorische und materielle Leistungen erbracht zu haben, für die prinzipiell Dankbarkeit zu erwarten sei. Diese Haltung ähnelt der der Deutschen nach dem Ersten Weltkrieg gegenüber Völkern Ostmitteleuropas und ist dabei, ebenso enttäuscht zu werden. Nicht nur weil die „objektive Berechtigung" der Haltung des ehemaligen Hegemons zweifelhaft ist und nicht gerade Zuneigung weckt, sondern vor allem, weil sich die neuen unabhängigen – und relativ kleinen – Völker geradezu notwendigerweise abgrenzen müssen, um die eigene Identität definieren zu können. Ähnliche Symptome treten auf, wenn es keine frühere Vormacht gibt, die herablassende Haltungen an den Tag legt, es aber eine neue Staatlichkeit zu begründen gilt, denn auch der neue russische Staat besinnt sich auf eigene Werte. Analoges lässt sich im EU-Raum feststellen, in dem Bücher, Seminare, Schulcurriculae, Fernsehsendungen etc., die sich mit der Frage beschäftigen: Woher kommen wir?, Wer sind wir? und Was wollen wir? kaum noch zu zählen sind. Konsolidierung und Identitätsfindung sind angesagt.

Russland überschätzt zudem die Bedeutung der Auswirkungen der Zuneigung, die in vielen GUS-Ländern gegenüber der einstigen Vormacht herrscht. Russland genießt bei der Bevölkerung in verschiedenen dieser Staaten zwar eine beträchtliche Sympathie[279], was deren Führungen aber nicht davon abhält nachdrückliche Distanz zum Kreml zu wahren.

Die Beziehungen zu den GUS-Staaten werden für Moskau darum auf lange Sicht frustrationsträchtig bleiben. Mehr oder minder sämtliche GUS-Länder werden eine Schaukelpolitik betreiben, mal näher zu Russland geneigt, mal in westliche – oder chinesische – Richtung. Die Einschätzung wird durch einen zweiten Faktor noch bestätigt:

Russland weckt aufgrund seiner Größe, seinen imperialistischen Traditionen und seiner (potenziellen) Stärke den Argwohn von Nachbarn, auch deutsche Russlandkenner äußern seit kurzem erstaunliche Sorgen. Diese ließen sich selbst von der umsichtigsten und gemäßigsten Politik des Kreml nur innerhalb von Jahrzehnten abbauen, allerdings nur partiell. Die Vorsicht gebietet kleineren Ländern, sich gegenüber dem potenziellen Hegemon rück zu versichern. Selbst der gutmütigste Riese erweckt Furcht. Sie wird nur dann zur Zuneigung, wenn er überwältigende Kräfte besitzt. Die befremdlichen Befürchtungen, die bis in die jüngste Zeit hinein mitunter auch gegenüber den Absichten Deutschlands bei einigen Nachbarn geäußert werden, belasten selbst heutzutage noch die Durchsetzungsfähigkeit deutscher Politik. Russland wird dauerhaft auf noch größere Probleme stoßen entspannt-kooperationswillige Partner zu finden, ohne allzu große Konzessionen machen zu müssen. Vermutlich wird es immer wieder seine guten Absichten betonen und dokumentieren müssen, um Sorgen, die wegen seiner (potenziellen) Stärke herrschen, nicht allzu groß werden zu lassen. Denn dies würde Isolation bedeuten.

---

279 Mihail Overčenko/ Anfisa Voronina: Pozadi vos'merki vsei. Zemljane nedoljublivajut Rossiju i SŠA, in: Vedomosti Nr. 186, 12.10.04.

Putin sprach bei einem Staatsbesuch in Baku im Januar 2001 davon, dass es keine Rückkehr zur imperialen Politik und Praxis geben werde.[280] Seine Politik der vergangenen Jahre hat in einem überraschenden Ausmaß bewiesen, dass er es ernst meint. Und dennoch steht zu erwarten, dass die Politik der Nachbarn Russlands nachhaltig darauf gerichtet sein wird, sich gegen (vermeintliche) oder auch nur potenzielle Ambitionen des ehemaligen großen Bruders abzusichern, vor allem durch Annäherung an den Westen, Absprachen kleinerer GUS-Länder oder ein Näherrücken an China bzw. Indien. Die Macht Russlands ist auch nicht so groß, dass Nachbarn gar keine andere realistische Möglichkeit besäßen, als sich ihm mehr oder minder anzuschließen. – Und selbst die USA haben erfahren, dass sich Kanada und Mexiko während der Irakkrise nicht dem Willen Washingtons beugen ließen, obwohl sie unvergleichlich abhängiger von der „einzigen Supermacht" sind, als die GUS-Länder von Russland. In Russland wird das Ausmaß, in dem große Länder kleinere beherrschen können und sollten, gewöhnlich stark überschätzt, von rechts bis links. Dies ist ein weiteres Rezept für künftige russische Enttäuschungen.

Der Westen hat zudem mehr „zu bieten" als Russland, und kann aufgrund seiner geographischen Entfernung bzw. Struktur keine direkte Bedrohung der Unabhängigkeit der neuen, kleineren Staaten darstellen, anders als Russland. Dieses könnte potenziell jetzt oder in Zukunft dazu gewillt und in der Lage sein. Beides erhöht die Attraktivität einer westlichen Option für GUS-Länder.

Bereits die geographische Lage verbietet also eine machtbetonte russische Politik gegenüber seinen zahlreichen Nachbarn. – Aber war Russland nicht in der Lage, zwischen dem 16. und 20. Jahrhundert ein gewaltiges Imperium zu errichten? Die Gründe hierfür sind teils in der Geographie zu finden, teils in der Politik:

1. In den unterworfenen Gebieten bestand zuvor teilweise überhaupt keine Staatlichkeit. Russland stieß also in einen quasi herrschaftsfreien Raum vor (Sibirien). Oder:

280 Alexander Rahr: Der kalte Frieden, in: IP Nr. 03/04, S. 6, 9 oder DW-Radio, Miodrag Soric, 16.2.04, in: DW 32, 16.2.04; Putin zit. in: Nabiyev, S. 297.

2. Der Gegner war geographisch vollkommen isoliert und besaß somit keine Möglichkeit zu einer Gegenmachtbildung gegen Russland (Kazan). Oder:
3. Der Gegner war international geächtet und das russische Vordringen wurde von Staaten, die sich ihm hätten entgegenstellen können, geduldet oder begrüßt (zeitweise in Bezug auf das Osmanische Reich, Hitlerdeutschland).

Alle drei Faktoren, andere könnte man noch ergänzen, treffen heutzutage nicht mehr zu. Die Geographie ermöglichte, ja erforderte in früheren Jahrhunderten häufig eine Expansion Russlands, heute steht sie einer imperialen Politik entgegen.

In Russland scheint zudem die Einstellung vorzuherrschen, dass ein Imperium von der Vormacht keine Opfer abverlangen dürfe, sondern materiellen Gewinn erbringen müsse. Eine solche Einstellung ist der Schaffung einer Einflusszone sicher abträglich. Und die anderen Länder der GUS machen sich diese russische Sicht verständlicherweise nicht zu eigen. Aber selbst wenn Russland tatsächlich geldwerte Leistungen erbringt, wie etwa in Form gesicherter und verbilligter Energielieferungen, so hat es in den vergangenen Jahren dafür häufig keinesfalls politisches Entgegenkommen der Begünstigten erwarten können, wie Weißrussland oder Georgien beispielhaft zeigen. Man muss es noch einmal betonen, auch wenn es ermüdend wirken sollte: Konsolidierung und Identitätsfindung sind vorrangig.

Die Politik des Kreml zeichnete sich in den vergangenen fünf Jahren in Bezug auf die GUS-Länder durch eine weit größere Konsistenz und die Bereitschaft zu echter Kooperation zu beiderseitigem Nutzen aus, als in den Jahren unter Jelzin. Die Bilanz der GUS-Politik der vergangenen Jahre bleibt aus russischer Sicht trotzdem ernüchternd. Dies kann in Anbetracht der oben aufgeführten Faktoren und einiger weiterer, auf die ich jetzt eingehe, nicht verwundern.

Die noch aus Sowjetzeiten stammenden engen menschlichen und kulturellen Verbindungen zwischen Russland und den anderen Nachfolgestaaten der UdSSR verlieren nach und nach an Substanz. Es sind vor allem die *älteren* Bürger Kasachstans, der Ukraine oder Weißrusslands, die eine enge Kooperation mit Russland wünschen. Bei den Jüngeren wächst die Zahl der „Westler" rapide.[281]

Russland hat auch wiederholt versucht, pro-russische politische Kräfte in Ländern der GUS zu unterstützen, aber oft mit gegenteiligem Effekt, sehr zum Ärger des Kreml.[282] Das jüngste Beispiel ist die peinliche Schlappe, die der vom Kreml unterstützte Kandidat im Oktober 2004 in Abchasien erlitt (zur Ukraine s. Anhang).

Lediglich im ökonomischen Bereich zeichnen sich seit dem Jahre 2003 Tendenzen einer wieder enger werdenden Verflechtung der Volkswirtschaften des GUS-Raumes ab. Diese sind zum einen jedoch noch zu kurzfristiger Natur, um sie als Vorboten steigenden Einflusses Russlands werten zu können. – Außerdem wuchs die russische Wirtschaft in den vergangenen fünf Jahren trotz hoher Raten deutlich schwächer als der GUS-Durchschnitt. Die russischen Investitionen in GUS-Ländern bleiben darüberhinaus bescheiden. Der jüngste Appell Präsident Putins an die Unternehmen seines Landes, stärkere Investitionsaktivität im postsowjetischen Raum zu entfalten, macht den bisherigen – und aller Voraussicht nach auch künftigen – mäßigen Erfolg der russischen Strategie deutlich.[283]

Es bietet sich auch an, einen Blick auf die deutschen Erfahrungen in den Weimarer Jahren zu werfen: Der Außenhandel der meisten mittelosteuropäischer Staaten war sehr stark auf Deutschland ausgerichtet, sogar unvergleichlich deutlicher, als dies heutzutage auf jedes der GUS-Länder in Bezug auf Russland zutrifft. Dies hielt die neuentstandenen Länder aber nicht davon ab eine Politik zu betreiben, die den Interessen des Auswärtigen Amtes oft widersprach.

Dass die russische Elite nach wie vor in Kategorien wie „Einflusssphären" denkt, liegt bei einer (ehemaligen) Großmacht nahe. Sie hegt zugleich aber veraltete und unrealistische Vorstellungen über die Möglichkeiten der Instru-

---

281 Jevgeni Arsjuhin: K Rossii ečše tjanut'sja, no uže po inercii, in: Rossiskaja gazeta, 13.10.04.

282 Irina Kobrinskaja: Sodruževstvo rasnyh; Manfred Sapper u.a.: Rußlands kulturelle Ausstrahlung auf die Staaten der GUS, 182ff, in: Alexandrova; Oleg Khrabry, Expert Weekly, in: CDI 295, 27.2.04.

283 RIA Nowosti, 29.10.2004, in: Grachok 44, Woche 04, 1.11.04; ITAR-TASS, 19.7.04, in: CDI 315, 23.7.04.

mentalisierung der russischen Wirtschaftskraft für politische Zwecke und überschätzt offensichtlich die Bedeutung des ökonomischen Faktors in der Außenpolitik ihrer GUS-Nachbarn. Für diese stehen die Konsolidierung der Unabhängigkeit und die Selbstfindung im Vordergrund. Beides fordert tendenziell eine Abgrenzung gegenüber Russland, was dort zweifelsohne zu wenig beachtet wird. Bei einer Umfrage unter der außenpolitischen Elite Russlands, erwarteten 2001 29 % der Befragten eine Annäherung der Ukraine an den Westen, aber 63,3 %, dass sie näher an ihr eigenes Land rücke.

Die russische GUS-Politik geht folglich von einigen unrealistischen Prämissen aus, ihr Erfolg wird zudem hin und wieder durch widerstreitende Politiken beeinträchtigt: Ende September 2003 entwickelte sich eine erbitterte Auseinandersetzung zwischen der Ukraine und Russland, als von der russischen Seite in der Meerenge von Kertsch 180 Wagenladungen Sand pro Stunde aufgeschüttet wurden, um die kleine Insel Tusla mit dem Festland zu verbinden. Beide Seiten erhoben Anspruch auf diese Insel, es kam zu bedeutenden antirussischen Demonstrationen in der Ukraine und ukrainische Truppen wurden auf dem Eiland stationiert. Der Hintergrund des Konfliktes, der mutwillig von russischer Seite begonnen wurde, ist letztlich unklar, das Ergebnis jedoch eindeutig. Das Misstrauen in der Ukraine gegenüber Russland ist gewachsen, die auf Ausgleich bedachte Politik Putins erlitt Schaden. Die Wahlen zur russischen Duma im Dezember 2003, in der betont patriotische Kräfte beträchtliche Stimmengewinne erzielen konnten, verstärkte das ukrainische Misstrauen gegenüber dem Kreml.[284] Ähnliche widerstreitende Kräfte gibt es auch in der russischen Georgienpolitik.

Russland hat in den vergangenen Jahren auch nicht viel für den Schutz russischstämmiger Bürger in GUS-Ländern erreichen können. Possitive und negative Entwicklungen halten sich aus russischer Sicht in etwa die Waage. Turkmenistan mag für Letzteres als ein Beispiel dienen. Im April 2003 schlossen beide Seiten nach jahrelangen Streitigkeiten ein langfristiges Lieferab-

---

284 Siehe z.B. Bilanz des Jahres Russlands in der Ukraine: DW-Radio, 5.1.04, in: DW 5, 8.1.04 und Thomas Roser, in: Frankfurter Rundschau, 24.10.03; Peter Rutland, in: Transitions Online, Russia in 2003, nach: CDI 294, 20.2.04. Ende 2003 legten die Ukraine und Russland die Krise in einem Abkommen bei. (Wostok, Nr. 1/2004, S. 5); Rolf Wachsmuth/ Igor Plaschkin: Die Ukraine: Ziel russischer Begehrlichkeit? www.kas.de/publikationen/2003/3597_dokument.html (zuletzt geöffnet am 1.12.04).

kommen für turkmenisches Erdgas ab, was sowohl Russland, als auch Turkmenistan Planungssicherheit beschert. Dies ist für die erforderlichen Investitionen für die Restrukturierung der Gaswirtschaft und den Bau neuer Gasleitungen in Höhe von 25 Mrd. $ von besonderer Bedeutung. Eine Möglichkeit auf inländische oder ausländische Kapitalmärkte zurückzugreifen besteht für Turkmenistan nicht, denn in dem de facto noch planwirtschaftlich organisierten Staat gibt es weder unabhängige Banken, noch Sekundärmärkte.[285]

Die Möglichkeiten Russlands, Druck auf Turkmenistan auszuüben, hatten sich mit dem Abschluss des langfristigen Abkommens verringert und der despotische Herrscher des Landes nutzte die Möglichkeit, die doppelte Staatsangehörigkeit für ungesetzlich zu erklären. Die russische Minderheit, die knapp 10 % der Bevölkerung des Landes ausmacht, musste sich dementsprechend zur Aus- bzw. Rückwanderung nach Russland oder für den dauerhaften Verzicht auf die Möglichkeit der Übersiedlung entscheiden. Turkmenistan rückte trotz beispiellos starken russischen Drucks von dieser Entscheidung nicht wieder ab.[286] Die russische Politik demonstrierte in der Folgezeit öffentlich, sich mit der Situation abgefunden zu haben. Im besonders staatstragenden Ersten Staatlichen russischen Fernsehprogramm gab es in der Hauptnachrichtensendung am 21.2.2004 einen sehr ausführlichen Bericht über den turkmenischen Nationalfeiertag – ohne, dass auch nur ein kritisches Wort über die Situation der russischen Minderheit oder die bizarren Zustände in dem Land fiel.

Die Tatsache, dass viele Millionen Russen in den Nachfolgestaaten der UdSSR leben, führt zu einer *Schwächung* und nicht etwa zu einer Stärkung des Einflusses Russlands. Die kleineren Völker hegen verständliche Angst vor einer 5. Kolonne des Kreml. – Eine weitere Analogie zum Deutschland der Zwischenkriegszeit liegt nahe. – Putin kündigte im Juli 2004 an, dass Russland entschiedenere Maßnahmen ergreifen werde, um die Rechte von Russen in GUS-Ländern zu schützen.[287] Dies ist verständlich, aber kaum

285 Venjamin Ginzburg/ Manuela Troaschke: Turkmenistans Gassektor: Keine Marktwirtschaft, aber Tauwetter. Osteuropainstitut München, Kurzanalysen und Informationen. Nr. 8, Juli 2003, S. 1.

286 Oleg Khrabry, Expert Weekly, in: CDI 295, 27.2.04; Mario von Baratta, Hg.: Der Fischer Weltalmanach 2004. - Frankfurt/Main: 2003, Spalte 841.

287 ITAR-TASS am 19.7.04, in: CDI 315, 23.7.04.

praktikabel und würde die Kooperationsbereitschaft der Eliten von GUS-Ländern erheblich schwächen.

Es gelang in den vergangenen Jahren auch nicht, größeren Einfluss auf die Medien in GUS-Ländern zu gewinnen, um den Einfluß der russischen Kultur zu erhalten oder gar zu stärken. Dieser bleibt weiterhin beträchtlich, aber das russische Außenministerium äußerte im Sommer 2004 die verständliche Sorge, dass russische Medien aus dem Informationsraum der GUS-Länder verdrängt werden und westliche Organe vordringen.[288] Zur selben Zeit beklagte der russische Botschafter in Weißrussland, dass sich die Reichweite russischer Fernsehsender in diesem Land seit dem Jahre 2002 um 70 % vermindert habe und der Nationale Rundfunkrat der Ukraine gab die Empfehlung heraus, bei elektronischen Medien vorwiegend die ukrainische Sprache zu verwenden, was das RUSSISCHE AUSSENMINISTERIUM folgendermaßen kommentierte:

> „Es ist ganz natürlich, dass die Staatssprache in der Ukraine, darunter im Fernsehen und Rundfunk, immer stärker genutzt wird. Man muss jedoch berücksichtigen, dass dieser Prozess die Rechte der Bürger eines Landes nicht schmälern darf, in dem wie bekannt über 8 Millionen Russen – über 17 Prozent der Bevölkerung – leben und etwa ein Drittel der Bürger der Ukraine Russisch als ihre Muttersprache betrachten.“[289]

Die defensive Haltung Russlands ist offensichtlich.

Die auf den vorhergehenden Seiten dargelegten Faktoren und Entwicklungen sind aus russischer Sicht ernüchternd bis unerfreulich, andererseits wird Russland auf Dauer eine bedeutende Rolle in der Region spielen. Die russische Sprache wird zwar weiter an Bedeutung verlieren[290] auf absehbare Zeit aber die lingua franca im GUS-Raum bleiben. Millionen Übersiedler und Gastarbeiter aus dem Kaukasus und Mittelasien werden dauerhafte Verbindungen schaffen. Es liegt unzweifelhaft im deutschen und europäischen Interesse, dass die russische Sprache darüberhinaus von breiten Bevölkerungsschichten in den GUS-Ländern verstanden und genutzt wird. Sie stellt

---

288 Wostok, Nr. 3/04, S. 7.

289 Interfax-Sapad am 11.6.04, in: DW 112, 15.6.04; Interfax am 20.4.04, in: DW 75, 20.4.04.

290 S. hierzu z.B. DW 98, 17.5.04.

ein unverzichtbares Medium dar, um säkularem und europäischem Gedankengut dauerhaft breiten Zugang in Mittelasien zu sichern.

Es gibt auch Anzeichen, dass Russland nunmehr bereit und in der Lage ist, größere Verantwortung für die Stabilität in Mittelasien zu übernehmen. Der Aufbau der schnellen Eingreiftruppe des Vertrages für Kollektive Sicherheit machte im Jahre 2004 rasche Fortschritte und im August dieses Jahres wurde in Kirgisistan ein Manöver mit 4000 Soldaten aus Russland, Kasachstan, Kirgisistan und Tadschikistan durchgeführt. Russland beabsichtigt zudem, die Anzahl seiner Soldatan auf dem Luftwaffenstützpunkt in Kirgisistan bis zum Jahresende 2004 von 400 auf 600 zu erhöhen.[291]

Diese Entwicklung wird im Westen eher besorgt kommentiert und vereinzelte Äußerungen Putins dienen als Beleg. So erklärte er im Juli 2004 öffentlich, dass die GUS-Länder dabei seien „wiederherzustellen, was durch den Zusammenbruch der Sowjetunion verloren wurde, aber auf einer neuen, modernen Grundlage".[292] Diese Worte sind kein Ausdruck (neuer) russischer Politik, sondern verfolgen sehr wahrscheinlich den innenpolitischen Zweck, die zahlreicher werdenden Kritiker seiner Politik zu besänftigen, woran auch der Westen ein Interesse haben sollte. Vielleicht möchte Putin auch demonstrieren, dass Russland auf den Westen doch nicht so dringend angewiesen ist, scheinbar eine andere Option besitzt, um ihn zu größerem Respekt gegenüber Russland zu veranlassen.

Es gibt zumindest drei Gründe, warum der Westen ein verstärktes Engagement Russlands in Mittelasien begrüßen sollte:

A) die immer instabiler werdende Lage in Usbekistan; B) die mangelnden Erfolge des Westens in Afghanistan; C) die geographische Nähe Russlands und seine langen, ungesicherten Grenzen im Süden.

Das heißt: Die Probleme in Mittelasien wachsen tendenziell, der Westen ist nicht in der Lage oder gewillt die Region auf eigene Kräfte gestützt zu stabilisieren und Russland hat ein existenzielles Interesse an der Sicherheit in der

291 Sergei Blagov, Asia Times, 19.8.04, in: CDI 319, 20.8.04; Pavel Baev: Kremlin launches military Exercises in Russian Far East, in: The Jamestown Foundation, Hg.: Eurasia Daily Monitor, Vol. I, Issue 28, 10.6.04; BBC Monitoring, aus: Krasnaja Zvezda, 2.11.04, in: CDI 329, 5.11.04.

292 Igor Torbakov: Russia's Eastern Offensive: Eurasianism versus Atlanticism, in: The Jamestown Foundation, Hg.: Eurasia Daily Monitor, Vol. 1, Issue 38 (June 24, 2004).

Region, kann und wird sich also nur dann zurückziehen, wenn eigene innere Probleme dazu zwingen. Russland ist also dazu *genötigt*, als Stabilitätsanker in Mittelasien zu fungieren, und der Westen sollte ein Interesse daran haben, dass Russland dazu auch *in der Lage* ist.[293]

Es bietet sich an, dass der Westen und Russland in der Region kooperieren, statt sich von den örtlichen Despoten gegeneinander ausspielen zu lassen. Für diese wünschenswerte Zusammenarbeit gibt es bislang nur schwache Indizien, die USA und die NATO haben aber im Herbst 2004 signalisiert, dass sie das dauerhafte Engagement Russlands in Tadschikistan begrüßen und nicht etwa als Gefahr begreifen.[294]

Sowohl der Westen, als auch Russland besitzen ein großes Interesse an einem stabilen Mittelasien. Die dortigen westlichen Basen erfüllen diesselbe Funktion wie die russischen, nämlich die Ausbreitung des Terrors zu verhindern. Es gibt bislang aber keine Mechanismen für gemeinsame Aktionen, ja sogar Schwierigkeiten, auch nur miteinander zu kommunizieren. Dies muss geändert werden. Und: Warum keine gemeinsamen russisch-westlichen Basen unterhalten, unter dem Dach des NATO-Russland-Rates?[295]

Sorgen vor einem imperialen Ausgreifen Russlands auf sein Umfeld sind unbegründet. Russland ist weder gewillt, die hierfür erforderlichen Opfer zu tragen, noch besitzt es die Fähigkeit hierzu. Die Staaten der GUS sind ausserdem aus geradezu existenziellen Gründen genötigt eigene Wege zu gehen, um ihre Nationalstaaten zu konsolidieren, obschon es russischen Einfluss sicher begünstigt, dass der Kreml (noch) weniger Kritik an den meist fragwürdigen inneren Verhältnissen in GUS-Ländern übt als der Westen.[296]

Deutschland und der Westen müssen dagegen *fürchten*, dass der russische Einfluss zu rasch sinkt, so dass Russland seine Ankerfunktion nur noch unzureichend wahrnehmen kann. (S. hierzu auch den Text von Ira Straus im Anhang).

---

293 S. auch Sergei Blagov, Asia Times, 19.10.04, in: CDI 327, 22.10.04.

294 BBC Monitoring, in: CDI 329, 5.11.04; Konstantin Parshin, Transitions Online, 3.11.04, in: CDI 5.11.04.

295 Ian Bremmer/ Nikolas Gvosdev: Great Game Over, in: Moscow Times, 28.7.04; Sergei Lopatnikov: Kaspiskie intrigi, in: Argumenty i Fakty Nr. 33, 18.8.04.

296 Dies gilt z.B. in Bezug auf Weißrussland (s. Russlandanalysen Nr. 42/2004), aber auch auf andere Länder.

X. Missstimmungen und Missverständnisse zwischen Deutschland/ dem Westen und Russland und Ansätze zu ihrer Lösung

Zunächst werden Unterschiede in der Selbst- und Fremdwahrnehmung diskutiert, die teilweise gravierende Verständigungsprobleme aufwerfen. Danach widme ich mich dem Thema, ob der Westen mit „zweierlei Maß“ messe, einem oft erhobenem Vorwurf Russlands an die westliche Adresse. Zum Schluss geht es noch einmal um Unterschiede in der Wahrnehmung und Weltsicht.

X.1 Selbst- und Fremdwahrnehmung (1)

Da im russischen Denken Kategorien wie „Macht“ und (verletzter) Stolz auf die eigene Nation und Geschichte eine herausragende Rolle spielen, ist es nicht überraschend, dass sie bei ihren Partnern und Kontrahenten ähnliche Strukturen erwarten. Russische Politiker waren dementsprechend in den 1990er Jahren enttäuscht, dass Deutschland seine Rolle als untrennbarer Teil Westeuropas nicht aufgeben wollte. Diese verfehlte Wahrnehnung deutscher Selbstsicht und Ziele wirkt bis in die jüngste Zeit nach: Putin lobte in seiner Ansprache auf dem 2. Petersburger Dialog in Weimar im Frühjahr 2002 Rapallo als Beispiel hervorragender deutsch-russischer Zusammenarbeit. [297] Dass Putin „Rapallo“ hervorhob, ist ein starkes Indiz, dass er grundsätzlich falsche Vorstellungen über das in Deutschland vorherrschende Geschichtsbild hegt. Er glaubt anscheinend nicht, dass die Beteuerungen über einen Abschied von der Machtpolitik und die Einbindung in die euroatlantischen Strukturen wirklich ernst gemeint sind. Diese Einschätzung kann nicht nur auf die Person Putins beschränkt bleiben, weil es als sicher gelten

---

[297] Der Vertrag von Rapallo von 1922 zwischen dem Deutschen Reich und der Sowjetunion vergrößerte den Handlungsspielraum beider Mächte, die zuvor unter starkem Druck von Frankreich und Großbritannien standen. Er wird in Deutschland heutzutage gemeinhin als antiwestliche Maßnahme verstanden.

kann, dass zur Vorbereitung der Rede Experten hinzugezogen wurden. Andere Beobachtungen stützen diese Deutung.[298]

Es mutet befremdlich an, dass in Russland Hintergründe deutscher Politik nachhaltig derart verfehlt gedeutet werden. Erklärlich wird dies zum einen durch die eigenen Ideale von „Macht“, die dementsprechend eine gewisse Langlebigkeit der verfehlten Perzeption erwarten lassen. Zum anderen handelt es sich womöglich um eine Nachwirkung aus Sowjetzeiten: In diesen Jahren glaubten die Diplomaten und Politiker der Sowjetunion, dass die Differenz zwischen Worten und Wirklichkeit *noch* größer sei, als sie häufig ohnedies zu sein pflegt und der Westen im Grunde der Sowjetunion ähnlich sei, dass Demokratie eine PR-Maßnahme wäre und unabhängige Medien, repräsentative Regierungen und eine unabhängige Justiz nur eine Ummäntelung für die eigentlichen Machtverhältnisse wären. Entsprechend scheint bei Teilen der jetzigen russischen Eliten der Eindruck vorzuherrschen, dass sich innere Strukturen oder vorherrschende Werte von westlichen Ländern und Russland nicht so stark unterscheiden, wie der Westen vorgibt – abgesehen von der größeren Leistungsfähigkeit der staatlichen Strukturen im nordatlantischen Raum. Man muss dementsprechend feststellen, dass in den vergangenen Jahren in Russland nicht nur eher autoritäre Werte an Bedeutung gewonnen haben, sondern die in Deutschland vorherrschenden Ideale und die Sicht auf die eigene Geschichte bzw. Prinzipien der pluralistischen Demokratie werden in Russland (und nicht nur dort) häufig auch nicht verstanden oder wahr-genommen. Westliche Klagen über autoritäre Tendenzen erscheinen dementsprechend tendenziell noch verstärkt als Versuche zur Schwächung und Demütigung Russlands.

X.2 Zweierlei Maß?

In Anbetracht dieser Missverständnisse liegt der russische Vorwurf nahe, dass der Westen mit zweierlei Maß messe und seinen eigenen Ansprüchen nicht gerecht werde, dies aber anderen auferlege. Und es lassen sich eine Reihe Indizien für die Berechtigung solcher Anklagen finden:

---

298 Rahr: Putin, S. 265; Timtschenko: Putin, S. 307; siehe z.B. GUS-Barometer 31, S. 10; Stumperhaftes Vorgehen. Presseschau, 11.2.03, www.spiegel.de/politik/ausland/0,1518,druck-234457,00.html (zuletzt geöffnet am 1.12.04).

1. Der Westen bemühe sich nachdrücklich um die Respektierung der Rechte der albanischen Minderheit in Mazedonien oder der rumänischsprachigen in Transnistrien, decke jedoch das Vorgehen lettischer Behörden gegen die russischsprachige Gruppe, die einen ebenso großen Anteil an der Bevölkerung stellt, wie die erwähnte Gruppe in Mazedonien. Über einige Jahre arbeitete eine OSZE-Mission in Lettland und Estland, um die Lage der dortigen russischsprachigen Minderheit zu beobachten. Ihr Mandat lief im Dezember 2001 aus, was nur dadurch möglich wurde, dass die Entscheidung nicht im zuständigen „Permanent Council" der OSZE gefällt wurde, sondern unter regelwidriger Umgehung dieses Gremiums, um ein russisches Veto vermeiden zu können.[299]

Auch im jüngsten Streit um das neue lettische Schulgesetz kann die deutsch/europäische Haltung nicht ganz überzeugen. Das Gesetz sieht vor, dass 60 % des Unterrichts der Minderheitenschulen in lettischer und nur noch 40 % in russischer Sprache gegeben werden. Dies hat zu umfangreichen Protesten der russischsprachigen Gruppe in Lettland geführt. Die Regierung in Riga argumentiert, dass die Regelung im Interesse der Minderheit sei, um ihre Integration und somit ihre Berufschancen zu erhöhen. Rolf Ekeus, der Hohe Kommissar für Nationale Minderheiten der OSZE nennt die Bildungsreform „schmerzlich, aber notwendig". Estland hingegen hat eine ähnliche Regelung auf das Jahr 2007 verschoben und den einzelnen Gemeinden die Möglichkeit eröffnet, selbst zu entscheiden, ob eine bestimmte Schule den neuen Modus übernimmt oder nicht.[300] Da die russische Minderheit sich in Lettland auf den Osten des Landes und Riga konzentriert, eröffnete sich ihr durch eine Regionalisierung der Entscheidungsstrukturen die Möglichkeit, größeren Einfluss auf ihre eigenen Geschicke zu nehmen, was einiges für sich hätte.

2. Andere Beobachtungen stützen Vorwürfe, dass der Westen aus russischer Sicht mit zweierlei Maß messe. Der Europarat warnte zwar vor Manipulationen bei der Präsidentenwahl in Aserbaidschan im Herbst 2003, die USA sprachen sich aber sehr deutlich für die dynastische Thronfolge aus und

---

299 Lynch: Russia, S. 41.

300 Britta Kleymann, DW-Radio, 1.9.04, in: DW 168, 1.9.04; Igor' Jurgens: Baltiskaja „laboratorija" Bol'šoi Evropy, in: Rossija v global'noi politike Nr. 3, Mai/Juni 2004.

die USA stellten nach dem „Kassettenskandal“ in der Ukraine 2001 aus strategischen Gründen Kritik an Kutschma schnell zurück.[301] Dieser revanchierte sich mit einer Unterstützung der US-Irakpolitik.

3. Der Westen neigte zudem dazu, über die erheblichen demokratischen Mängeln des Jelzin-Regimes hinwegzusehen, während das Russland Putins seit dem Herbst 2003 in starker Kritik steht. Die Fragwürdigkeit dieser Politik wurde bereits thematisiert, an dieser Stelle soll noch ein bezeichnendes Beispiel folgen:

> „Ich hege keinerlei Zweifel, dass die Wahlkämpfe von 2003 und 2004 beachtliche Mängel in ihrer demokratischen Qualität aufwiesen. Während der ersten Parlamentswahlen und dem Referendum von 1993, ebenso wie bei den Präsidentschaftswahlen von 1996 war ich jedoch der Vorsitzende einer von der Europäischen Kommission finanzierten Mission, die die Wahlberichterstattung in den Medien beobachten sollte. Zu beiden Wahlen fertigten unsere Beobachter kritische Berichte an, die in einigen Fällen mit dem übereinstimmten, was 2003 und 2004 gesagt wurde. In beiden Fällen gab es Versuche, den Beobachtern den Mund zu verbieten, nicht zuletzt auf der Ebene der Botschafter der Europäischen Union in Russland und, was paradox ist, des Europäischen Kommissars für Internationale Angelegenheiten.“[302]

4. Die russische Seite missachtet in Tschetschenien offensichtlich Vereinbarungen, zu deren Einhaltung es sich völkerrechtlich bindend verpflichtet hat. Andererseits muss man fragen, aufgrund welcher völkerrechtlichen Grundlagen die USA beispielsweise die Auslieferung von Guantanamogefangenen zum Verhör an Folterstaaten verfügen?[303]

5. Russland gestattet Deutschland den Transport militärischen Materials, das für Afghanistan bestimmt ist, über sein Territorium. Litauen jedoch, seit Frühjahr 2004 ein NATO-Mitglied, verwehrt es Russland ebensolche Güter zwischen dem Gebiet Kaliningrad und dem russischen Kernland zu beför-

---

301 Klaus-Helge Donath: Kaukasische Erdöldynastie lässt wählen, in: taz Nr. 7182, 15.10.03, S 11; Birgit Brauer: Neue Erbfürstentümer?, in: IP Nr. 03/2004, S. 69; Alexander Ott: Die ukrainische Politik gegenüber Rußland, in: Alexandrova, S. 237.

302 Alexei Pankin: O zapadnoi kritike russkogo avtoritarizma, in: Izvestija, 13.10.04, dieser Artikel im Internet: www.izvestia.ru/comment/article520474 (zuletzt geöffnet am 1.12. 04). Zu den Differenzen zwischen der Demokratierhetorik der EU und der Praxis in Bezug auf GUS-Länder in den 90er Jahren s. auch Galina Michaleva: Russland und die Europäische Union, in: Russlandanalysen Nr. 39/2004, S. 2-4.

303 Russlandanalysen Nr. 40/2004, S. 9.

dern, trotz jahrelanger Bemühungen des Kreml. Die Unzufriedenheit Russlands mit dieser Situation wächst.[304]

6. Der Westen wirft Russland in Tschetschenien Versagen vor, Menschenrechtsorganisationen tun dies offen, Staaten eher verblümt. Sie schlagen in der Regel u.a. eine Internationalisierung der Frage vor, um die Situation zu entspannen und Ansätze für eine Lösung der verfahrenen Lage zu finden. Das ist nicht falsch – aber hat der Westen vor einigen Jahren von der Türkei eine Internationalisierung der Kurdistanfrage gefordert? – Die westliche Forderung nach einem multinationalen Lösungsansatz in der Tschetschenienfrage wäre auch dann vielleicht überzeugender, wenn die bisherigen Erfolge westlicher Politik in Afghanistan und im Kosovo beeindruckender wären. Gibt es auf westlicher Seite nicht Anlass selbstkritischer zu sein?

7. Die große Mehrheit der Bevölkerung im Kosovo fordert die Unabhängigkeit des Gebietes, und im Westen erheben sich zunehmend Stimmen, dem nachzugeben – obwohl das Gebiet unbestritten völkerrechtlich zur serbisch-montenegrinischen Bundesrepublik gehört. In Bezug beispielsweise auf Südossetien beharrt der Westen hingegen mit großem Nachdruck auf einem Wiederanschluss an Georgien, zudem es völkerrechtlich betrachtet auch gehört, obwohl der Anschluss von den Südosseten ebenso deutlich abgelehnt wird.

Die Liste, die noch erweitert werden könnte, soll durch ein Beispiel aus dem Herbst 2004 abgeschlossen werden. Die russische Ankündigung, Stützpunkte von Terroristen in aller Welt eventuell auch präemptiv anzugreifen, wurde in Deutschland hart kritisiert. Es gibt tatsächlich gute Gründe, eine solche Politik nicht umzusetzen, aber haben die Kommentatoren Folgendes bedacht?

- Das 1999 von der NATO mit deutscher Billigung verabschiedete „Neue strategische Konzept“ sieht unter Umständen auch Kampfeinsätze vor, die vom Sicherheitsrat nicht mandatiert sind. Es hält sich für diesen Zweck, der nach überwiegender Ansicht in Deutschland nicht in Einklang mit dem Völ-

---

304 Iwan Jegorov, Rossijskaja gazeta, 8.4.04, in: CDI 301, 9.4.04.

kerrecht steht, sogar die Option des Ersteinsatzes von Atomwaffen offen.[305]

- Frankreich, Großbritannien, die USA und selbst Australien halten sich die Bereitschaft vor, Präventivschläge auszuführen.[306]

Es kann nicht bestritten werden, dass der Westen mit zweierlei Maß misst. Dies ist allerdings eine allgemein menschliche Schwäche, vor der auch die russische Politik nicht gefeit ist. Eine völlig konsistente Politik, ein widerspruchsfreies Leben kann es nicht geben. „Aus so krummem Holze, als woraus der Mensch gemacht ist, kann nichts gerades gezimmert werden", wie der weise Kant schrieb.[307] Diese Einsicht in menschliche Unvollkommenheit und Voreingenommenheit ist beileibe keine Einladung, es mit der Wahrhaftigkeit nicht so furchtbar genau zu nehmen, sondern eine Politik des Möglichen zu betreiben, die hin und wieder zweierlei Maß anlegt, zugleich aber Selbstkritik und Kritik übt, ohne von sich und anderen Unmögliches zu verlangen. Dies ist eine schwierige Gradwanderung und stetige Aufgabe, die sich nicht mit Selbstgefälligkeit verträgt.

Letztere ist im Westen weit verbreitet und hat das Vertrauen in die Vorbildfunktion des Westens bei Millionen Russen untergraben. Diese neigen nunmehr dazu, *allzu* kritisch gegenüber dem Westen zu sein, sodass der latente und verbreitete Verdacht, dass dieser Kritik instrumentalisiere, um Russland in die Defensive zu bringen und zu schwächen *noch* weitere Verbreitung findet. Wir können dieser unbefriedigenden Situation aber etwas Gutes abgewinnen. Vielleicht kann Russland mittelfristig, wenn es gefestigter und selbstbewusster und vom Westen als Gleicher und Verwandter anerkannt ist, Europa und Amerika mit größerer Aussicht auf Erfolg mitunter den Spiegel vorhalten?

---

305 Harald Müller: Supermacht in der Sackgasse? Die Weltordnung nach dem 11. September, in: Schriftenreihe der Bundeszentrale für Politische Bildung, Band 419, S. 56.[306] Mario von Baratta, Hg.: Der Fischer Weltalmanach 2004 - Frankfurt/Main: 2003, Spalte 122.

307 Immanuel Kant, Idee zu einer allgemeinen Geschichte in weltbürgerlicher Absicht, in: www.wkrauss.net/kant/k-idee.htm (zuletzt geöffnet am 30.11.04).

X.3 Selbst- und Fremdwahrnehmung (2)

Nach einer Phase allzu großen Vertrauens in die Uneigennützigkeit westlicher Partner dominiert seit einigen Jahren also eher das Gegenteil, was ähnlich unangebracht ist. Diese Haltung korrespondiert mit der russischen Neigung, in Freund-Feind-Schemata zu denken und zu handeln. Für einen Freund oder die Familie ist man in Russland bereit, größere Opfer zu bringen, als dies etwa in Deutschland verbreitet ist. Das Ausmaß der Verbundenheit ist dementsprechend ausgeprägter, ebenso wie die Anspruchshaltung gegenüber dem Freund. Dies hat (selbstverständlich) auch Auswirkungen in der Politik. Russen neigen dazu, etwa den Abzug sowjetisch/russischer Truppen aus Ostdeutschland nicht als Ausdruck einer Machtkonstellation zu interpretieren, oder als Ergebnis eines geschäftsmäßigen Gebens und Nehmens, sondern nicht zuletzt als „Freundschaftsdienst" gegenüber den Deutschen – von denen sie in der Folgezeit mehr Gesten und Taten der Gefälligkeit als Gegengabe erwartet hätten. Die Neigung der Deutschen zu einem an der Sache ausgerichteten Verhalten wird in Russland tendenziell als Verweigerung von Freundschaft und gefühlsarmes, kleinliches Geschachere gedeutet.[308] Dies erschwert das gegenseitige Verständnis tendenziell.

Dies trifft auch auf das Problem der „Beutekunst" zu. Die deutsche Seite neigt dazu, rechtliche Aspekte in den Vordergrund zu stellen. Dies führt bei Russen tendenziell zu Befremden und Gereiztheit und wird als Indiz gewertet, dass Deutschland kein freundschaftliches Verhältnis wünsche. In einem solchen spreche man nicht von „Recht". Deutschland sollte demzufolge das *emotionale* Interesse an der Kunst und dem Schriftgut in den Vordergrund stellen, was Russland ein Entgegenkommen wesentlich erleichtern würde. Zudem haben zwar haben beispielsweise Armenien, Georgien oder die Ukraine mehr Akten und Kunstwerke zurückgegeben als Russland, aber auch mit Frankreich und Großbritannien gab es auch lange Jahre nach dem Krieg

308 Die russische Seite vertritt zudem die Ansicht, dass sie bei ihrem Abzug aus Ostdeutschland beträchtliche Vermögensgegenstände zurückgelassen habe, beispielsweise über 21000 von der Sowjetunion errichtete Immobilien, deren Wert auf 30 Milliarden DM beziffert wurde und wird (RIA Novosti am 25.8.04, in: CDI, 320, 27.8.04).

noch Probleme mit der Rückgabe deutscher Kulturgüter.[309] – Vielleicht könnte der Vorschlag einer deutsch-russischen Stiftung, in die beide Seiten Kulturgüter einbringen, die Diskussion auf die *Zukunft* richten?

Westliche Beobachter halten russische Äußerungen der Sorge über die NATO-Osterweiterung oder vermeintliche feindliche Absichten der USA häufig für rein taktisch bedingt, damit der Westen sich beispielsweise in seiner Kritik der Tschetschenienpolitik zurückhalte.[310] Hin und wieder entspringen sie natürlich taktischem Kalkül, dieses vermag sie aber nicht hinreichend zu erklären. Es gibt tatsächlich ernste Sorgen und gerechtfertigte Gravamina. So monierte Russland, zwar die Zusicherung erhalten zu haben, dass bei den AWACS-Flügen über baltischen Staaten kein russisches Gebiet observiert werde, denn diese fänden im Rahmen des NATO Programms „Partnerschaft für den Frieden" statt. Russischen militärischen Spezialisten wurde aber verwehrt teilzunehmen, weil es sich (angeblich) nur um Trainingsflüge handele.[311] Oder: Die Grundakte Russland-NATO verbietet die Errichtung von Militärstützpunkten der Allianz auf dem Territorium der neuen Mitglieder, was die USA jedoch beabsichtigen.

> „Die Frage an die NATO-Führung, wie sich diese Absichten mit den in Paris eingegangenen Verpflichtungen vereinbaren, löst in Brüssel Befremden aus. ‚Das ist nicht unsere Entscheidung. Wir sind nicht für bilaterale Abkommen zwischen unseren Partnern verantwortlich', sagt man dort."[312]

Russland wird bei großen NATO-Manövern zudem bis in die jüngste Zeit die Rolle des potenziellen Feindes zugewiesen – und dieses revanchiert sich nach Kräften. Oder reagiert die westliche Seite nur auf das russische Vorgehen? ... – Just zu der Zeit, als der neue NATO-Generalsekretär Jaap de Hoop Scheffer in Moskau zu seinem Antrittsbesuch eintraf, Anfang April 2004, begann Russland mit größeren Übungen seiner See- und Luftstreitkräfte. Einheiten der Baltischen Flotte übten amphibische Landungen, nicht weit ent-

---

309 Umfassend zum Thema s. Christiane Uhlig: Geraubte Akten. Die Geschichte einer Odyssee, in: OE Nr. 3/2004, S. 16-33.

310 S. z.B. Alexander Golts: Why Putin Refused an Invitation to Istanbul, in: Moscow Times, 9.6.04.

311 Gennadi Nečaev: Špiony letjat k granicam Rossii, in: Novye izvestija, 26.2.04; Viktor Litovkin, RIA Novosti, 4.3.04, in: CDI 296, 5.3.04.

312 Viktor Litowkin: NATO-Generalsekretär überzeugte Moskau nicht, www.russlandonline.ru/mainmore.php?tpl=Politik&iditem=727 (zuletzt geöffnet am 1.12.04).

fernt von den Küsten Lettlands, Litauens und Estlands, den neuen Mitgliedern des Bündnisses.[313] Glücklicherweise betonen sowohl die NATO als auch Russland ein anhaltendes und eher zunehmendes Interesse an kooperativen Beziehungen miteinander. – Und trotzdem flog Mitte November 2004 ein US-amerikanisches Aufklärungsflugzeug erstmals dicht an der russischen Schwarzmeerküste entlang, das erst abdrehte, als ein russischer Abfangjäger erschien.[314]

Im Westen werden die Vorbehalte anscheinend unterschätzt, die in Russland in weiten Bevölkerungskreisen gegenüber seiner Politik bestehen. Die Kosovopolitik von 1999 trug nicht unerheblich zur Schwächung westlich gesinnter Demokraten in Russland vor den Dumawahlen zum Ende dieses Jahres bei. Durch die Vorkommnisse um den Irak im Jahre 2003 und die tragischen Vorkommnisse im Kosovo vom März 2004, als der Mob Jagd auf die serbische Minderheit machte, zahlreiche Todesfälle zu beklagen waren und unzählige Kirchen, Klöster und Wohnhäuser in Flammen aufgingen, fühlt sich die breite Mehrheit der Bevölkerung und der Eliten mit ihrer Skepsis in Bezug auf die Weisheit, die Handlungsfähigkeit und die Absichten westlicher Politik bestätigt.

Die Liste der Differenzen in der Selbst- und Fremdwahrnehmung hat sich noch nicht erschöpft:

Präsident Putin erklärte im Februar 2003 im Fernsehen: Wenn der Staat alle Aufgaben erfüllen sollte, zu denen er sich selbst gesetzlich verpflichtet hat, müsste der Staatshaushalt 6500 Milliarden Rubel betragen, er umfasse aber lediglich 3500 Milliarden Rubel. Die Politik müsse in Zukunft darum realistischer und ehrlicher sein.[315]

Diese Äußerung ist wohlwollend nüchtern. Eine Politik der Deklaration war nicht nur typisch für die Sowjetunion, sondern ist es in weiten Bereichen auch für Russland. Wirkliches *Handeln* der Politik wird wegen der übergroßen Dif-

---

313 Margarete Wiest: Russlands neue Partnerschaft mit der NATO, in: Gorzka/ Schulze: Wohin steuert, S. 382; Mark MacKinnon, The Globe and Mail (Canada), 8.4.04, in: CDI 301, 9.4.04; s. auch Boris Vinogradov: V petle po dobroi vole, in: Novye izvestija, 8.4.04.

314 James Appathurai, Interfax am 4.11.04, in: CDI 329, 5.11.04; s. Chronik in Russlandanalysen Nr. 46/2004; Interfax-AVN, 17.11.04, in: CDI 331, 19.11.04.

315 FSO, in: Russia Weekly, 24.2.03.

ferenz zwischen (autoritärem) Gestaltungswillen und der Fähigkeit hierzu häufig durch *Gesten* ersetzt: Im Dezember 2001 verabschiedete die russische Regierung beispielsweise ein Achtjahresprogramm für das Gebiet Kaliningrad über 100 Mrd. Rubel, etwa 3 Mrd. Euro. Die langfristige Planung und die Dotierung des Programms nötigen Respekt ab – der aber schwindet, wenn man sich auf die recht aufwendige Suche macht, woher nach Ansicht der russischen Regierung die 100 Milliarden kommen sollen: 8,4 % aus dem Staatshaushalt, 3,1 % aus Kaliningrad selbst, 14,2 % sollen aus ausländischen Investitionen und 45 % aus anderen, gänzlich ungenannten Quellen kommen.[316]

Die Politik der Deklaration, ohne die Fähigkeit oder Absicht, Ankündigungen auch umzusetzen, hat in der pragmatischen Politik Putins einen geringeren Umfang als zur Präsidentschaft Jelzins, könnte aber eine Erklärung für die Anzeichen mangelnder Vertragstreue Russlands im GUS-Raum sein, wo eine ähnliche „Ankündigungspolitik" herrscht. Mlöglicherweise erklärt dies einen Aspekt der russischen Georgienpolitik?: Ebenso wie den vielen Deklarationen und Verträgen in der GUS kaum Taten folgten, ging die russische Seite vielleicht auch hier davon aus, dass die Vereinbarungen über die Schlies-sung der Stützpunkte im Lande nicht wirklich zu befolgen seien. In Bezug auf westliche Partner werden Verträge hingegen in aller Regel peinlich genau erfüllt.

Die russische Außenpolitik unter Putin ist konsistent ausgerichtet auf die Einbindung in die euro-atlantische Welt. – Dies stellt jedoch nur eine relative Wertung dar. Es lassen sich immer wieder offensichtliche Widersprüche in Verlautbarungen und Handlungen russischer Außenpolitik feststellen, ähnliche Inkonsistenzen gab es auch zur Sowjet- und Zarenzeit. Sie sind als Indizien innergesellschaftlicher Konflikte zwischen verschiedenen Interessengruppen zu werten.[317] Diese Feststellung betrifft die Außen- wie die Innenpolitik. Dementsprechend gibt es bei westlichen – und russischen – Beobachtern häufig größere Unterschiede in der Deutung russischer Politik.

---

316 Christian Meier: Russland und die EU-Osterweiterung, S. 11.

317 Peter W. Schulze: Zum Nichtverhältnis zur vorsichtigen Annäherung. Rußland und die Europäische Union, in: OE Nr. 4-5/2001, S. 441.

Zudem wird in der russischen Innenpolitik mit härteren Bandagen und unverblümteren Worten gekämpft, als etwa in Deutschland. Dies färbt partiell auch auf die russische Außenpolitik ab. Das Pokern um die Unterzeichnung des Kyoto-Protokolls ist hierfür wahrscheinlich ein gutes Beispiel.

Russland erklärte sich zwar bereits im November 2002 dazu bereit das Protokoll zu ratifizieren, zögerte dann aber, um nicht einen Trumpf in den Verhandlungen vor allem mit der EU über den WTO-Beitritt zu verlieren. Dies war aus deutscher und europäischer Sicht nicht angenehm, aber verständlich. Die Tatsache des Pokerns entsprach durchaus internationalen Gepflogenheiten, *wie* Russland sein Spiel betrieb aber teilweise nicht. Auf der Weltkonferenz zum Klimawandel im Oktober 2003 in Moskau sagte Putin in seiner Ansprache: „Wenn es in Russland eine Erwärmung gibt, dann werden wir weniger Geld für Pelzbekleidung ausgeben können und die Getreideernten werden anwachsen."[318]

Äußerungen solcher Art klingen für westliche Ohren verantwortungslos, schockierend und sie kosten dem Land unnötig Sympathien. Unnötig, weil auf Europäer bereits feiner ziselierte Worte wirken, die innerhalb Russlands ihren Zweck vielleicht verfehlten.

X.4 Unterschiedliche Interessen

Die gemeinsamen Interessen zwischen Deutschland bzw. der EU/dem Westen und Russland überwiegen die Gegensätze bei weitem. Beide haben ein existenzielles Interesse an der Herstellung und Sicherung von Stabilität und an einem engem wirtschaftlichen Austausch. Gleichwohl lassen sich auch unterschiedliche Interessen ausmachen, von denen im Folgenden zwei als Beispiele gelten können:

---

318 Hans-Henning Schröder: Chronologie des politischen Wandels in der Sowjetunion und Russland, in: Hillenbrand: Riese, S. 331; Sergei Leskov: Kontrataka na parnikovye gazy, in: Izvestija, 3.10.03, dieser Artikel im Internet: www.main.izvestia.ru/science1/article39296 (zuletzt geöffnet am 1.12.04); ITAR-TASS am 19.2.04, nach: CDI 294, 20.2.04. Zum Thema Kyoto-Protokoll s. auch Russlandanalysen Nr. 39/2004 (S. 14) und Nr. 43/2004.

Energieversorgung

Die Abhängigkeit Deutschlands und Europas von außereuropäischen Energieimporten wird aufgrund der zur Neige gehenden Lagerstätten (z.B. in der Nordsee) trotz nur mäßig steigenden Verbrauchs bereits in wenigen Jahren stark zunehmen. Eine Weiterentwicklung der Energiepartnerschaft mit Russland wird von beiden Seiten angestrebt und ist, trotz einiger Schwierigkeiten, auf einem guten Weg. Deutschland und Europa sind aber gut beraten, ihre Bezugsquellen stärker zu diversifizieren. Zum einen ist fraglich, ob Russland in der Lage sein wird, den stark steigenden Importbedarf europäischer Länder zu decken, auch weil es aus verständlichen Gründen eine wesentliche Ausweitung der Ausfuhren nach Ostasien und in die USA anstrebt. Zum anderen stellt es ein zu hohes Risiko dar, sich zu stark von *einer* Bezugsquelle abhängig zu machen. Diese Worte zeugen nicht von Argwohn gegenüber der Verlässlichkeit und Vertragstreue der russischen Seite, die sogar in Zeiten des Kalten Krieges nie in Frage stand.

Die jetzige Situation Deutschlands und Europas ist vergleichbar mit derjenigen eines wohlhabenden Anlegers, der ebenfalls nicht nur Aktien *eines* Unternehmens kaufen sollte, trotz womöglich bestechender Vorzüge desselben, sondern „die Eier in verschiedene Körbe legen" sollte. Zudem strebt Russland die Schaffung einer Gas-Opec an. Die Realisierungschancen sind nicht allzu groß, falls es aber zu ihr käme, hätten Deutschland und Europa wegen der im Vergleich zum Öl viel starreren Infrastruktur ein echtes Problem.[319]

Europa hat diese Weisheit, Chancen und Risiken zu diversifizieren in den vergangenen Jahren zu wenig beherzigt und in Rücksicht auf Russland (und teils die USA) zu wenig Sorge dafür getragen, dass auch turkmenisches, iranisches und aserbaidschanisches Gas nach Europa gelangen kann. Zum

---

319 Friedemann Müller: Klimapolitik und Energieversorgungssiccherheit. Zwei Seiten derselben Medaille. SWP-Studie S14. - Berlin: April 2004, S. 16, 19; Roland Götz: Russlands Außenhandelsbeziehungen mit dem postsowjetischen Raum: Von der Dominanz zur Marginalität? in: SWP, Hg.: Forschungsgruppe VII, Working Papers, 25.10.2002; Roland Götz: Licht und Schatten, in: OE Nr. 9-10/2003.

Bau der notwendigen Leitungen bedarf es politischer Unterstützung, an der es von der Seite europäischer Länder und der EU bislang mangelte.[320]

Neue Nachbarn

Die Politik der EU in Bezug auf die „Neuen Nachbarn" ist grundsätzlich positiv zu werten, ebenso wie Tendenzen, auch Armenien, Aserbaidschan und Georgien mit einzubeziehen. Es deutet sich aber bereits an, dass hierbei Interessenskonflikte mit Russland entstehen könnten. Dieses verfolgt das Ziel der *gemeinsamen* Integration der (europäischen) GUS-Länder in den europäischen Raum, faktisch unter seiner Führung. Die Konflikte könnten sich aber dadurch entschärfen lassen, dass die Entwicklung des „Einheitlichen Wirtschaftsraumes" (von Weißrussland, Kasachstan, Russland und der Ukraine) sowie der Entwicklung der „Vier Freiheiten" innerhalb Großeuropas zweigleisig erfolgen. Mexiko könnte als Beispiel gelten. Es ist Mitglied der NAFTA und hat zugleich ein Abkommen über eine Freihandelszone mit der EU unterzeichnet.

320 Friedemann Müller: Klimapolitik und Energieversorgungssicherheit, S. 6, zu diesem Thema s. auch Alexander Warkotsch: Ressourcenkonflikt im Kaukasus. Europa und das kaspische Öl, in: Blätter für deutsche und internationale Politik Nr. 1/2004, S. 69-75.

XI. Plädoyer für einen Abschied von Ilusionen und eine verstärkte Zusammenarbeit

Beslan übt in Russland eine Wirkung aus, die derjenigen des 11. September für Amerika fast vergleichbar ist. Die Diskussion in Deutschland und im Westen, inwieweit, mit welchen Mitteln und welchem Grad an Solidarität man Russland zur Hilfe kommen sollte, ähneln der russischen Diskussion des Herbstes 2001 nach den Terrorakten in den USA. Soll man sich gegen den Terror stellen oder die berechtigten Anschuldigungen, für die die Täter zu stehen vorgeben, thematisieren und den Angegriffenen dazu auffordern, Selbstkritik zu üben?

Es gibt natürlich einige Unterschiede zwischen dem Terror am 11. September und demjenigen gegen Russland.[321] Letzterer verfolgt ein lokalisierbares Ziel, ebenso wie derjenige im heutigen Irak. Beide haben aber unzweifelhaft auch internationale Hintergründe. Die Klagen, die die Terroristen vorgeben zu vertreten, waren und sind in allen aufgeführten Fällen nicht unberechtigt. Man sollte versuchen, diese durch praktische Maßnahmen zu entkräften, aber ohne den Anschein zu erwecken, vor der Gewalt der Terroristen zu weichen. Dies wird den Terrorismus nicht gänzlich beseitigen, aber die Rekrutierungsbasis der Gewalttäter verkleinern und die Sympathie vermindern, die sie genießen.

Bin Laden und seine Ideologie hätte ohne die Unterstützung der USA in den 80er Jahren in ihrem Kampf gegen die Sowjetunion kaum die Bedeutung erringen können, die sie heute besitzen. Und der Aufstieg der Taliban in Afghanistan wurde von der Clinton-Regierung Mitte der 90er Jahre geradezu willkommen geheißen: In den westlichen Eliten wurde zu dieser Zeit darüber phantasiert, dass man die Demokratie im Kaukasusraum und Zentralasien unterstütze, indem man russischen Einfluss zurückdränge. Dies sollte unter anderem durch den Bau einer Pipeline durch ein stabiles, russlandfreies Tali-

321 Der Begriff „Terrorismus" ist bislang nicht überzeugend definiert. Dies trifft auch für den Vorschlag einer hochrangigen UN-Kommission vom November 2004 zu, s. Stefan Ulrich: UN legen fest, was Terror ist, in: Süddeutsche Zeitung, 1.12.04

ban-Afghanistan erreicht werden.[322] Hätte Russland im Herbst 2001 darum Appelle zur Vergangenheitsbewältigung an die US-Adresse richten sollen? Sollte jetzt Deutschland und der Westen dasselbe wegen Tschetschenien von der russischen Seite fordern?

Ist es nicht zu einfach, das jetzige Russland und seinen Präsidenten für Fehler und mangelnde Erfolge bei der Lösung eines Problems anzuklagen, das seit fast 200 Jahrhunderten besteht? Es ist ermutigend, dass die russische Führung Anzeichen zeigt, den sozialen und ökonomischen Ursachen des Terrorismus mehr Aufmerksamkeit zuzuwenden, als dies die USA in den vergangenen Jahren unternommen haben. Auch die deutsche Bilanz im Kampf gegen den Terrorismus ist wegen der tendenziell sinkenden Entwicklungshilfeausgaben nicht allzu erfreulich.

In seiner Jahresbotschaft 2003 sagte der Präsident, „dass Russland in Perioden der politischen und wirtschaftlichen Schwäche immer und zwangsläufig vor den Abgrund des Zerfalls geriet". Die Ängste sind zwar übertrieben, aber nicht gänzlich abwegig, erst recht nicht nach Beslan. Jedes Land braucht Freunde, und besonders in der Not. Auch um ihm die nötige Sicherheit zu geben, die Verhandlungen erst möglich macht. Russland verdient unsere Solidarität im Kampf gegen den Terror, trotz aller vielleicht vermeidbaren Fehler in seiner Tschetschenienpolitik der vergangenen Jahre, trotz und *wegen* allen Mitgefühls für die tschetschenische Bevölkerung, die im Krieg erschütterndes Leid erfährt.

Russland hat zwar keine Feinde mehr, aber vielleicht auch (noch) keine wirklichen Freunde von Belang, wobei das deutsch-russische Verhältnis einem freundschaftlichen noch am nächsten kommt. Diese engen Beziehungen sind für beide Völker ein Glück. Bei allen bekannten russischen Reserven gegenüber auswärtigen Aktivitäten in der GUS kann man doch feststellen, dass von allen denkbaren internationalen Partnern Deutschland bzw. die EU am meisten willkommen sind. Seit dem Herbst 2004 gibt es Anzeichen, dass dies auch verstärkt für humanitäre Aktivitäten in Tschetschenien gilt. Hieran sollten wir anknüpfen.

Bereits im Vorfeld von internationalen Krisen sollten Konsultationen mit Moskau eingeleitet werden, um über Möglichkeiten einer Beteiligung Russ-

---

322 Ira Straus am 15.9.04, in: CDI 323, 17.9.04.

lands an EU-geführten Operationen zur Krisenbewältigung zu beraten. Russland hat angeboten, mit Kriegsmaterial dort auszuhelfen, wo europäische Länder nur über unzureichende Kapazitäten verfügen: Transportflugzeuge, Satellitenkommunikation oder Aufklärung. Im Hinblick auf eine Institutionalisierung der Kooperation gibt es offenbar Vorüberlegungen, analog zum 20-er Rat der NATO einen EU-Russland-Sicherheitsrat zu bilden, der Russland beispielsweise in bestimmten Bereichen der Petersberg-Aufgaben Mitentscheidungsrechte einräumt. So jedenfalls sieht es Berichten zufolge ein deutsch-französisches „non paper“ vom März 2004 vor.[323]

Deutschland und die EU sollten, auch in Gesprächen mit dem Kreml, definieren, was legitime bzw. nicht-legitime Interessen Russlands im GUS-Raum sind. Diese sollten keineswegs eine „Aufteilung von Interessenssphären“ im Blick haben. Sie sollten vielmehr dazu dienen, Sorgen wegen vermeintlicher Absichten der anderen Seite zu mindern und eine „Verantwortungsgemeinschaft“ aus europäischen Ländern, der EU, Russland und letztlich auch GUS-Ländern und den USA zu schaffen, die von „Nullsummenspielen“ Abstand nimmt und sich gemeinsam für Stabilität und Entwicklung verantwortlich fühlt. Deutschland und der Westen haben hierbei ein großes Interesse, dass Russland als Anker in der instabilen Region auf Dauer eine herausragende Rolle spielt.

Zudem sollte die Kooperation im Rüstungssektor, zu der Deutschland bislang kaum bereit war, wesentlich verstärkt werden. Sowohl Russland, als auch europäische Staaten können auf sich allein gestellt, die Standards in vielen Bereichen nicht mehr halten. Daneben bietet sich eine verstärkte Zusammenarbeit bei erneuerbaren Energien an, bei denen Deutschland weltweit wahrscheinlich an führender Stelle steht.[324] Ein Wechsel Russlands vom Dollar zum Euro bei der Faktorierung von Rohstoffen wäre eine weitere Maßnahme im Interesse nicht nur der europäischen Seite.

Da Symbole in der russischen Kultur eine bedeutende Rolle spielen, könnte die deutsche Seite ausloten, ob nicht ein demonstratives Projekt wie eine Autobahn Berlin-Warschau-Moskau anvisiert werden könnte. Dieses

---

323 Timmermmann: Visionen, S. 9.

324 Elena Duraeva: Erneuerbare Energien in Russland, in: Russlandanalysen Nr. 43/2004, S. 7-8.

müsste auf Seiten der beteiligten Länder keine zusätzlichen Mittel erfordern. Gleiches gilt für die bereits angedachte russische Universität in Berlin bzw. ihr deutsches Pendant in St. Petersburg.

Die zutiefst patriotische, an der Macht des eigenen Staates orientierte und zugleich von Unsicherheit geprägte Haltung Russlands muss einer zukunftsgerichteten Zusammenarbeit mit diesem Land nicht entgegenstehen, sie war schließlich auch eine der wichtigen Antriebskräfte des europäischen Einigungsprozesses und ist es teilweise noch heute. Insbesondere europäischen Ländern – und an zentraler Stelle Deutschland – eröffnen sich potenziell herausragende Chancen für eine Zusammenarbeit mit Russland, denn gerade sie sind dessen bevorzugte Modernisierungspartner.[325]

Russland ist im Kern ein europäisches Land, und die Russen sind ein europäisches Volk. Die Geschichte und Geographie haben Russland jedoch einen Weg aufgenötigt, der es von vielen Entwicklungen in West- und Mitteleuropa abkoppelte. Zahlreiche Indizien deuten darauf hin, dass das Land im 11. Jahrhundert nicht minder entwickelt war, als Deutschland oder die Länder Ostmitteleuropas, und enge Beziehungen zum Zentrum des Kontinents unterhielt. Aber der Zerfall des Landes im 12. Jahrhundert und die zweihundertjährige Mongolenherrschaft warfen es weit zurück. Die konfessionelle Spaltung zwischen Ost- und Westkirchen, wie die Jahrhunderte lange türkische Besetzung des orthodoxen Balkan behinderten zudem einen intensiven Austausch mit dem Rest Europas. Die Eroberung riesiger Gebiete im Südosten und Osten des traditionellen russischen Siedlungsgebietes im 16. und 17. Jahrhundert entfernte das Land noch weiter vom Kern des Kontinents und somit auch von dessen geistigen und technischen Entwicklungen. Das Imperium erforderte außerdem den Unterhalt einer Armee, dessen Ausgaben das Land nur zum Preis einer andauernden tendenziellen Überforderung zu tragen imstande war. Diese ging zu Lasten des Lebensstandards der Menschen und der Entwicklungsmöglichkeit des Landes.

Ab Ende des 17. Jahrhunderts versuchten die Zaren Russland von oben zu modernisieren, mit wechselnder Intensität und wechselndem Erfolg. Seit den Tagen Peters des Großen wurde innerhalb Russlands ein Streit ausgefoch-

[325] Bei Timmermann (Visionen) lassen sich verschiedene Vorschläge zur Intensivierung der Beziehungen zwischen der EU und Russland finden.

ten, ob sich das Land im tiefen Sinne des Wortes „europäisieren“, oder vor allem seine eigenen Traditionen pflegen sollte. Die Vertreter der ersten Richtung betonten Russlands Rückständigkeit, die der letzteren seine Andersartigkeit. Die Lösung der Bolschewisten bestand in ihrer Behauptung, dass gerade die Eigenart des revolutionären Russland es zum Vorbild für die gesamte Welt mache und Russland dem Westen *voraus* sei. Spätestens mit dem Zusammenbruch der Sowjetunion stellt sich die alte, alte Frage jedoch neu, wenn auch teils mit anderen Worten: Soll Russland dem Westen nacheifern oder vor allem eigene Werte pflegen und einen eigenen Weg gehen?

Sowohl Präsident Jelzin als auch Putin neigten bzw. neigen eindeutig in die westliche Richtung, wobei die Deutlichkeit der Richtungswahl Putins im Westen in der Regel unterschätzt wird.

Russland hat letztlich auch keine andere Möglichkeit, als sich zu seinem europäischen Charakter und seiner europäischen Zukunft zu bekennen.[326] „Europäisch“ bedeutet nicht notwendigerweise eine Mitgliedschaft in der Europäischen Union, obwohl diese für die fernere Zukunft nicht ausgeschlossen werden sollte. Europäisch heißt: Ein wachsendes Gefühl der Zusammengehörigkeit und der Schicksalsgemeinschaft zwischen Russland und seinen westlich gelegenen Nachbarn, die sich auf enge wirtschaftliche, menschliche, politische und sicherheitspolitische Kontakte und Kooperationen stützen. Ohne eine glaubhafte Wertegemeinschaft ist dies aus deutscher und europäischer Sicht kaum denkbar. Deutschland sollte diese von Russland nicht „einfordern“, sondern als Angebot formulieren, ohne Noten zu verteilen, auf

---

326 Noch vor einigen Generationen besaß Russland ein so großes Eigengewicht, dass ein eigener Weg zwischen „Europa“ und „Asien“ eine denkbare Alternative darstellte. Im Jahre 1900 lebten etwa 10 % der Weltbevölkerung im Russischen Reich. Heute beherbergt das Land noch etwas über 2 % der Menschheit und im Jahre 2020 werden es aller Voraussicht nach noch etwa 1,5 % sein, anteilsmäßig etwa so viel, wie im Polen der Zwischenkriegszeit.
Allein die Bevölkerungszahl ist natürlich kein hinreichendes Indiz für die Stärke eines Landes, aber es ist zu erwarten und im Interesse von Humanität und weltweiter Stabilität zu hoffen, dass die armen Länder, in denen der größte Teil der Weltbevölkerung lebt, in Zukunft ein weit stärkeres Wirtschaftswachstum aufweisen werden, als die zur Zeit am höchsten entwickelten Länder. Sehr langfristig kann erwartet werden, dass sich der Lebensstandard auf den verschiedenen Kontinenten mehr oder minder angleichen wird. Dies wäre der „Normalzustand“, wie er vor Beginn der Industrialisierung

welchem Niveau sich der „widerborstige Schüler“ befindet. Deutschland und der Westen brauchen und sollten eigene Werte dabei nicht verleugnen, was auch ohne den erhobenen Zeigefinger möglich ist. Es bietet sich auch der Hinweis an, dass sich Russland durch mangelnde Transparenz und Berechenbarkeit, das heißt auch unzureichende Effizienz, selbst schadet. Dies trifft übrigens ebenso für die Selbstgerechtigkeit und mangelnde Selbstkritik auf westlicher Seite zu.

Die in Deutschland an den inneren Zuständen Russlands geäußerte Kritik ist in vielen Punkten berechtigt, aber oft übertrieben oder ahistorisch. Aus diesem Grund ist die demonstrative Unterstützung des Bundeskanzlers für Präsident Putin notwendig, was nicht bedeutet, dass sie die alleinige Richtlinie deutscher Russlandpolitik sein sollte. Deutsche Politiker, die sich in Moskau aufhalten, sollten selbstverständlich auch künftig das Gespräch mit Vertretern von Nichtregierungsorganisationen und Parteien suchen.

Deutschland und der Westen können den Prozess der Etablierung eines Rechtsstaates und einer Zivilgesellschaft in gewissem Maße aktiv unterstützen: Durch politische Öffnung, wirtschaftliche Verklammerung, und gesellschaftlichen Austausch, die einen „unsichtbaren Wertetransfer“ (Simon) bewirken. Deutschland und der Westen sollten größere Anstrengungen unternehmen, um die russischen Eliten und die russische Öffentlichkeit davon zu überzeugen, dass ihre Zukunft und ihre Interessen im Westen liegen. Zumal diese sich nur allzu gerne überzeugen ließen.

Letztlich aber können nur die Russen selbst eine Demokratie aufbauen und dies wird viel Zeit benötigen. Die westliche Russlandperzeption der neunziger Jahre war teils von übertriebenen Erwartungen, teils von Doppelstandards geprägt. Erstere bestehen kaum noch, letztere hingegen sehr wohl. Sie werden nunmehr ergänzt durch unberechtigte Sorgen vor außenpolitischer Expansion und einem überzogenen Alarmismus in Bezug auf die Zustände innerhalb Russlands.[327] Die starken Stimmungsschwankungen, die in Russland in Bezug auf den Westen herrschen und herrschten, entweder rosarot

---

bestand. – China wies sogar bis zum Jahre 1897 von allen Ländern das höchste Bruttoinlandsprodukt auf.

327 Alexander Rahr: Der kalte Frieden, in: IP Nr. 03/2004, S. 8.

oder dunkelschwarz, treffen in abgeschwächter Form auch für die westliche Russlandperzeption zu.

Russland befindet sich in einem schwierigen Prozess der Selbstdefinition und hat selbstverständlich Anspruch auf Achtung und Respekt. Hiermit denke ich nicht an die ehrfurchtgebietende Größe des Landes, sein Atomwaffenarsenal oder seine Rohstoffe. Ich meine vielmehr: Achtung und Respekt vor der russischen Nation und ihrer Geschichte, wie vor derjenigen anderer Völker auch. Der Autor dieses Buches verspürt eine gewisse Verlegenheit, diese Forderung aufzustellen, weil sie sich im Grunde doch von selbst versteht – verstehen müsste.

Stellen wir uns für einen Moment ein Land vor, in dem es keine Reformation und praktisch keine Aufklärung gab, in dem die Industrialisierung sehr spät einsetzte, in dem Kirche und Krone extrem weit rechts standen und in dem es als Reaktion darauf eine ungewöhnlich starke und vor allem radikale Linke gab. Ein Land in dem ein sehr blutiger Bürgerkrieg tobte, gefolgt von einer jahrzehntelangen Diktatur. – Dieses Land ist das EU-Mitglied Spanien. Warum führe ich dieses Beispiel an? Weil es ist ein Indiz ist für die Offenheit der Geschichte: Die Zukunft ist durch die Vergangenheit mitbestimmt aber keineswegs determiniert.

Literaturverzeichnis und Quellen im Internet

1. Alexandrova, Olga/ Götz, Roland/ Halbach Uwe (Hg.): *Rußland und der postsowjetische Raum.* - Baden-Baden: 2003.
2. *Außen- und Sicherheitspolitik im Neuen Russland.* Eine Elitenstudie. Durchgeführt vom Russischen Unabhängigen Zentrum für Soziale und Nationale Probleme im Auftrage der Friedrich Ebert Stiftung Moskau/ Friedrich Ebert Stiftung, Politikinformation Osteuropa, Internationale Politik, 92, September 2001.
3. *Deutschland und Europa in den Augen der Russen.* Analytischer Bericht, Kurzversion. Institut für Komplexe Gesellschaftsstudien der Russischen Akademie der Wissenschaften in Zusammenarbeit mit der Friedrich Ebert Stiftung, Moskau, Oktober 2002.
4. Gorzka, Gabriele/ Schulze, Peter W. (Hg.): *Russlands Perspektive.* Ein starker Staat als Garant von Stabilität und offener Gesellschaft? - Bremen: 2002.
5. Gorzka, Gabriele/ Schulze, Peter W. (Hg.): *Wohin steuert Russland unter Putin?* Der autoritäre Weg in die Demokratie. - Frankfurt/Main: 2004.
6. Reitschuster, Boris: *Wladimir Putin.* Wohin steuert er Russland? - Berlin: 2004.
7. *Russland auf dem Weg zum Rechtsstaat?* Antworten aus der Zivilgesellschaft, Deutsches Institut für Menschenrechte (Hg.) - Berlin: 2003.
8. Shevtsova, Lilia: *Putin´s Russia.* Carnegie Endowment for International Peace. - Washington D.C.: 2004.

Außenministerium der Russischen Föderation	www.mid.ru
Deutsche Gesellschaft für Auswärtige Politik	www.dgap.org
The Finnish Institute of International Affairs	www.upi-fiia.fi
Stiftung Wissenschaft und Politik	www.swp-berlin.org
Konrad Adenauer Stiftung	www.kas.de
Heinrich Böll Stiftung, Moskau	www.boell.ru
Friedrich Ebert Stiftung	www.fes.de
Center for Defence Information (CDI)	www.cdi.org
The Jamestown Foundation, Eurasia Daily Monitor	www.jamestown.org
DW-Monitor Ost-Südosteuropa	www.dw-world.de/ monitor
Forschungsstelle Osteuropa, Bremen	www.forschungs stelle.uni-bremen.de
Moskauer Deutsche Zeitung (MDZ)	www.mdz-moskau.de
Moscow Times	www.themoscow times.com/
Argumenty i fakty	www.aif.ru
Ėcho Moskvy	www.echo.msk.ru
Izvestija	www.izvestia.ru
Kommersant	www.kommersant.ru
Nezavisimaja gazeta	www.ng.ru
Novye izvestija	www.newizv.ru
Profil'	www.profile.ru
Rossijskaja gazeta	www.rg.ru
Vedomosti	www.vedomosti.ru
Vremja novostej	www.vremya.ru
Rossija v global'noj politike	www.globalaffairs.ru
Russia in Global Affairs	www.eng.globali sation.ru

Anhang: Artikel und Dokumente

1. *Die Krise des Liberalismus in Rußland. Von Michail Chodorkowskij*

Anmerkung: Der Text wurde Ende März 2004 veröffentlicht und löste eine lebhafte und lang andauernde Diskussion aus. Der Autor ist ehemaliger Vorstandsvorsitzender und größter Aktionär der Ölgesellschaft JUKOS. Chodorkowskij befand sich zu diesem Zeitpunkt bereits fünf Monate in Untersuchungshaft.

„Der russische Liberalismus ist in einer Krise, daran besteht heute kein Zweifel. Wenn mir jemand noch vor einem Jahr gesagt hätte, SPS und Jabloko würden die Fünfprozent-Hürde nicht schaffen, hätte ich ernstlich an den analytischen und prognostischen Fähigkeiten des Sprechers gezweifelt. Jetzt ist das Scheitern von SPS und Jabloko Realität.

Zur Präsidentenwahl hatten die Liberalen offiziell zwei Kandidaten nominiert. Der eine, der ehemalige Agrarkommunist Iwan Rybkin, hat uns neben einem eingängigen politischen Wahlkampf eine derart billige Farce dargeboten, dass sich selbst Oleg Malyschkin, Vertreter der LDPR und Fachmann für die persönliche Sicherheit Schirinowskis, geschämt hätte. Die andere Kandidatin, Irina Chakamada, distanzierte sich, wo sie nur konnte von ihrer liberalen Vergangenheit, kritisierte Boris Jelzin und forderte einen sozial ausgerichteten Staat. Und sie bezeichnete anschließend, ohne rot zu werden – und wohl auch ohne Grund – ihre 3,84 % der Wählerstimmen als großen Erfolg.

Diejenigen Politiker und Experten, die noch im vergangenen Sommer, kurz nach der Verhaftung meines Freundes und Geschäftspartners Platon Lebedew, eine autoritäre Bedrohung und die Missachtung des Gesetzes und der bürgerlichen Freiheiten ausgemacht hatten, überholen sich jetzt gegenseitig mit honigsüßen Komplimenten an die Adresse der Kreml-Beamten. Von dem liberalen Aufruhr ist nicht das Geringste mehr zu sehen. Es gibt natürlich Ausnahmen, doch die bestätigen lediglich die Regel.

Wir beobachten heute praktisch die Kapitulation der Liberalen. Und diese Kapitulation ist nicht nur die Schuld der Liberalen, sondern auch ihr Unglück. Die Angst vor einer Tausendjährigen Geschichte, schmackhaft gemacht durch den im Anfang der Neunziger verwurzelten machtvollen Hang zu einem opulenten Lebensstil. Die genetisch verankerte Servilität. Die Bereitschaft, die Verfassung für eine zusätzliche Portion Kaviar auch mal zu vergessen. Das waren die russischen Liberalen und so sind sie auch geblieben.

‚Meinungsfreiheit', ‚Gedankenfreiheit', ‚Gewissensfreiheit' sind Begriffe, die sich zielstrebig zu parasitären Kunstworten verwandeln. Nicht nur die Bevölkerung, sondern auch die Mehrheit derer, die gewöhnlich als Elite betrachtet werden, winkt ermattet ab: Alles klar, es geht nur um den nächsten Konflikt der Oligarchen mit dem Präsidenten.

Niemand weiß so recht, wie es nach dem Fiasko bei den Wahlen im Dezember mit der Union der Rechten Kräfte (SPS) weitergehen soll, und im Grunde interessiert es auch niemanden. Das ‚Komitee 2008', das beschlossen hat, das Gewissen des russischen Liberalismus zu spielen, demonstriert bereitwillig seine eigene Hilflosigkeit und verkündet, sich fast schon entschuldigend: ‚Es sieht so aus, als seien wir nicht ganz so viele, als kämen wir immer zu spät. Verlassen sollte man sich auf nichts, aber trotzdem ...' Die Idee einer neuen Partei ‚Freies Russland', die Chakamada angeblich aus dem Scherbenhaufen von Jabloko und SPS gründen wollte, ist in der Gesellschaft auf keinerlei wesentliches Interesse gestoßen. Sie ist einzig eine Spekulation einiger Dutzend professioneller Parteigründer, die wieder einmal leicht zu erringende persönliche Gewinne wittern.

Währenddesen gedeihen auf dem politischen Boden Russlands die Verfechter eines neuen Diskurses, der Ideologie der sogenannten ‚Partei der Nationalen Revanche' (PNR). Die „PNR" wird sowohl durch den gesichtslosen Luftbeutel Jedinaja Rossija als auch durch die aus lauter Überlegenheit gegenüber ihren erfolglosen Konkurrenten abgewetzte Rodina, als auch durch die LDPR repräsentiert, deren Führer wieder einmal seine außergewöhnliche politische Vitalität bewiesen hat. Alle diese Leute sprechen, selten aufrichtig und eher verlogen sowie auf Bestellung, doch nicht weniger überzeugend vom Scheitern liberaler Ideen und davon, dass in Russland Freiheit einfach nicht gebraucht wird. Freiheit ist in ihren Augen das fünfte Rad am Wagen der nationalen Entwicklung. Und wer von Freiheit redet, ist entweder ein Oligarch oder ein Schwein (was im Großen und Ganzen auf dasselbe hinausläuft). Vor diesem Hintergrund wirkt Putin schon wie ein Spitzenliberaler. Denn was er sagt, ist er hundertmal besser als das, was Rogosin oder Schirinowski von sich geben. Und so kommt man ins Grübeln: Stimmt. Putin ist wohl kein Liberaler und auch kein Demokrat, doch er ist immer noch liberaler und demokratischer als 70 % der Bevölkerung. Und niemand anderes als Putin hat, indem er die gesamte antiliberale Energie dieser Mehrheit aufgefangen hat, unseren nationalistischen Dämonen Zügel angelegt und es verhindert, dass Rogosin oder Schirinowski bzw. nicht sie, die sie lediglich talentierte politische Akteure sind, sondern die vielzähligen Anhänger ihrer Auftritte in Russland die Macht übernehmen. Tschubais und Jawlinskij waren per definitionem nicht dazu fähig, dieser ‚nationalen Revanche' die Stirn zu bieten. Sie hätten nur abwarten können, bis die Apologeten solcher Werte wie ‚Russland den Russen' sie aus dem Land geworfen hätten, wie das in unserer Geschichte ja einige Male vorgekommen ist.

So sieht es aus. Und trotzdem kann der Liberalismus in Russland nicht sterben, weil der Durst nach Freiheit einer der wichtigsten Instinkte des Menschen ist, sei er nun Russe, Chinese oder Lappe. Es stimmt, dieses süße Wort Freiheit ist mehrdeutig. Doch der Geist, der in ihm steckt ist unausrottbar. Es ist der Geist Prometheus', der den Menschen das Feuer gab. Der Geist Jesu Christi, der wie einer sprach, der das Recht dazu hat, und nicht in der Art der Gelehrten und Pharisäer.

Die Krise des russischen Liberalismus liegt also nicht in den Idealen der Freiheit begründet, wie auch immer er verstanden wird. Es liegt nämlich, wie der letzte Ministerpräsident der UdSSR, Valentin Pawlow, zu sagen pflegte, nicht am System, sondern an den Menschen. Diejenigen, die durch das Schicksal und die Geschichte zu Verteidigern der liberalen Werte in unserem Land geworden sind, haben versagt. Wir müssen das heute in aller Offenheit eingestehen. Weil die Zeit der Schläue vorbei ist. Das ist von hier, aus der Zelle des Moskauer Untersuchungsgefängnisses Nr. 4, in dem ich mich gerade befinde, deutlich zu sehen, vielleicht sogar ein wenig deutlicher als aus anderen, komfortableren Räumen.

SPS und Jabloko haben die Wahlen keineswegs deshalb verloren, weil sie vom Kreml diskriminiert wurden, sondern allein deshalb, weil die Präsidentenverwaltung ihnen zum ersten Mal nicht geholfen, sondern genauso wie die anderen Oppositionskräfte behandelt hat. Und auch Irina Chakamada hat ihre 3,84 % nicht gegen die staatliche Verwaltungsmaschine erhalten, von der sie schlicht nicht bemerkt wurde, sondern vor allem, weil der Kreml inbrünstig daran interessiert war, die Wahlbeteiligung zu erhöhen. Die Großunternehmer, die in der Umgangssprache als Oligarchen bezeichnet werden (ein zweifelhafter Begriff, doch dazu komme ich später), sind nicht von der Bühne verschwunden, weil in Russland plötzlich die Korruption aufblühte, sondern allein, weil die üblichen Lobbymechanismen nicht mehr funktionierten. Denn diese waren auf einen schwachen Präsidenten und die ehemalige Kremladministration ausgerichtet. Punkt.

Sozial aktive Leute mit liberalen Anschauungen, zu denen ich mich Sünder auch zähle, trugen die Verantwortung dafür, dass Russland nicht den Weg der Freiheit verlässt. Und in Abwandlung der berühmten Worte Stalins von Ende Juni 1941 sage ich: Wir haben unsere Sache versch.... Jetzt werden wir unsere tragischen Fehler analysieren und unsere Schuld eingestehen müssen, die moralische wie auch die historische. Nur so können wir einen Ausweg aus der Situation finden.

Mit der Lüge über dem Abgrund

Der russische Liberalismus hat eine Niederlage erlitten, weil er versucht hat, sowohl wichtige nationale und historische Besonderheiten Russlands als auch die lebenswichtigen Interessen der überwiegenden Mehrheit des russischen Volkes zu ignorieren – und, weil er tödliche Angst hatte, die Wahrheit zu sagen.

Ich möchte nicht behaupten, dass es das Ziel von Tschubais, Gajdar und ihren Gesinnungsgenossen war, Russland zu täuschen. Viele Liberale der ersten Jelzinschen Generation waren aufrichtig von der historischen Richtigkeit des Liberalismus überzeugt, und davon, dass eine ‚liberale Revolution' in diesem ausgelaugten Land, das die Schönheiten der Freiheit nicht kannte, notwendig sei. Doch bei eben dieser Revolution gingen die Liberalen, nachdem sie plötzlich an die Macht gekommen waren, überaus oberflächlich, ja geradezu leichtfertig vor. Sie dachten dabei nur an die Arbeits- und Lebensbedingungen jener 10 % der Russen, die zu einschneidenden Veränderungen ihres Lebens bei einer Absage an staatlichen Paternalismus bereit waren. Die übrigen 90 % wurden dabei vergessen. Und das tragische Scheitern ihrer Politik wurde bei vielen Anlässen mit Täuschungen bemäntelt.

Die Liberalen täuschten 90 % der Bevölkerung, als sie großzügig versprachen, dass man sich für einen Privatisierungsgutschein zwei Autos werde kaufen können. Ein unternehmender Finanzjongleur mit Zugang zu entsprechenden Hintergrundinformationen und den Fähigkeiten, diese entsprechend zu analysieren, konnte sich für einen Privatisierungs-Cheque sogar zehn Autos kaufen. Doch versprochen worden war es allen!

Die Liberalen verschlossen die Augen vor der russischen Wirklichkeit, als sie mit einem Federstrich die Privatisierung durchführten, deren negativen sozialen Folgen dabei ignorierten und die Reform affektiert als schmerzlos, ehrlich und gerecht bezeichneten. Was das Volk heute über diese ‚große' Privatisierung denkt, ist allseits bekannt.

Die Liberalen verschwendeten keinen Gedanken an die katastrophalen Folgen für die Sparguthaben der Bevölkerung. Dabei wäre das Problem dieser Guthaben doch ganz einfach zu lösen gewesen, mit Hilfe von Staatsobligationen, die zum Beispiel durch eine Kapitalzuwachssteuer hätten gedeckt werden können. Oder mit Hilfe von Aktien von Aktienpaketen der nun privatisierten besten Unternehmen des Landes. Doch die Liberalen wollten hierfür nicht ihre kostbare Zeit opfern. Sie waren zu faul, hierfür ihre grauen Zellen in Gang zu setzen.

In den neunziger Jahren hat sich niemand mit einer Bildungsreform, einer Gesundheitsreform oder einer Reform des Wohnungswesens beschäftigt. Oder mit einer gezielten Unterstützung der sozial Schwachen und Armen. Also mit Fragen, von deren Lösung das Wohlergehen einer riesigen Mehrheit unserer Landsleute abhing und weiter abhängt.

Soziale Stabilität und sozialer Frieden, die Grundlage einer jeden langfristigen Reform sein müssen, die die Lebensgrundlagen unserer Nation berührt, wurden von den russischen Liberalen außer Acht gelassen. Sie haben zwischen sich und der Bevölkerung einen Abgrund geschaffen. Einen Abgrund, in den sie mit ihrem Informations- und Verwaltungsapparat ihre rosigen liberalen Vorstellungen von der Realität sowie die Energie ihrer manipulativen Öffentlichkeitsarbeit pumpten. Gerade in den neunziger Jahren kam die Vorstellung von der Allmacht gewisser Politstrategen auf, jener Leute, die es angeblich vermögen, das Fehlen realer Politik in bestimmten Bereichen durch ausgeklügelte virtuelle Einwegprodukte zu kompensieren.

Bereits die Ackerei der Wahlkämpfe 1995 und 1996 hatte gezeigt, dass die Russen ihren liberalen Herrschern den Rücken gekehrt hatten. Als einer der wichtigen Sponsoren des Jelzinschen Wahlkampfes von 1996 erinnere ich mich sehr genau, welch wahrlich übermenschliche Anstrengungen von Nöten waren, das Volk dazu zu bringen, ‚mit dem Herzen' abzustimmen.

Und was dachten die liberalen Top-Manager des Landes, als es hieß, der wirtschaftliche Zusammenbruch vom September 1998 sei unausweichlich? Es gab nämlich einen Ausweg: eine Abwertung des Rubels. Im Februar 1998 und sogar noch im Juni wäre man mit einer Abwertung von 5 auf 10-12 Rubel pro Dollar davongekommen. Viele meiner Kollegen und auch ich traten für diese Variante zur Verhinderung der drohenden Finanzkrise ein. Doch haben wir damals, obwohl wir die nötigen Einflussmöglichkeiten in der Hand hatten, unsere Position nicht durchgesetzt und teilen daher die moralische Verantwortung für diese Krise mit der damaligen verantwortungslosen und unfähigen Regierung.

Die liberalen Führer bezeichneten sich selbst als Opfer und Märtyrer und ihre Regierungen als ‚Kamikaze-Kabinette'. Anfänglich mag das noch gestimmt haben. Doch gegen Mitte der neunziger Jahre umgab man sich zu sehr mit Mercedessen, Datschen, Villen, Nachtklubs und goldenen Kreditkarten. Die stoischen Verfechter des Liberalismus, die für den Triumph ihrer Ideale zu sterben bereit waren, wurden von einer dekadenten Bohème abgelöst, die gar nicht erst versuchte, ihre Gleichgültigkeit gegenüber der russischen Bevölkerung, dem Volk ohne Stimme, zu verbergen. Dieses Bild der Bohème, verfeinert durch deren demonstrativen Zynismus, hat überaus viel zur Diskreditierung des Liberalismus in Russland beigetragen.

Die Liberalen haben die Unwahrheit gesagt, als sie verkündeten dass es dem russischen Volk immer besser gehen werde. Weil sie selbst nicht wussten und verstanden und auch, muss ich hinzufügen, gar nicht verstehen wollten, wie die Mehrheit wirklich lebt. Jetzt kommt man – wie ich hoffe beschämt – nicht umhin, genau zuzuhören und es ernst zu nehmen.

Selbst in Bezug auf die verkündeten Werte des Liberalismus waren seine Verfechter in Russland oft genug unaufrichtig und inkonsequent. So redeten die Liberalen zwar von Meinungsfreiheit, taten jedoch alles Erdenkliche, um den Medienbereich finanziell und administrativ unter ihre Kontrolle zu bringen und diese magische Sphäre für eigene Zwecke zu nutzen. Dieses Vorgehen wurde oft mit der ‚kommunistischen Bedrohung' begründet, zu deren Abwehr alles erlaubt sei. Davon jedoch, dass die ‚rot-braune Pest' nur in dem Maße eine Bedrohung ist, wie die liberale Regierung ihr Volk und dessen wahre Probleme vernachlässigt, wurde mit keinem Wort gesprochen.

Die Nachrichtenkanäle wurden mit Sentenzen über die ‚diversifizierte Ökonomie der Zukunft' überflutet. In Wahrheit begann Russland jedoch, an der Rohstoff-Nadel zu hängen. Es ist unstrittig, dass die tiefgehende Krise der Industrie eine direkte Folge des Zusammenbruchs der UdSSR und des durch die Inflation bedingten drastischen Einbruchs der Investitionen war. Es war aber die Pflicht der Liberalen, auch dieses Problem in Angriff zu nehmen. Und zwar unter anderem durch die Einbeziehung starker, fähiger Vertreter des linken Flügels in die Regierung. Man zog es jedoch vor, das Problem zu übergehen. Muss man sich da noch wundern, dass die zu Millionen zählende wissenschaftlich-technische Intelligenz, die am Ende der achtziger Jahre noch treibende Kraft der sowjetischen Befreiungsbewegung war, jetzt die LDPR und Rodina wählt?

Ohne auf Einwände zu hören haben die Liberalen immer gesagt, dass man mit dem russischen Volk umspringen kann, wie es einem beliebt. Und, dass ‚in diesem Land' alles von den Eliten entschieden wird und das Volk nicht nachzudenken braucht. Das Volk werde der Regierung jeden Schwachsinn, jede Unverschämtheit, jede Lüge wie ein Geschenk des Himmels abkaufen. Daher wurden die Überlegungen ‚wir brauchen eine Sozialpolitik', es muss gerechter geteilt werden' usw. verworfen, abgelehnt oder mit einem Lächeln abgetan.

Jetzt ist die Stunde der Buße gekommen. Bei den Wahlen 2003 hat die Bevölkerung mit Bestimmtheit und ohne Sentimentalität „Lebe wohl!" gesagt. Selbst die Jugend, von der wir dachten, ja überzeugt waren, dass sie die Ideen von SPS zutiefst angenommen hat und ganz hinter Tschubais steht, wählte Rodina und LDPR.

Das war eine schallende Ohrfeige über jenen Abgrund hinweg, der die mächtigen Liberalen vom Rest des Landes trennt.

Und wo sind in jener Zeit die Großunternehmer gewesen? In unmittelbarer Nähe der liberalen Herrscher. Wir halfen ihnen bei ihren Fehlern und Lügen.

Wir waren von der Regierung natürlich nie begeistert. Doch widersprachen wir ihr auch nicht – um nicht unseren Brotverdienst zu riskieren. Es ist einfach lächerlich, wenn hurtige Propagandisten uns als ‚Oligarchen' bezeichnen. Eine Oligarchie ist die Gesamtheit derjeniger, die eigentlich an der Macht sind.

Wir waren jedoch stets unabhängig von den Bürokraten in ihren ultraliberalen Tausend-Dollar-Jacketts. Unsere gemeinsamen Ausflüge zu Jelzin waren lediglich eine Schauveranstaltung – man präsentierte uns der Öffentlichkeit als die Hauptschuldigen an den Übeln im Land und wir begriffen nicht sofort, was da vor sich geht. Man hat uns auflaufen lassen...

Wir hatten genug Reserven, um ein Spiel mit diesen Regeln, das ja eher ein Spiel ohne Regeln war, anfechten zu können. Doch durch unsere Willfährigkeit und Ergebenheit und unsere kriecherische Fähigkeit zu geben, wenn wir um etwas gebeten wurden – und sogar, wenn wir nicht darum gebeten werden – haben wir die Willkür der Beamten und der Gerichte mit erzeugt.

Wir haben tatsächlich die durch die letzten Jahre der Sowjetunion am Boden liegenden Produktionsstätten im Großen und Ganzen wieder zum Leben erweckt und mehr als 2 Millionen hochbezahlte Arbeitsplätze geschaffen. Doch wir haben dies dem Land nicht vermitteln können. Warum? Weil unser Land den Unternehmern ihre Solidarität mit der ‚Partei der Verantwortungslosigkeit', der ‚Partei der Täuschung' nicht verziehen hat.

Die Unternehmer in Freiheit

Es ist ein traditionsreicher Irrtum, ‚die Liberalen' mit ‚den Unternehmern' gleichzusetzen. Die Philosophie des Unternehmers besteht darin, Geld zu machen. Und für Geld ist eine liberale Umgebung keineswegs eine unabdingbare Voraussetzung. Die amerikanischen Konzerne, die in der UdSSR Milliarden investiert hatten, mochten die sowjetischen Behörden sehr, weil diese völlige Stabilität und Schutz vor gesellschaftlicher Kontrolle garantierten. Unlängst erst, Ende der neunziger Jahre, beendeten multinationale Konzerne ihre Zusammenarbeit mit den anrüchigsten afrikanischen Diktaturen, jedoch längst nicht alle und auch nicht überall.

Die Zivilgesellschaft stört die Privatwirtschaft eher, als dass sie sie unterstützen würde. Sie verteidigt die Rechte der Arbeitnehmer, behindert ungenierte Eingriffe in die Umwelt, setzt sich für die Offenlegung von Wirtschaftsvorhaben ein und kämpft gegen Korruption. Und all dies schmälert die Gewinne. Als Unternehmer – und das sage ich als ehemaliger Leiter eines der größten Ölunternehmen Russlands – ist es sehr viel einfacher, sich mit einer Hand voll nicht allzu gieriger Beamter zu einigen, als sein Vorgehen mit einem verzweigten und handlungsfähigen Netzwerk gesellschaftlicher Institutionen abzustimmen.

Die Unternehmer brauchen keine liberalen politischen Reformen, sie sind nicht von einer Manie der Freiheit besessen. Sie koexistieren nämlich immer mit der Staatsform, wie sie aktuell besteht. Vor allem erwarten die Unternehmer, dass der Staat sie schützt – vor der Zivilgesellschaft und vor den Arbeitnehmern. Daher sind die Unternehmen, besonders die großen dazu verdammt, gegen eine echte – nicht gegen eine vorgetäuschte – Zivilgesellschaft zu kämpfen.

Darüber hinaus sind Unternehmer immer kosmopolitisch, da Geld keine Heimat hat. Unternehmer richten sich dort ein, wo es günstig für sie ist, sie stellen diejenigen ein, die wenig kosten, und investieren nur dort, wo maximaler Gewinn zu erwarten ist. Für viele, wenn auch unbestritten nicht für alle russischen Unternehmer, die in den neunziger Jahren ihr Vermögen gemacht haben, ist Russland nicht eine Heimat, sondern ein unbeschränkter Jagdgrund. Ihre Hauptinteressen und Lebensstrategien sind dabei mit dem Westen verknüpft.

Für mich ist Russland meine Heimat. Hier möchte ich leben, arbeiten und sterben, und ich möchte, dass meine Nachkommen auf Russland und mich als ein winziges Teilchen dieses Landes und dieser einmaligen Zivilisation stolz sein können. Vielleicht habe ich das zu spät verstanden, denn erst im Jahre 2000 begann ich damit, in Organisationen der Zivilgesellschaft zu investieren und karitativ tätig zu werden. Doch lieber zu spät als nie.

Deshalb habe ich die Wirtschaft verlassen und spreche hier nicht im Namen der ‚Wirtschaftskreise', sondern in meinem eigenen. Und im Namen des liberalen Teils der Gesellschaft, jener Schicht von Leuten, mit denen wir uns immer als Mitstreiter und Gleichgesinnte fühlen können. Selbstverständlich gibt es unter uns auch Großunternehmer, denn niemandem kann der Zugang zu wahrer Freiheit und wirklicher Demokratie verwehrt sein.

Die Wahl unseres Weges.

Was können und müssen wir heute tun?

Ich möchte sieben Punkte nennen, die mir vorrangig erscheinen.

Wir müssen eine neue Strategie der Zusammenarbeit mit dem Staat entwickeln. Staat und Bürokratie sind keine Synonyme. Es ist an der Zeit, sich selbst zu fragen: ‚Was hast du für Russland getan?' Was Russland nach 1991 für uns getan hat, ist bekannt.

Wir müssen die Wahrheit in Russland und nicht im Westen suchen. Ein gutes Image in den USA und Europa ist schön und gut, doch wird das nie die Achtung der eigenen Landsleute ersetzen können. Wir müssen beweisen, und zwar in erster Linie uns selbst, dass wir keine Vagabunden sind, sondern beständig auf unserem russischen Boden stehen. Wir müssen aufhören, die Interessen des Landes und seiner Bevölkerung zu vernachlässigen – besonders in dieser demonstrativen Art und Weise. Diese Interessen sind auch die unsrigen!

Wir müssen mit den sinnlosen Versuchen aufhören, die Legitimität des Präsidenten in Frage zu stellen. Ganz unabhängig davon, ob Putin uns gefällt oder nicht, ist es Zeit zu begreifen, dass er das Staatsoberhaupt ist, und nicht nur eine natürliche Person. Der Präsident ist eine Institution, die den Bestand und die Stabilität des Landes garantiert. Und bewahre uns Gott, dass diese Institution nicht zerbricht, einem neuen Februar 1917 nicht standhält. Die Geschichte unseres Landes lehrt uns, das eine schlechte Regierung besser ist als gar keine. Mehr noch, es ist höchste Zeit zu begreifen, dass zur Entwicklung der Zivilgesellschaft ein Impuls von Seiten der Regierung nicht nur von Nöten, sondern unabdingbar ist. Die Infrastrukturen einer Zivilgesellschaft entstehen über Jahrhunderte hinweg und nicht mit einem einzigen Wink mit dem Zauberstab.

Wir müssen aufhören, uns und der Gesellschaft etwas vorzulügen, und beweisen, dass wir bereits stark und erwachsen genug sind, die Wahrheit zu sagen. Ich achte und schätze Irina Chakamada sehr, doch habe ich (...) darauf verzichtet, ihren Präsidentschaftswahlkampf finanziell zu unterstützen, da ich dort besorgniserregende Zeichen von Unwahrheit feststellen musste. Wie auch immer man zum Präsidenten stehen mag, ist es zum Beispiel schlichtweg falsch und ungerecht, ihn der Mitverantwortung an dem Geiseldrama im Musicaltheater ‚Nord-Ost' zu bezichtigen.

Wir müssen unsere kosmopolitische Weltanschauung Vergangenheit werden lassen und manifestieren, dass wir mit beiden Beinen auf dem Boden stehen und keine windigen Gestalten sind. Wir müssen anerkennen, dass das liberale Projekt in Russland nur im Kontext der nationalen Interessen Erfolg haben kann und dass der Liberalismus erst dann in Russland Wurzeln schlagen wird, wenn er festen, stabilen Boden unter den Füßen spürt.

Wir müssen die Privatisierung legitimieren und unbedingt akzeptieren, dass 90 % der Bevökerung die Privatisierung als ungerecht empfinden und deren Nutznießer nicht als rechtmäßige Eigentümer betrachten. Solange das der Fall ist, wird es immer politische, bürokratische und wohl auch terroristische Kräfte geben, die das Privateigentum attackieren werden. Um die Privatisierung einem Land zu vermitteln, in dem Vorstellungen vom Recht auf Eigentum nach Vorbild des römischen Rechts nie besonders stark und ausgeprägt waren, müssen die Großunternehmen gezwungen werden, mit dem Volk zu teilen. Dies könnte durch eine Zustimmung der Großunternehmer zu einer Reform der Besteuerung von Rohstoffen und durch andere Schritte erfolgen, die den Großeigentümern unangenehm wären. Es ist besser, derlei Schritte selbst zu unternehmen und sie dadurch beeinflussen und steuern zu können, als zum Opfer seines blinden Widerstandes gegen das Unausweichliche zu werden. Wenn es nun mal so ist, dann muss man da auch durch. Nicht die Regierung, die ständig auf der Suche nach Angriffspunkten ist, um Druck auf uns ausüben zu können, braucht eine Legitimierung der Privatisierung, sondern wir und unsere Kinder brauchen sie – damit sie in Russland leben und sich auf den Straßen der russischen Städte ohne eine Wagenkolonne voller Leibwächter bewegen können.

Wir müssen Geld und Verstand in den Aufbau völlig neuer, von den Lügen der Vergangenheit nicht besudelter gesellschaftlicher Institutionen investieren. Wir müssen echte zivilgesellschaftliche Strukturen schaffen, solche, die wir nicht wie eine Sauna als Ort zum angenehmen Zeitvertreib betrachten werden. Wir müssen jungen Menschen die Türen öffnen und talentierte und gewissenhafte Leute engagieren, die die Basis einer neuen Elite Russlands sein werden. Für das heutige Russland ist der brain drain eine Tragödie. Denn unsere klugen Köpfe sind die Grundlage unserer Konkurrenzfähigkeit im 21. Jahrhundert und sie sind etwas anderes, als jene knapper werdenden Rohstoffvorkommen. Sie werden sich immer dort konzentrieren, wo sie einen guten Lebensraum finden – in jener Zivilgesellschaft eben.

Um das Land verändern zu können, müssen wir uns selbst verändern. Um Russland davon zu überzeugen, einen liberalen Entwicklungsweg einzuschlagen, müssen wir die Komplexe und Phobien des vergangenen Jahrzehnts überwinden – zusammen mit der gesamten leidigen Geschichte des russischen Liberalismus.

Um dem Land die Freiheit zurückzugeben, müssen wir erst einmal selbst an diese glauben."

Übersetzung von Jens Siegert

2. *Warum hegen Liberale eine derartige Abneigung gegen Putin? Wer findet diese Art von Demokratie passend? Von Wjatscheslaw Kostikow*

Aus: Argumenty i fakty, 14.7.04

Hintergrund: Die Wochenzeitung „Argumenty i fakty" ist mit einer Auflage von etwa 3 Millionen Exemplaren das auflagenstärkste gedruckte Medium Russlands. Sie gibt an, sich durch Werbung zu finanzieren, die „Promswjasbank" hält jedoch ein Kontrollpaket.

„Warum hegen Liberale eine solche Abneigung gegen die ‚gelenkte Demokratie'? Warum nennen sie die gegenwärtige Administration ein ‚Regime' und legen somit nahe, dass es sich um ein totalitäres handelt? Warum beispielsweise widert sie die Tatsache so an, dass Präsident Putin ein ehemaliger Geheimdienstmitarbeiter und Oberst ist? Warum waren die Amerikaner nicht ebenso angeekelt als sie George Bush Senior wählten, einen ehemaligen CIA-Direktor? Warum hält man es für normal, dass Präsident George W. Bush die ‚Texas-Öl-Lobby' (die den Krieg im Irak entfesselte) mit in das Weiße Haus brachte – aber wenn Putin ‚Leute aus St. Petersburg heranholt' ist es eine Gefahr für die Demokratie? Obwohl zu den Leuten aus St. Petersburg die durch und durch liberalen Politiker German Gref und Alexej Kudrin ebenso wie die Juristen Dmitrij Kosak *(Kozak, russ.: Козак)* und Dmitrij Medwedjew gehören?

Warum wird Putin für die Tatsache verurteilt, dass die Anzahl der Mitarbeiter der Regierung mit einem militärischen Hintergrund unter seiner Leitung gestiegen ist, während keine Erwähnung findet, dass die Anzahl der Vertreter aus der Wirtschaft und der professionellen Ökonomen sich im Vergleich zur Jelzin-Zeit versiebenfacht hat? Warum betrachten die russischen Liberalen den US-Krieg im Irak als ‚Befreiungsmission', die Anstrengungen hingegen, die Banditen Schamil Basajews in Tschetschenien zu vernichten als ‚exzessive Anwendung von Gewalt'? Als der amerikanische Millionär Herbert Axelrod auf einem Flughafen unter der Anklage des Betrugs verhaftet wurde, galt dies als normaler Vorgang in einer ‚normal funktionierenden Demokratie' – aber wenn ein russischer Oligarch, der Milliarden Dollar vor den Steuerbehörden verborgen hat, inhaftiert wird, ist dies ein Beispiel für die Exzesse des Kreml? Wenn das US-Justizministerium einen Rundbrief herausgibt, der Folter im

Falle eines ‚nationalen Interesses' erlaubt, warum schweigen unsere Liberalen? Man möge sich den Aufschrei vorstellen, wenn Moskau statt Washington solch ein Dokument herausgegeben hätte. Warum rühmen unsere Demokraten ‚Jelzin den Demokraten' ebenso sehr, wie sie Putin verunglimpfen – obwohl sogar jüngste Umfragen zeigen, dass 0,3 % der Befragten Jelzin vertrauen, 70 % hingegen Putin?

Der verunsicherte Staat

In diesen Tagen, in denen Präsident Putin versucht zu regieren – und nicht eine Herrschaft auszuüben, wie es sein Vorgänger tat – wird er des Autoritarismus angeklagt. Wir haben tatsächlich noch einen weiten Weg zurückzulegen, bevor wir eine Demokratie erreichen, die nach westlichem Vorbild gelenkt wird. Wir haben keine gelenkte Demokratie, sondern eine eingeschüchterte Verwaltung. Wie viel wurde bereits über die Reform des Bankensektors gesprochen? Wie ein maßgeblicher Bankier zugab, beschäftigen sich die ‚meisten russischen Banken damit, Geld zu waschen, nicht damit, es auszuleihen'. Und was haben die staatlichen Organe getan? Gezögert. Während des gesamten letzten Jahrzehnts haben für jeden Dollar, der nach Russland hereinkam, drei das Land verlassen. Und der Großteil dieser außer Landes gebrachten Mittel war ‚schmutziges Geld'. Was haben die staatlichen Organe getan? Geklagt, aber nichts unternommen. Nichts wurde unternommen, um den Umfang der Schattenwirtschaft zu reduzieren.

In westlichen Demokratien macht der illegale Sektor bis zu 15-20 % der Volkswirtschaften aus, aber in unserer furchtsamen Demokratie beläuft er sich auf 50 %. Liberale Kritiker beschuldigen Wladimir Putin anhaltend, zu großen Druck auf die Geschäftswelt auszuüben. Aber wie kann es ‚exzessiven Druck' geben, wenn die Einkommenssteuerrate in Russland um ein Vielfaches niedriger als im Westen ist? Unser verarmtes Land hat einen einheitlichen Steuersatz von 13 %, die wohlhabenden Vereinigten Staaten haben den Steuersatz auf 39,6 % gesetzt und das liberale Großbritannien gar auf 40 %. Wem kommt diese Art von Demokratie also zupass? Sie ist sehr bequem für die Halbwelt-Wodkabarone, die lediglich für ein Viertel ihrer Einkünfte Steuern zahlen. Sie ist bequem für die Bier-Könige, weil sie es ihnen ermöglicht, alle Versuche abzublocken ihren Anteil an der Fernsehwerbung zu beschneiden. Sie ist bequem für diejenigen Banker, die ein Vermögen damit verdienen, sich Verfahren auszudenken, mit denen man kriminell erworbene Gewinne in Offshore-Gebiete abziehen kann. Sie ist bequem für leitende Beamte, weil sie Korruption befördert, und für Abgeordnete des Parlaments, die auf Staatskosten die Fußballeuropameisterschaft besuchen.

Ein Kurswechsel

Präsident Putin versucht, den Kurs zu korrigieren und zumindest die krassesten Mängel des vergangenen Jahrzehnts zu beheben. Er verbrachte seine erste Amtszeit damit sich zu orientieren, seine Mannschaft zu stärken und seine gefährlichsten Gegner zu neutralisieren. Nun ist es an der Zeit zu handeln. Umfangreiche Ressourcen werden benötigt, um die Armut zu überwinden. Aber die für die Staatskasse profitabelsten Wirtschaftssektoren wurden den Oligarchen übergeben. Im Kreml liegt der Gedanke einer partiellen Nationalisierung in der Luft. Natürlich sind die Liberalen als Anwälte der Oligarchen dagegen. Bereits unmittelbar nachdem Finanzminister Alexej Kudrin (selbst ein Liberaler) seine Unterstützung für die Idee erklärt hatte, wurde er als Verräter bezeichnet. Unterdessen ist das ‚Verstaatlichungs-Privatisierungs-Verstaatlichungs'-Pendel in Europa seit langem erfolgreich in Gang und wird als normaler Mechanismus einer Marktwirtschaft betrachtet. Frankreich, trotz seines Jahrhunderte währenden Kapitalismus, hat sich erst jüngst dazu entschieden, seine Elektrizitätswirtschaft zu privatisieren (und überdies nur 30 % davon).

Aber unsere Liberalen sind in Eile. Russland hat die erste Welle der Privatisierung noch nicht verdaut, da verlangen sie bereits eine zweite. Ungeachtet dessen, dass der erste Entstaatlichungsdurchgang Russland weit weniger einbrachte als anderen Ländern. Im verarmten Bolivien, in dem die Privatisierung zur selben Zeit vonstatten ging wie in Russland, gewann der Staatshaushalt 90 Milliarden $, der russische hingegen nur 9 Milliarden $. Eine weitere Gezeitenwelle der Privatisierung scheint notwendig, um die Schande der ersten Welle zu überschwemmen und abzuschwächen, um Eigentum zu legitimieren, das zu einem Bruchteil seines Wertes angeeignet wurde, häufig auf kriminelle Art und Weise. Wehklagen über einen Mangel an Demokratie in Russland und die damit verbundene Kampagne zur Diskreditierung und Einschüchterung Wladimir Putins sollen den Kurswechsel verhindern, für den die Zeit gekommen ist. Welchen Schluss sollten wir ziehen? Dass die Liberalen einen schwachen Staat und einen geschwächten Präsidenten brauchen. Und was brauchen wir?“

Übersetzung von Christian Wipperfürth

3. *Was ist Putininsmus?*
Von Andranik Migranjan

Aus: Strategija Rossii, Nr. 3/2004

Hintergrund: Migrajan ist Professor am Moskauer Staatlichen Institut für Internationale Beziehungen und Erster Vizepräsident der Stiftung „Reforma". Der Artikel basiert auf einem Bericht, den er auf einer Versammlung der Stiftung „Einheit für Russland" vorgetragen hat.

„Die ersten Schritte der Administration Präsident Putins und ihre zentralen politischen und personellen Entscheidungen, einschließlich der jüngsten Entwicklungen um Jukos, entfachten umgehend stürmische Debatten in politischen Kreisen und unter Analytikern. Sie fragten, was mit den russischen Amtsgewalten und mit dem ursprünglich von Präsident Boris Jelzin geschaffgenen Regime vor sich ging. Putin begann eine Gruppe von Oligarchen zu bedrängen, die die Kontrolle über die finanziellen, medialen und administrativen Ressourcen des russischen Staates in ihrer Hand hatten und es sich zum Ziel machten, die politischen Autoritäten zu manipulieren.

Diese Entwicklungen liefen ab vor dem Hintergrund des andauernden Krieges in Tschetschenien und der dortigen komplexen und schmerzhaften Versöhnungsversuche. (...) Die Beobachtungen einiger russischer Politiker und liberaler Analytiker über das Wesen des Putin-Regimes waren seit der Dumawahl im vergangenen Dezember besonders beunruhigend, ja beängstigend. Oppositionelle Parteien, die sich selbst als liberal und pro-westlich beschrieben, z.B. die ‚Union der rechten Kräfte' (SPS) und ‚Jabloko', verloren die Wahl mit großem Abstand. Seriöse liberale Analytiker erklärten, dass als ein Ergebnis der Dumawahl ein bürokratisch-autoritäres Regime entstanden sei. In dem Kampf um Stimmen errang das ‚Vereinte Russland' einen beeindruckenden Sieg, während die Position der kommunistischen Partei substanziell geschwächt wurde und SPS sowie Jabloko überhaupt keine Sitze im Parlament errangen. Das Regime, so sagen Analytiker, wird das soziopolitische System in die Stagnation führen, die dringend notwendigen wirtschaftlichen und gesellschaftlichen Reformen lähmen, und es könnte Russlands Entwicklung in einigen Bereichen gar rückgängig machen.

Bevor wir jedoch die erste Amtszeit von Präsident Putin charakterisieren, ist es sinnvoll, die Entwicklung des Jelzin-Regimes vor dem Jahre 2000 nachzuvollziehen um zu verstehen warum Putin, wie viele glauben, sein eigenes Regime entschieden verschärft hat. Nur vor diesem Hintergrund ist es möglich die Natur des Putin-Regimes zu beurteilen und die ihm innewohnenden Tendenzen auszumachen, die entweder zum Stillstand im politischen Systems Russlands führen oder aber die Bedingungen für die Entwicklung des Regimes zu einer gefestigten Demokratie schaffen können.

Jelzins Erbe

Das Jelzin-Regime, das nach dem Zusammenbruch der Sowjetunion entstand, lässt sich bis zu dem Zeitpunkt, als die Macht an Putin überreicht wurde, in drei zentrale Stadien einteilen. Das erste Stadium endete 1993, als das bisherige Parlament aufgelöst und eine neue Verfassung angenommen wurde. Während dieser Periode der Umgestaltung und der Schaffung des neuen russischen Staates, kann das Jelzin-Regime als ‚delegative Demokratie' beschrieben werden, eine Bezeichnung, die der argentinische Politikwissenschaftler Guillermo O'Donnell als erster vorschlug. Ordnungen, die sich in einer Phase des Übergangs von einem System zu einem anderen herausbilden, sind durch die Präsenz eines charismatischen Führers und zugleich durch außerordentlich schwache politische Institutionen ohne die Fähigkeit für Mobilisierung gekennzeichnet. Es besteht ein Mangel an Rückkoppelung zwischen dem Volk, das die Autorität des charismatischen Führers durch Volkswahlen legitimiert, und dem Führer nach vollzogener Abstimmung. Während des Anfangsstadiums, in dem der charismatische Führer außerordentlich populär ist, kann er zahlreiche Veränderungen versprechen, ohne jedoch in der Lage zu sein, diese Ziele auch erreichen zu können. Darunter leidet das Charisma des Führers, was zu einem sinkenden Rückhalt in der Bevölkerung führt. In dieser Situation kann sich das Regime gemäß der folgenden zwei Szenarien entwickeln: Wenn es erfolgreiche demokratische Reformen gab und die bürgerlichen Institutionen gestärkt sind, bewegt es sich in die Richtung einer gefestigten Demokratie. Wenn hingegen ernsthafte Schwierigkeiten wirtschaftliche und gesellschaftliche Reformen verhindert haben, kann das Regime in eine tiefe Krise geraten. Chaos und sogar die Unfähigkeit, das Land ordnungsgemäß zu regieren, können die Folge sein. In diesem Fall kann sich das Land in Richtung eines gefestigten Autoritarismus entwickeln. Das Hauptmerkmal der ‚delegativen Demokratie' besteht darin, dass diese ganz grundsätzlich nicht gefestigt ist. Solch ein Regime ist unfähig, vernünftige Ziele zu entwickeln. Es scheitert bei der Mobilisierung (...) finanzieller, institutioneller, menschlicher und medialer Ressourcen, die für die Lösung der Probleme, vor denen das Land steht, erforderlich sind.

Im Fall Russlands stellten sich die Probleme als Ergebnis des Kampfes zwischen dem charismatischen Führer Boris Jelzin, der sich auf die breiten Massen stützte und dem Obersten Sowjet bzw. dem Kongress der Volksdeputierten. Letzterer opponierte vehement gegen Jelzins Kurs und unternahm alles in seiner Macht Stehende, um die Verwirklichung der Vorhaben Jelzins zu blockieren. Der Kongress war sogar bereit, Jelzin abzusetzen, falls sich die Gelegenheit dazu ergeben würde. Unter diesen Bedingungen wurde (...) er dazu gezwungen, sehr ernsthafte Zugeständnisse an regionale Eliten aus Politik und Wirtschaft zu machen, die dem Präsidenten helfen sollten, den Sieg über seine Widersacher davonzutragen.

Nachdem Präsident Jelzin den Obersten Sowjet zerschlagen hatte, trat sein Regime in eine zweite Stufe der Konfrontation ein. Diese war gekennzeichnet durch den Verlust des Charisma des Präsidenten und seiner Fähigkeit zur Mobilisierung. Zur selben Zeit stellte die Drohung eines Regimewechsels durch ein radikales politisches Element, das, in der einen oder anderen Form, die Rückkehr des alten Regierungssystems wünschte, nicht länger ein Problem dar. Da die Opposition besiegt war, bewegte sich das Regime der delegativen Demokratie eher hin zu einer gemäßigten militärisch-bürokratischen Konsolidierung der Macht. Die sich daraus ergebende Schwäche der russischen Gesellschaft und die gewaltsame Beseitigung der institutionalisierten Opposition ermöglichten es den dezentralisierten militärisch-bürokratischen Gewalten, einen groß angelegten Prozess der Übereignung von Staatseigentum in ausgewählte private Hände zu beginnen. Die Autoritäten drückten nicht länger den Willen der Gesellschaft aus. Sie konzentrierten ihre Aufmerksamkeit ausschließlich darauf eine Klientel zu schaffen, die durch den Erwerb von riesigen Teilen des Staatsbesitzes (...) ein Bollwerk der Autoritäten werden könnte. Während dieses Zeitabschnitts unterzogen sich die Vertreter der höchsten Ränge der Macht nicht der Mühe, die akuten Probleme, die Land und Volk drückten, in ihre Überlegungen einzubeziehen.

Zu dieser Zeit wurde der Notwendigkeit das Forschungs- und Entwicklungspotenzial des Landes und seiner fortgeschrittenen Technologien zu erhalten, Wachstumskerne in der Wirtschaft zu schaffen oder die Integration im post-sowjetischen Raum zu befördern, keinerlei Aufmerksamkeit geschenkt. Die Autoritäten beschäftigten sich ausschließlich mit der Umverteilung des Staatseigentums. Dies war eine Zeit, in der die Mehrheit des Volkes um ihr Überleben kämpfte (...). Es war eine Zeit, in der zahlreiche Republiken und Regionen innerhalb Russlands sich zu halbunabhängigen, neofeudalen Gebilden entwickelten.

In Moskau entstanden neue Finanzgruppen, die Geld auf Kosten des Staatshaushaltes druckten. Sie bemächtigten sich der gewinnträchtigsten Teile der Wirtschaft die Rohstoffe produzierten und ausführten. Die blitzschnelle Umverteilung des Eigentums, die einherging mit der Bildung neuer Segmente in den bürokratischen und wirtschaftlichen Strukturen, die das bestehende System zu stützen, wurde ermöglicht durch eine vollständige Dezentralisierung der Regierungsbehörden. Diese Funktionsträger waren nicht imstande, gemeinsame nationale Interessen und Ziele zu formulieren und die notwendigen Ressourcen zur Erreichung dieser Ziele zu mobilisieren. Während dieses Zeitabschnitts verbanden sich korrupte Regierungsvertreter mit der entstehenden russischen Geschäftswelt. Die Geschäftsleute suchten ihre Probleme dadurch zu lösen, dass sie das Recht umgingen und für die Verabschiedung von Gesetzen sorgten, die ihren eigenen Interessen nutzten. Die Korruption nahm überhand und erreichte beispiellose Ausmaße: Man musste eine Menge Geld zu zahlen, um die Unterschrift eines Regierungsvertreters zu erhalten (...). Darüberhinaus verwandelten die zahllosen Kontrollinstanzen mit ihren endlosen Überprüfungen das Leben normaler Geschäftsleute in einen Alptraum. Zu allem Überfluss fingen die Rechtsbehörden an, Gangster zu schützen. Die heftigen Kämpfe um Vermögenswerte führten zur Ermordung zahlreicher Menschen durch ihre Konkurrenten.

Während dieses Zeitabschnitts vom Durchgreifen gegen das Parlament, der Annahme der neuen Verfassung 1993 und den Präsidentschaftswahlen 1996 besaß Russland ein Regime mit schwachen politischen Institutionen, die unfähig waren, die staatlichen, finanzielle oder administrative Organisationen zu kontrollieren. Die Führungsspitze dieses Regimes, zusammen mit derjenigen der neuformierten Geschäftswelt, war damit beschäftigt, sich Vermögenswerte und Macht herauszuschneiden. Die Situation war in den Provinzen ähnlich, wo regionale Führer das örtliche Business kontrollierten oder, in Verbindung mit lokalen Wirtschaftsorganisationen, ebenso mit der Umverteilung von Vermögen und Macht beschäftigt waren. Der Separatismus wuchs, und mit ihm die Anzeichen, dass sich Russland de facto in einen Staatenbund wandelte. Die Provinzen ignorierten offenkundig die Entscheidungen der Föderalregierung und verletzten häufig föderales Recht.

Aber diese Dezentralisierung der Macht, die einherging mit einem Autoritätsverlust der Autorität der Zentralmacht, schuf eine Illusion von Demokratie. Sie wurde verstärkt durch die staatlichen wie auch die nichtstaatlichen Medien, die einmütig die Umverteilung des Eigentums verteidigten, und durch die Unfähigkeit des Staates, ein Sprachrohr öffentlicher Interessen zu sein. Unter diesen Bedingungen wurden hochrangige Vertreter des Staates und Geschäftsleute mit Verbindungen zur Regierung ungestraft über Nacht zu Millionären.

Obwohl viele politische Analytiker darauf bestehen, dass die Verfassung von 1993 eine supapräsidentiale Republik geschaffen habe, kann nicht bestritten werden, dass diese bis 1996 ihre Substanz verloren hatte. Zugegeben, der Präsident besaß das Recht, das Kabinett zu entlassen oder den ein oder anderen Minister herauszuwerfen, er konnte sogar über das Schicksal eines Gouverneurs oder Oligarchen entscheiden, obwohl dies schmerzliche Anstrengungen von seiner Seite erforderte. In Wirklichkeit jedoch war die Macht des Präsidenten auf die Stadt Moskau beschränkt. Wann immer er seine Macht über diese Grenze hinaus ausdehnte, benutzte er sämtliche verfügbaren Ressourcen, um Fragen zu lösen, die ihn selbst oder sein nächstes Umfeld betrafen. Zur Zeit der Präsidentschaftswahlen 1996, als Jelzin für eine zweite Amtszeit kandidierte, hatte Russland immer noch eine dezentralisierte Macht, schwache Institutionen und einen Führer, der die öffentliche Unterstützung völlig eingebüßt hatte. Der Staat als eine Institution, die die allgemeinen Interessen der Gesellschaft artikuliert, hatte die Kontrolle über die wichtigsten Bereiche der Gesellschaft und über seine eigenen Ressourcen verloren.

Das dritte Stadium des Jelzin-Regimes begann nach dem Wahlsieg von 1996. Das Regime verkam in dieser Zeit völlig, und der russische Staat büßte jegliche zentrale Autorität ein. Selbst nach Ansicht unserer unbelehrbaren Liberalen gab es eine Privatisierung von staatlichen Einrichtungen, die in die Hände von Oligarchen gingen, gekrönt durch eine Privatisierung des Kabinetts, der Präsidialverwaltung und des Präsidenten selbst – oder vielmehr der Präsidentenfamilie. Die Privatisierung der Familie des Präsidenten führte zu einem hässlichen Phänomen: Dem nichtinstitutionalisierten Machtzentrum, welches der russische Journalismus und später die Fachliteratur ‚die Familie' nannten. Zu dieser gehörten Mitglieder der Familie des Präsidenten und führende Oligarchen, die sowohl Finanz- und Industriegruppen als auch die Massenmedien kontrollierten. Dieses Machtzentrum fällte während der zweiten Amtszeit Präsident Jelzins sämtliche politischen und personellen Entscheidungen

Dies waren die Hauptcharakteristika und Besonderheiten des Regimes zum Ende von Präsident Jelzins erster und während seiner gesamten zweiten Amtszeit. Um seine persönliche Macht in einer Situation zu erhalten, in der der Staat keine zentrale Autorität besitzt, nutzte der Präsident seine Macht zur Umverteilung von Eigentum und verhinderte einen Machtgewinn des Kabinetts. Der Präsident löste unablässig Konflikte innerhalb des Kabinettes und des Parlamentes aus und konnte folglich deren Aktivitäten auf diese Weise wirksam lähmen. Hierin bestand seine einzige Möglichkeit, seine persönliche Macht zu erhalten und ihre Übertragung an den Ministerpräsidenten und die Regierung zu verhindern. Dies erklärt, warum innerhalb des Kabinets alternative Machtzentren zum Ministerpräsidenten aufgebaut und gestützt wurden. Dies führte letztendlich zu zahlreichen Kabinettsumbildungen bis Wladimir Putin an die Macht kam, zunächst als Ministerpräsident und dann als Präsident.

Zusammenfassend kann man sagen, dass Jelzins Regime durch *demokratische* Elemente und Merkmale erst an letzter Stelle gekennzeichnet war. Aus den oben genannten Gründen gelang es dem Regime nicht, Bedingungen für die Entwicklung einer wahren Demokratie und politischer Institutionen zu schaffen, zuerst und vor allem von Massenparteien und Institutionen der Zivilgesellschaft zu schaffen. Während des Präsidentschaftswahlkampfes von 1996 wurde beispielloser administrativer Druck ausgeübt (...).

Die Schaffung des Putinregimes

Putin begann seine erste Amtszeit, als in Russland das schlechteste aller Systeme, die in der politischen Theorie und Praxis bekannt sind, geschaffen worden war. Neben Demokratien unterscheiden Juan Linz und Alfred Stepan eine ganze Reihe von nicht-demokratischen Regimen, einschließlich autoritären, totalitären, post-totalitären und sultanistischen. Das russische Regime des Jahres 2000 war jedoch jenseits des Vergleichs sogar mit einem sultanistischen. Das beste Beispiel für letzteres liefert nach Ansicht der Analytiker Nicolae Ceausescus Regime in Rumänien. Trotz der Vetternwirtschaft und Diktatur unter Ceausescu blieb der Staat in Rumänien jedoch eine zentrale Autorität und war stark genug, öffentliche Interessen zu vertreten.

Das System, das Putin erbte war völlig dezentralisiert, der Staat hatte seine zentrale Autorität verloren, während die Oligarchen das Land ausraubten und seine Machtinstitutionen kontrollierten. Putin begann, eine Machtvertikale aufzubauen, um die Situation zu verbessern. Er beendete die Allmacht regionaler Eliten, die durch regionale Barone in der Person des Gouverneurs oder Präsidenten der Teilrepublik geführt wurden. Darüber hinaus zerstörte er den politischen Einfluss der Oligarchen und Oligopole auf das föderale Zentrum. Während seiner ersten zwei Jahre als Präsident gelang es Putin im Wesentlichen die Dominanz der föderalen Macht wiederherzustellen. Mit der Einrichtung von sieben Föderalbezirken (...) wurde ein gemeinsamer Rechtsraum im Lande geschaffen und lokale Gesetze, mit wenigen Ausnahmen, wieder in Einklang mit der föderalen Gesetzgebung gebracht. Die Familie – die Mitglieder der Jelzinfamilie, führende Oligarchen und Leiter von Massenmedien, die durch diese Oligarchen kontrolliert wurden, umfasste – wurde als ein nichtinstitutionalisiertes Machtzentrum zerstört. Als ein Ergebnis wurden die Akteure in der Politik und der Wirtschaft, die den Staat mitsamt all seinen Ressourcen und Institutionen privatisieren wollten, geschwächt. Seltsam jedoch, dass Putins Anstrengungen, die Steuerbarkeit des Staates und die Autorität der Zentralmacht wiederherzustellen, eine entschieden negative Reaktion unter den liberalen Kritikern des Jelzin-Regimes auslösten, sowohl in Russland als auch im Ausland.

Ursache für diese Reaktion war nicht die Tatsache, dass Putin Jelzins ‚demokratische Ordnung' zerstörte und ein autoritäres Regime schuf. Durch die Zerstörung der Oligopole, die die Kontrolle über den Staat beansprucht hatten, entzog Putin verschiedenen Gruppen aktiver russischer politischer Akteure ihre finanziellen und medialen Mittel. Boris Beresowskij, Wladimir Gussinskij und andere Oligarchen und einflussreiche Geschäftsleute wurden der Möglichkeit beraubt, die Massenmedien zur Gewinnmaximierung zu nutzen. Indem diesen Gruppen der Zutritt zum Kreml versagt und das Familien-Machtzentrum zerstört wurde, hielt Putin sie im Entscheidungsprozess zu zentralen politischen und Personalfragen außen vor. Diese Entwicklung entzog einigen Führern der ‚demokratischen Parteien' ebenso wie vielen Journalisten, die diesen Politikern und den Familien-Oligarchen dienten, ihre starke politische und finanzielle Unterstützung. Die ‚demokratische' Natur eines Systems maß sich für die Oligopole daran, ob sie dem Zentrum der Macht nahe waren oder nicht, ob sie ihren politischen Einfluss und ihre Gewinne erfolgreich maximieren konnten oder nicht, eher als an objektiven Merkmalen und unvoreingenommenen Einschätzungen der Situation im Lande.

Die Kritik, die in der von Gussinskij und Beresowskij kontrollierten ‚freien' Presse geäußert wird, wurde lange Zeit verachtet. Die meisten Menschen können sich noch an die ‚schwarzen Listen' erinnern, die in den Fernsehkanälen auftauchten, die diesen Oligarchen gehörten: Diese Sender durften nur Berichte senden, die den wirtschaftlichen und politischen Interessen der Oligarchen zu Gute kamen, und nur Leute, die ihren Interessen dienten, konnten auf diesen Kanälen auftreten. Allen anderen Politikern und Analytikern wurde das Recht verwehrt, gesendet zu werden. Die gedruckten Medien der Oligarchen verfolgten eine ähnliche Politik. Bei der Besetzung von Positionen in der Präsidialverwaltung und der Regierung war die Herangehensweise diesselbe.

Es ist also nicht verwunderlich, dass Putins Versuche, die Autorität der Zentralmacht wiederherzustellen, den Status, die Rechte, die Macht und Funktionsfähigkeit der politischen Institutionen wiederzuerrichten, auf den Widerstand der Oligopole stieß. Sie deuteten diese Versuche als eine Stärkung von autoritären und totalitären Trends in der russischen politischen Machtstruktur und als einen Angriff auf Freiheitsrechte. Die Aktivitäten der von den Oligarchen kontrollierten Medien hatten jedoch nichts gemein mit der Funktion von Massenmedien in westlichen Demokratien. Insofern war es nahe liegend, dass wir hin und wieder, wenn die Oligopole es nicht vermocht hatten, die ausgesuchtesten Teile des Staatseigentums unter sich selbst aufzuteilen, heftige Informationskriege beobachten konnten, die von der Entlassung von Regierungsmitarbeitern unterschiedlichen Ranges gekrönt waren, abhängig davon, wie nahe sie der Familie standen.

Präsident Putin startete einen Versuch, die Rolle des Staates als einer Einrichtung wieder herzustellen, die die allgemeinen Interessen der Bürger vertritt und die finanziellen, administrativen und medialen Ressourcen des Staates zu kontrollieren vermag. Er stellte auch gemeinsame Regeln für alle wirtschaftlichen und politischen Akteure auf. Traditionsgemäß führte in Russland noch jeder Versuch, die Rolle des Staates zu stärken, dazu, dass die liberalen Intellektuellen erbittert zurückschlugen, und erst recht jene Geschäftsleute, die frühestens dann an einer Stärkung der Staaatsmacht interessiert waren, wenn der interessanteste Teil des Staatseigentums in ihrem Besitz war. (...) Sowohl die liberalen Intellektuellen als auch ein Teil der Geschäftswelt betrachten Putins Anstrengungen, die zentrale Autorität wiederherzustellen, naturgemäß als eine Bedrohung für die Demokratie und den Versuch, eine autoritäre Herrschaft zu errichten.

Die Konsolidierung der Staatsmacht war naturgemäß damit verbunden, dass die Organe zur Durchsetzung des Rechts an Bedeutung gewannen, denn der erstarkende Staat versucht, Kriminellen Hindernisse in den Weg zu legen, vor allem denjenigen im ‚Big Business', die besonders auf Steuerhinterziehung und Gewinnmaximierung aus sind – wenn der Staat schwach ist. Nachhaltige Bemühungen, diese Gesetzesbrüche zu unterbinden, werden ebenfalls als Beschränkungen des freien Unternehmertums und Zerstörung der marktwirtschaftlichen Fundamente der russischen Staatlichkeit betrachtet. Wirtschaftsdaten widerlagen die Behauptung, die Behörden würden Bedingungen für einen weiteren Ausbau der Marktbeziehungen ruinieren. Sie demonstrieren eindeutig die Anziehungskraft der russischen Wirtschaft auf in- und ausländische Investoren in den vergangenen Jahren. Im Grunde haben die politischen Veränderungen die wirtschaftliche Stabilisierung befördert.

Gegen Ende seiner ersten Amtszeit gelang es Präsident Putin, das politische System zu konsolidieren. Unter den neuen Bedingungen ist Russland in einer Situation, die derjenigen der Sowjetunion zur Zeit der Machtübernahme durch Michail Gorbatschow ähnelt. 1985/86 begann dieser erst über Möglichkeiten *nachzudenken*, das Regime zu modernisieren, dem es an innerer Dynamik mangelte, institutionell und ideologisch jedoch hinreichend gefestigt war.

Was sind die Gewinne, Verluste und wesentlichen Merkmale von Putins konsolidiertem Regime? Ein Vergleich von Putins Russland mit Gorbatschows Sowjetunion von 1985 führt zu dem Schluss, dass heutzutage, nach fast 20 Jahren der Reformen und Schocks, in praktisch allen Bereichen eine breite Kluft zwischen Gorbatschows Regime und dem jetzigen besteht. Es ist offensichtlich, dass die gesellschaftliche Revolution, die Gorbatschows Reformen auslösten, 2004 Früchte trug. Meiner Meinung nach (...) war der radikale Wandel des Wirtschaftssystems das Hauptziel dieser sozialen Revolution. Die absolute Vorherrschaft des Privateigentums, die heutzutage von allen politischen Kräfte anerkannt wird, war ihre größte Errungenschaft und ihr bedeutendstes Ergebnis. Im politischen Bereich haben die Reformen zu einem hohen Grad an Pluralismus geführt, der sich auf das Privateigentum und zugleich auf die Entwicklung zivilgesellschaftlicher Einrichtungen gründet. Diese Einrichtungen befördern ihrerseits die Entfaltung eines pluralistischen Parteiensystems.

Der Stand der Entwicklung der Zivilgesellschaft ist gegenwärtig natürlich nicht hoch genug. Öffentliche Interessen nehmen nicht so rasch und effektiv Form an, wie es der Fall gewesen wäre, wenn kleine und mittlere Unternehmen sich rascher entwickelt hätten. Dies liegt jedoch, wie oben erwähnt, vor allem daran, dass lange Zeit eine Allianz aus früheren Regierungsvertretern und führenden Vertretern verschiedener Oligarchengruppen den Staat daran hinderten, mit seiner Politik auf die Schaffung eines vorteilhaften Umfeldes für kleine und mittlere Unternehmen hinzuwirken. (...)

Das Jelzin-Regime verhinderte die Entstehung und die Entwicklung einer Zivilgesellschaft, ebenso wie ein politisches System, das sich auf eine solche Gesellschaft stützt. Dies erklärt, warum die russischen politischen Parteien, mit Ausnahme der Kommunistischen Partei und der Liberal-Demokratischen Partei, großenteils von bestimmten Oligarchen kontrolliert wurden. Obwohl diese Parteien ein gewisses Maß an Unterstützung von unten genossen, waren sie im Grunde völlig von ihren Sponsoren abhängig. Es war kein Zufall, dass Jabloko und SPS in erhebliche Schwierigkeiten gerieten und sogar bei den Dumawahlen scheiterten, als Gussinskijs Medienimperium zusammenbrach und Michail Chodorkowskijs Jukos vor Problemen stand. Viele der Parteisponsoren begannen, ihre Loyalität gegenüber den Behörden zu demonstrieren und einige schlossen sich dem ‚Vereinigten Russland' an. Ihnen wurde bewusst, dass sie ihre politischen Ambitionen zügeln mussten, wenn sie ihre Unternehmen behalten wollten. Ansonsten könnten sie sich im Eifer des Gefechts starkem Druck der Behörden ausgesetzt sehen (...).

Obige Ausführungen bedeuten nicht, dass das existierende politische System seine demokratische Natur verloren hätte. Wenn Demokratie die Herrschaft durch die Mehrheit und den Schutz der Rechte und Entfaltungsmöglichkeiten der Minderheit bedeutet, kann das gegenwärtige politische System zumindest formal als demokratisch beschrieben werden. In Russland gibt es ein Vielparteiensystem und verschiedene Parteien, die meist der Opposition angehören, haben Sitze in der Staatsduma.

Der Staat hat offensichtlich seine Handlungsfähigkeit und die Kontrolle über seine eigenen Ressourcen zurückgewonnen und wurde der Hauptverantwortliche für die Festlegung der Spielregeln. Für die Amtsgewalten und die Gesellschaft ist ein grundsätzlich neues Problem entstanden: Wie weit darf der Staat in seinem Drang nach Kontrolle und Regulierung die Gesellschaft durchdringen (...)? Präsident Putins gefestigtes Regime muss sich auf der Grundlage der neuen wirtschaftlichen Strukturen die Stärkung der Zivilgesellschaft zur Aufgabe machen und deren Position gegenüber dem Staat stärken. Michail Gorbatschow versagte bei der Lösung dieser Aufgabe, was zum Zusammenbruch der Sowjetunion führte.

Wir müssen uns bewusst sein, dass es unter den gegenwärtigen Bedingungen, in denen es keine entwickelte Zivilgesellschaft gibt, absurd wäre, auf einer Kontrolle des Staates durch die Zivilgesellschaft zu beharren. Eine solche gab es niemals zuvor in irgendeiner Gesellschaft, die den Übergang von einem posttotalitären oder sogar autoritären Regime zu einer Demokratie durchlebte. Die Transformationsphase, in der grundlegende demokratische Freiheiten und Rechte eingeschränkt sein können, wird lange Zeit in Anspruch nehmen. Es ist ganz offensichtlich, dass die Amtsgewalten sowie die politischen Parteien und Kräfte, die ihnen nahe stehen, gewisse Vorteile hiervon haben werden.

Dies war insbesondere der Fall im Nachkriegsitalien, in dem es 50 Jahre ein Anderthalb-Parteiensystem gab. Demokratische Rechte und Freiheiten gab es für jedermann, aber die Opposition besaß niemals die Möglichkeit zur Machtübernahme. Ebenso war es in Japan, Mexiko und, für eine recht lange Zeit, in Frankreich. Ein Anderthalb-Parteiensystem, das einer Partei für einen langen Verbleib an der Macht garantiert, entsteht, wenn es starke Kräfte gibt, die sich grundsätzlich gegen das System im Lande auflehnen. Diese könnten das gesellschaftliche und politische System fundamental ändern, wenn sie an die Macht kämen. Das Anderthalb-Parteiensystem hat so lange Bestand, bis die systemfeindlichen Kräfte beginnen, die grundlegenden demokratischen Institutionen und Werte des existierenden Systems zu akzeptieren und sich integrieren. Dieser Prozess kann recht langwierig sein. Er nahm in Ländern, die eine weit größere demokratische Tradition als Russland besitzen, einige Jahrzehnte in Anspruch.

Russland liegt im Vergleich zu den entwickelten kapitalistischen Ländern in Bezug auf die Konsolidierung der Demokratie zurück, was jedoch nicht an der Qualität der Demokratie liegt, sondern eher am Ungleichgewicht (...) zwischen der Zivilgesellschaft und dem Staat. Ich muss hier kurz in die Theorie abschweifen: Während die Differenzen zwischen Totalitarismus und Demokratie ganz grundsätzlicher Natur sind, besteht kein eindeutiger qualitativer Unterschied zwischen Autoritarismus, besonders in seinem fortgeschrittenem Stadium, und Demokratie. Es gibt einen quantitativen Unterschied und eine naturgegebene Verbindung zwischen diesen beiden Systemen. Es war kein Zufall, dass im 20. Jahrhundert viele entwickelte autoritäre Regime mit der Vergangenheit brachen – auf der Grundlage eines Vertrages zwischen alten und neuen Eliten. Dies eröffnete Chancen für eine gefestigte Demokratie und zivilgesellschaftliche Kontrolle über den Staat, wenn die Voraussetzungen dies erlaubten. Ich bin der Ansicht, dass Putins Regime in vielerlei Hinsicht demokratischer ist als alle anderen Regime, die es je in Russland gab. Wenn es Russland gelingt, seine gegenwärtigen Positionen zu festigen, wird das System in der Lage sein, eine ganze Reihe weiterer Fragen zu lösen, sich selbst zu konsolidieren und das Land in Richtung auf eine gefestigte Demokratie zu bewegen. Dies steht im Zusammenhang mit der Entwicklung der Zivilgesellschaft und der zivilgesellschaftlichen Kontrolle des Staates. Es setzt die Entwicklung des Parteiensystems voraus und einen Übergang des Anderthalb-Parteiensystems zu einem wirklichen Zweiparteiensystem. Gute Wünsche allein können diesen Prozess jedoch nicht befördern. Befördert werden kann er durch ein substanzielles Wachstum der russischen Wirtschaft, die Entwicklung kleiner und mittlerer Unternehmen und die Hebung des Lebensstandards der Bevölkerung. Zudem müssten die Amtsgewalten das politische System in dem Maße reformieren, in dem sich Wirtschaft und Gesellschaft entwickeln.

Das gegenwärtige russische System kann sich in Richtung bürokratischer Autoritarismus oder gefestigte Demokratie entwickeln. Es wäre unzutreffend, das existierende System bereits als bürokratischen Autoritarismus zu beschreiben. In einem solchen kommt es zu einer ernsthaften Entfremdung zwischen staatlichen Einrichtungen und dem Volk. Die Amtsgewalten suchen ihre Macht zu wahren und die Kernbereiche des Lebens zu kontrollieren. Ihr eigentliches Ziel ist die Fortsetzung des Status quo, und sie reproduzieren das gesellschaftlich-politische System, ohne es zu entwickeln und zu modernisieren. Solche Systeme sind nicht in der Lage, angemessen auf interne und externe Herausforderungen zu reagieren, da sie durch die Allmacht der Bürokraten und eine wuchernde Bestechlichkeit gekennzeichnet sind.

Das System Putins weist mehrere Merkmale auf, die es von einem bürokratischen Autoritarismus unterscheiden. Die zutreffendste Beschreibung ist: ‚Plebiszitär demokratische Regierungsform mit einem charismatischen Führer an der Spitze'. Diesen Regierungstyp hat bereits Max Weber beschrieben: Es gibt eine direkte Beziehung zwischen einem charismatischen Führer und dem Volk und eine ausgeprägte Fähigkeit des Führers, die Massen zu mobilisieren. Er kontrolliert die Institutionen und ist, sich auf die Massen stützend, ebenso in der Lage, den Widerstand der Bürokratie zu überwinden. Natürlich besteht eine ernsthafte Gefahr der Entstehung eines bürokratischen Autoritarismus. Grundsätzlich müssen in einem demokratischen System drei Arten von Konflikten auftreten, damit es sich seine Dynamik und Fähigkeit zur Entwicklung und Anpassung erhält: Zwischen den Politikern und der Regierungsbürokratie, zwischen Exekutive und Legislative und ein grundsätzlicher Konflikt zwischen dem charismatischen Führer und dem politischen System im Ganzen. Wenn diese Konflikte nicht auftreten (...), beginnt das System laut Weber zu stagnieren.

Meines Erachtens lässt der Konflikt zwischen Politikern und der Bürokratie nach, Politiker wurden in zunehmendem Maße durch Bürokraten ersetzt. Im Ergebnis (...) entschärft sich ebenso der Konflikt zwischen gesetzgebender und ausführender Macht. Damit sind natürlich ernsthafte Voraussetzungen für den Stillstand des politischen Systems geschaffen. Glücklicherweise besteht weiterhin ein Konflikt zwischen dem charismatischen Führer, der sich über dem politischen System befindet und, vor allem durch die Massenmedien, direkten Zugang zum Volk besitzt, und einer linken und rechten Opposition innerhalb und außerhalb des Parlamentes. Dies berechtigt zur Hoffnung, dass das politische System bei der Lösung einer ganzen Reihe von drängenden Problemen weitere Fortschritte erzielen und nicht etwa den Aktionsradius der politischen Opposition einengen wird. (...). Wenn die Amtsgewalten wirklich beabsichtigen, eine Zivilgesellschaft zu schaffen, die in der Lage ist, die Kontrolle über den Staat auszuüben, dann müssen diese Gewalten, und vor allem sie, reformiert werden.

(...)

Damit die Regierungsform sich in Richtung gefestigte Demokratie bewegt, muss vor allem der bürokratische Staatsapparat von der Geschäftswelt getrennt werden, um die Korruption mit ihren Wurzeln auszumerzen. Nur ein aufgeklärter Führer und seine Verwaltung können dies erreichen. Die Bestechlichkeit kann unmöglich wirksam bekämpft werden, indem sporadisch dieses oder jenes Unternehmen herausgepickt wird, das überprüft und ruiniert oder dessen Vermögenswerte umverteilt werden. Der Staat muss verbindliche Regeln für alle festsetzen, die für die Beamten und Amtsgewalten ebenso bindend sind wie für die Geschäftswelt. Dazu müsste sich die Ethik der Bürokratie verändern und eine spezielle Beamtenkaste entstehen. Diesen Beamten müssten höhere Vergütungen geboten werden (...), anderenfalls wäre es schwierig, Bürokraten von der Sphäre der Geschäftswelt fernzuhalten. Der Tausch politischer gegen ökonomische Ressourcen und umgekehrt korrumpiert sowohl Vertreter des Staates als auch Geschäftsleute. Die Massenmedien sollten sich dieses Problems bewusst sein und ihre diesbezüglichen Recherchen der Gesellschaft und den höchsten Vertretern der Staatsmacht zugänglich machen.

Eine aufgeklärte Führung kann die Regierungsform davor bewahren, zum bürokratischen Autoritarismus zu mutieren, und einen zivilisierten Markt sowie eine handlungsfähige und gefestigte Demokratie aufbauen.

Neben inneren Faktoren gibt es einen ernst zu nehmenden äußeren Faktor der zu Hoffnungen Anlass gibt, dass sich die Regierungsform in Richtung gefestigte Demokratie hin bewegt. Der Staat verfügt jetzt über die notwendigen Mittel und die Flexibilität, um sich strategische Ziele im Interesse der Gesellschaft zu setzen – und ebenso über die Druckmittel, diese zu erreichen.

Russlands wirtschaftliche Schwäche und Abhängigkeit vom Weltmarkt, und die Notwendigkeit eine konkurrenzfähige Wirtschaft aufzubauen, könnten den Kreml ebenso zu Entscheidungen bewegen, die die Modernisierung des Systems in Richtung einer gefestigten Demokratie befördern – besonders, wenn der Westen liberale Werte und Institutionen zu einer Bedingung für Russlands Einbindung in die wirtschaftlichen, politischen und militärischen Strukturen des Westens macht. Dieser Faktor könnte das System Putins vor einer Transformation in einen bürokratischen Autoritarismus bewahren. Aus demselben Grund lohnt es kaum darüber zu klagen, dass die SPS und Jabloko nicht länger in der Staatsduma vertreten sind und es angeblich niemanden mehr gibt, der die russischen Amtsgewalten von einem liberalen Standpunkt aus kritisiert, oder Russland auf den liberalen Pfad drängt.

Der Lauf der Ereignisse zwingt Russland einen liberalen Weg auf, ebenso wie er es bei den westlichen liberalen Gesellschaften getan hat. Letztere haben Russland unablässig dazu aufgefordert, mit dem liberalen Westen auf der Basis westlicher Bedingungen und Prinzipien in Wettbewerb zu treten. Ich finde es dementsprechend lächerlich zu behaupten, dass den russischen Behörden die Notwendigkeit, sich Wettbewerb, Freiheit und Demokratie zu stellen erspart bliebe, weil sich Boris Nemzow, Grigorij Jawlinskij oder Irina Chakamada nicht der Duma angehören. Interne und externe Herausforderungen zwangen die kommunistische Führerschaft ehedem zur Modernisierung des Sowjetsystems. Auch heutzutage üben die westlichen Nationen und die G8 wirksamen Druck auf den Kreml aus, sodass die russischen Amtsgewalten darin fortfahren können, eine wettbewerbsfähigere Wirtschaft zu errichten. Und diese wird das Fundament für die Entstehung einer entwickelten Zivilgesellschaft sein, in der sich in der Folge ein entwickeltes System politischer Parteien bilden wird. All dies wird den Ansatzpunkt für eine wirksame Kontrolle des Staates durch die Zivilgesellschaft bilden.

Zusammenfassend lässt sich feststellen, dass Russland ein sehr tiefer Bruch von der Vergangenheit trennt. Die gesellschaftliche Revolution ist abgeschlossen. Russland muss nun eine evolutionäre Entwicklung hin zu einer gefestigten Demokratie ertragen, die zu einer Zivilgesellschaft führen wird, die den Staat wirksam zu kontrollieren in der Lage ist. Die Voraussetzungen, von der aus Putin im Jahre 2004 diesen Fortschritt betreibt, unterscheidet sich grundsätzlich von den Erfahrungen, die Alexander II., Sergej Witte, Pjotr

Stolypin oder Gorbatschow machten. Wir waren noch niemals so nahe an der Schaffung eines wirklich gefestigten demokratischen Systems, das Russlands Modernisierung krönen und es dem Land ermöglichen würde, sich der Familie der zivilisierten Nationen anzuschließen. Dies würde die Kontroversen beenden, ob Russland Teil Europas ist oder nicht. Russland besitzt alle Voraussetzungen, um diesen Streit eindeutig zu lösen: Privateigentum und ein pluralistisches politisches System, obwohl seine Zivilgesellschaft und das Parteiensystem derzeit noch nicht voll entwickelt sind. Wir haben ein gefestigtes Machtsystem. Wir haben eine aufgeklärte Führung, die all diese Probleme versteht, die Härten und Sackgassen, die eine Entwicklung zum Totalitarismus und Autoritarismus mit sich bringen kann. Wir haben den gefestigten Westen, der stark genug ist, diesen Prozess anhaltend zu ermutigen. Und wir haben eine Gesellschaft, die gebildet und entwickelt genug ist, um die Transformation Russlands zu vollbringen. Es gibt ganz einfach keinen anderen Weg, um die Einheit des russischen Staates zu wahren."

Übersetzung von Christian Wipperfürth

4. *Russland & Europa: Nicht gemeinsam, aber Seite an Seite. Von Fjodor Lukjanow*

Aus: Transitions Online, 29. Juni 2004, www.tol.cz; bzw.: CDI, Nr. 313, 2.7.04

Hintergrund: Fjodor Lukjanow ist der Herausgeber der Zeitschrift „Rossija v global'noj politike" (Russland in der Weltpolitik), die als halboffiziöser Organ gelten kann.

„Russland hat nicht vor, der EU beizutreten, und niemand dort wartet darauf, das ist unstrittig. Russland, und insbesondere das Russland, dass Wladimir Putin mit der Unterstützung der Mehrheit der Bevölkerung aufbaut, wird seine Souveränität mit niemandem teilen (was das Grundprinzip der europäischen Integration ist), es hat nicht vor, die europäische Gesetzgebung in einem nennenswerten Maß zu übernehmen, und wird den Menschenrechten keine Priorität in seiner Politik einräumen.

Sowohl in Moskau als auch in Brüssel werden erste Stimmen laut, dass das Modell der Beziehungen, das vor zehn Jahren zwischen Russland und der EU durch das Partnerschafts- und Kooperationsabkommen geschaffen wurde, der realen Situation nicht länger entspricht. Damals gingen sowohl die europäischen als auch die russischen Liberalen von der Annahme aus, dass Russland wie Europa würde, wenn auch langsam und unter Schwierigkeiten. Das Abkommen rechnete mit einer schrittweisen Integration. Es ist jedoch klar, dass Russland und die Europäische Union zwei unterschiedliche politisch-ökonomische Systeme darstellen – und vor allem: dass die Entwicklung Russlands in eine andere Richtung geht, als das zu Beginn des Demokratisierungsprozesses in Russland erwartet wurde. Dementsprechend wurde die im Partnerschafts- und Kooperationsabkommen skizzierte Integration nicht zu einem Antrieb der Entwicklung der Beziehungen, sondern zunehmend zu einer Ursache von Konflikten.

Welche Probleme wird es in den russisch-europäischen Beziehungen in den kommenden Jahren geben?

Erstens: Die Reaktion Europas auf die politische Situation im Inneren Russlands. Die EU ist ein sehr ideologisches Projekt, das auf einem System ‚europäischer Werte' bassiert: der Vorherrschaft des Rechts, der vorrangigen Bedeutung der Menschenrechte, den Idealen von sozialer Gerechtigkeit und gesellschaftlicher Verantwortung. Diese Werte sind für die Europäer keine leeren, sondern sie üben tatsächlich Einfluss auf die reale Politik aus. Die antidemokratischen Phänomene, die Russlands ‚autoritäre Modernisierung' begleiten, werden negative Reaktionen von Europa hervorrufen. Die Verantwortlichen in den Außenministerien der EU-Mitgliedsstaaten und die Bürokraten in den Abteilungen der Europäischen Kommission mögen vielleicht bereit sein, bei den Ereignissen in Tschetschenien oder den Anklagen gegen Spione und Oligarchen wegzuschauen, aber weder die Legislative, die sie kontrolliert, noch die öffentliche Meinung wird ihnen das zulassen. Der EU-Beitritt der baltischen Staaten und der Länder Osteuropas, die traditionell keine Liebe für Russland hegen, wird das Problem verschärfen.

Zweitens: Die Interessen der EU im postsowjetischen Raum bergen bezüglich Russland großes Konfliktpotenzial. Moskau reagiert nervös auf die Aktivitäten des Westens in bestimmten Regionen: Im europäischen Teil der GUS und im Südkaukasus. Der erste direkte Zusammenstoß ereignete sich im vergangenen November, als die Europäer Russlands Plan zur Beilegung des Transnistrienkonflikts mit dem Vorwurf zerrissen, Russland handele einseitig. Solche Zusammenstöße werden sich fortsetzen, insbesondere, wenn Russland sein ‚nahes Ausland' zur einer Priorität seiner Außenpolitik macht. Europa demonstriert Ablehnung gegenüber dem von Moskau initiierten Gemeinsamen Wirtschaftsraum und sagt der Ukraine unzweideutig, dass eine solche Integration unvereinbar sei mit dessen EU-Aspirationen.

Drittens: Die internen Entwicklungen innerhalb der EU werden die Beziehungen zwischen Moskau und Brüssel komplizieren. Die EU tritt in ein sehr schwieriges Stadium ein. Einerseits geht es um den Prozess, den Beitritt der neuen Mitglieder ‚zu verdauen', andererseits um die Vertiefung der Integration (...). Dies wird den größten Teil der Kraft und Energie in den kommenden Jahren beanspruchen. Mit dem Beitritt von 10 neuen Mitgliedern übernimmt das vereinte Europa die Verantwortung für die Lösung zahlreicher Probleme. Dazu gehören die wirtschaftliche Rückständigkeit der neuen Mitglieder, die Arbeitsmigration aus diesen Ländern in die entwickelteren, die Situation in Zypern, die nationalen Probleme der baltischen Staaten und die Zunahme populistischer, antieuropäischer Strömungen in Polen. Referenden über die europäische Verfassung, vor allem die Abstimmung in Großbritannien, versprechen eine erhitzte Debatte in den Altmitgliedstaaten. Um so mehr, als die

Hauptförderer der Integration, vor allem Deutschland, unfähig zu sein scheinen ihren wirtschaftlichen Niedergang umzukehren. In dieser Situation steht es kaum zu erwarten, dass die Beziehungen zu Russland eine der Prioritäten europäischer Politik sein werden.

Und zum Schluss: Niemand kann heute genau sagen, was die Europäische Union in fünf oder zehn Jahren genau sein wird. Ihre Aussichten sind nicht nur von ihrem Erfolg bei der Lösung ihrer eigenen inneren Probleme abhängig, sondern auch von der allgemeinen globalen Situation. Das Projekt des vereinten Europas – einen Raum des Friedens, der Gerechtigkeit und des Wohlstandes zu schaffen – wurde in Angriff genommen, bevor für die Welt eine neue Ära der Instabilität begann, die als ‚Krieg gegen den internationalen Terrorismus' bekannt ist. Die Europäische Union grenzt an den ‚Größeren Mittleren Osten', einen nicht abzäunbaren potenziellen Kriegsschauplatz. Die Bombenanschläge von Madrid erschütterten die Sicherheit, in der sich Europas bis dahin gewogen hatte. Es ist unmöglich vorherzusehen, vor welchen Aufgaben die EU in einigen Jahren stehen wird.

Jacques Delors, der vormalige Kommissionsvorsitzende und Architekt der jetzigen Integrationsphase, äußerte kürzlich seine tiefe Besorgnis über die Zukunft der Europäischen Union. Seines Erachtens wurde die EU überstürzt erweitert, und es wurden Länder aufgenommen, die die Union eher schwächen als stärken werden. Mit anderen Worten: die EU hat nicht ‚Produzenten', sondern ‚Verbraucher' von ‚Stabilität und Wohlstand' aufgenommen. Delors befürchtet, dass die Integrationsmechanismen in 15 Jahre geschwunden sein werden und die EU zu einer großen Freihandelszone wird.

Wissen ist Macht

Ob diese Voraussage des Integrationspatriarchen eintrifft, wird gegen Ende dieses Jahrzehnts klar sein. Für uns <in Russland, d.Ü.> ist entscheidend, dass in den kommenden Jahren unser wichtigster Partner, größter Nachbar und Kunde eine EU sein wird, die mächtig, kompliziert, in ständigem Wandel begriffen ist und die noch nicht entschieden hat, in welche Richtung die Vereinigung geht."

...

Übersetzung von Christian Wipperfürth

5. Geht und macht Platz. Die Opposition in Russland hat ihre Mission erfüllt.
Von Dmitrij Furman

Aus: Rossija v global'noj politike, Juli/ September 2004.

„Das russische Präsidialsystem hat den Oppositionsparteien, sowohl auf der Rechten als auch auf der Linken den Todesstoß versetzt. Es gibt keinen Platz für sie im neuen System der alternativlosen Macht. Es erübrigt sich festzustellen, dass der Präsident und seine Günstlinge sie nicht brauchen. Ja, nicht einmal die Wähler brauchen diese Parteien, denn es ist enttäuschend für Parteien zu stimmen, die keine Chance haben, an die Macht zu kommen.

Das Regime hat die rechte und linke Opposition nur deshalb so leicht ausschalten können, weil diese immer lebensunfähig und zu einem frühen Ende verurteilt war. Ihre wirkliche Funktion bestand darin, dem Regime zu Wachstum zu verhelfen und dann zu sterben.

(...) Die gegenwärtige ‚Partei der Macht' ist keinesfalls ‚rechts'. Es ist einfach eine Partei der Macht - wie die Kommunistische Partei der Sowjetunion (KPdSU), obwohl diese in einer fernen Vergangenheit linke Wurzeln aufwies. Die Partei ist das evolutionäre Ergebnis der 1991 siegreichen demokratischen Bewegung, ebenso wie die KPdSU direkt aus der Partei der (...) Bolschewiki hervorging. Der amtierende russische Präsident wurde durch den 1991 an die Macht gekommenen Führer der Demokraten zum Nachfolger bestimmt. Diese Nachfolge ist sogar direkter als diejenige zwischen Lenin und Stalin. Natürlich hat sich die Partei in den 13 Jahren an der Macht vollständig gewandelt. Interessanterweise erkennen dies die gegenwärtigen rechten Oppositionsparteien[328] das nicht an. Diese Situation erinnert an eine Zeit, als viele Bolschewiki Lenins Lehre treu blieben, später jedoch an den Rand des politischen Lebens gedrängt wurden. Sie bildeten schließlich die ‚Trotzki-Bucharin-Opposition' und sahen Stalins Partei nicht als die ihre an. Die Transformation der gegenwärtigen ‚Partei der Macht' begann bereits mit ihrem Machtantritt 1991, ebenso wie die Bolschewistische Partei sich 1917 zu wandeln begann.

---

[328] Hiermit sind die demokratischen Parteien Jabloko und SPS gemeint.

Die Helden der sozialistischen Revolution, die aus der Partei gedrängt wurden, redeten von deren ‚Transformation'. Sie sprachen über Thermidor und Bonapartismus, und sie verstanden nie, dass der Weg zu Stalin und ihr eigener Weg in den Tod mit der Machtübernahme durch eine revolutionäre Minderheit (...) begann. Ebensowenig versteht die Rechte, die sich jetzt in der Opposition wiederfindet, dass der Weg zu Putins Regime 1991 begann, als ihre Partei ohne die Zustimmung der Nation die Macht übernahm. Die (...) Vereinbarungen von 1991 über die Auflösung der Sowjetunion waren exakt solch eine Machtübernahme hinter dem Rücken der Nation. (Ungeachtet dessen, ob es möglich oder notwendig war, die UdSSR zu erhalten). Zwei Jahre später, 1993, brach die Partei der ‚Demokraten' alle Brücken hinter sich ab, als sie rebellierende Mitglieder der Regierung, die im Parlamentsgebäude eingeschlossen waren, beschießen ließ.

Eigentlich hat Putin nichts Besonderes getan, er hat lediglich die Gerüste vom bereits fertiggestellten Gebäude entfernt und einige abschließende Pinselstriche hinzugefügt. Es war Jelzin, und nicht Putin, der für die Konstruktion verantwortlich war, ebenso wie diejenigen, die in jedem Stadium der Fertigstellung applaudierten und in Opposition gingen, als die das Gebäude ohne die Gerüste sahen. Nun verbringen sie viel Zeit damit, sich an die wundervollen Tage zu erinnern, als sie mit so großem Enthusiasmus begannen, an einer lichten Zukunft zu bauen.

Die gegenwärtige rechte Opposition ist eine Partei der Sehnsucht nach 1991, die nichts versteht. Ebenso waren die Trotzkisten eine Partei der Sehnsucht nach 1917, die nichts verstand. Die Rechte hatte regen Anteil an der Entstehung des gegenwärtigen Regimes, während die Linke, die sie bitter hasste, dem Regime faktisch ihre Unterstützung gewährte. Wenn die Rechte eine Partei der Sehnsucht nach 1991 ist, so ist die Linke eine Partei der Sehnsucht nach der Stalin-Breschnew-Ära. Während die gegenwärtige rechte Opposition nie verstanden hat, wie das Putinregime entstanden ist und warum sie selbst am Rande steht, versteht die heutige Linke nicht, warum das Sowjetsystem zusammengebrochen ist und die UdSSR auseinanderfiel.

Die gegenwärtigen Kommunisten kreierten eine offensichtlich unrealistische und inakzeptable Alternative, vergleichbar mit der monarchistischen Alternative in den 20er Jahren des 20. Jahrhunderts. Dies ist ihre Rolle bei der Entstehung des heutigen Regimes. (‚Stalin ist schlecht, aber besser als eine

Rückkehr zur Zarenherrschaft'. ‚Jelzin und Putin sind schlecht, aber immer noch besser als die Kommunisten.') Auf diese Weise unterstützten sie die Bildung eines Regimes ohne Alternative, das die ‚Demokraten' aktiv vorantrieben. Und jetzt, da die Regierung zunehmend überlieferte, sowjetische Züge annimmt, verliert die linke Opposition ihre Orientierung, ebenso wie die Opposition zur Zeit Stalins, die sich nach der Monarchie zurücksehnte.

In diesen Jahren trafen die Bolschewiki, die den Idealen von 1917 treu geblieben waren, in den GULAGs mit den Monarchisten zusammen, die dem Zaren die Treue hielten. Die Sitten sind heutzutage nicht so brutal, und das persönliche Schicksal der ‚wahren Demokraten' und ‚wahren Kommunisten' mag nicht so erschreckend sein, vom politischen Standpunkt ist es jedoch dasselbe. Beide Opposititionslager haben zur Herausbildung des gegenwärtigen Regimes beigetragen, und nun können sie gehen wie ‚der Mohr, der seine Schuldigkeit getan hat'. Beide Lager sind der Vergangenheit geweiht, sie haben keine Zukunft. Sie sind unfähig, die Hauptaufgabe dieses Landes zu lösen: Den Übergang zur Demokratie, also die Befähigung des russischen Volkers, seine Regierung zu wählen (was sie nie zuvor getan haben), wie überall sonst in der zivilisierten Welt. Diese Frage wird früher oder später angesprochen werden müssen. Das Ende der bisherigen Oppositionslager schiebt die Lösung nicht hinaus, im Gegenteil, es bringt diese näher. Denn sterbende Oppositionsgruppen machen Platz für neue politische Kräfte, die der Aufgabe besser gewachsen sind.

Diese Kräfte sind bislang jedoch noch nicht in Sicht. Es zeichnet sich noch keinerlei neue Oppostion ab. Wir können jedoch – ausgehend von der Aufgabe, vor der sie gestellt wird – mutmaßen, welche Form sie annehmen wird, ausgehend von der Aufgabe, die sich ihr stellt. Die Opposition kann weder eine rechte noch eine linke Opposition an sich sein, sondern sie muss in jedem Fall eine demokratische sein. Ihre Führer müssen sich sehr deutlich dessen bewusst sein, dass eine normale Gesellschaft sowohl aus Rechten als auch aus Linken bestehen muss, aus Weltbürgern und Patrioten, und dass Demokratie nicht den Sieg von einigen Leuten über andere bedeutet, sondern das Handeln entsprechend der gemeinsamen Spielregeln. Dies heißt auch, dass selbst ein sehr unangenehmes, aber demokratisch gewähltes Parlament nicht aufgelöst werden darf. (...)

Um an die Macht zu kommen, muss diese Opposition sehr stark sein und von der Mehrheit unterstützt werden. Es muss jedoch nicht nur eine bloße Mehrheit sein, diese muss zudem überwältigend und fest gefügt sein. Obwohl man sich kaum vorstellen kann, dass das gegenwärtige Regime Wahlen für ungültig erklärt und zu einem offenen Autoritarismus übergeht, so ist doch offensichtlich, dass es nicht zögern würde, Wahlen in großem Umfang zu fälschen, wenn ihr eine echte Gefahr drohte. Es wäre naiv zu erwarten, dass der erste Machtwechsel einfach durch den Gewinn von 51 Prozent der Stimmen erfolgte und die Macht auf dem Silbertablett serviert würde. Um an die Macht zu kommen, muss eine neue demokratische Bewegung stark genug sein, den Widerstand des Regimes zu lähmen, ebenso wie das Schewardnadse-Regime in Georgien gelähmt wurde.

Die Entstehung einer solchen Opposition und ein erster Machtwechsel sind offensichtlich außerordentlich schwierige Aufgaben. Das heutige russische Regime ist sehr stark und wir befinden uns am Beginn eines Zyklus: Die frühere Opposition ist bereits verschwunden, und neue Oppositionskräfte gibt es noch nicht. Es wird sie auch bis zu den nächsten Wahlen 2008 nicht geben - das ist eine Aufgabe für die nächsten Jahrzehnte, für die nächste Generation.

Aber selbst wenn dieses folgenschwere Ereignis eintritt, wird der erste Machtwechsel noch nicht die endgültige Transformation in eine stabile Demokratie bedeuten. Der erste Sieg der Opposition wird nur der Anfang sein. Man muss abwarten, bis die Sieger selbst Wahlen verlieren und ihre Niederlage besonnen akzeptieren – und bis wiederum die Sieger dieses nächsten Wahlganges selbst von der politischen Bühne abtreten. Erst nach mehreren solcher Wahlwechsel werden die Regeln von der gesamten Gesellschaft akzeptiert, niemand wird sich mehr einfallen lassen, sie zu verletzen. Die Jahrzehnte, die uns vom Sieg der bislang ungeborenen Opposition trennen, müssen von mindestens einem weiteren Jahrzehnt gefolgt werden, um eine stabile Demokratie zu erreichen. Wir sind erst am Anfang dieser sehr langen und schwierigen Reise. Der erste Schritt erfordert das Verständnis dessen, was für eine Reise es sein wird und dass wir sie machen müssen, weil wir einfach keine Alternative haben."

Übersetzung von Christian Wipperfürth

6. *Auszüge der Ansprache des Präsidenten Russlands W.W. Putin an die Föderalversammlung der Russischen Föderation.*

Moskau, Kreml, 26. Mai 2004.

Hintergrund: Die Ansprache an die Föderalversammlung ist eine Rede, die der Präsident jährlich hält und die innerhalb Russlands mit großer Aufmerksamkeit verfolgt und analysiert wird.

„Unsere Ziele sind absolut klar. Das sind ein hoher Lebensstandard im Lande und ein sicheres, freies und komfortables Leben. Das sind eine entwickelte Demokratie, eine entwickelte Zivilgesellschaft unnd die Festigung der Stellung Russlands in der Welt. Aber das Wichtigste, und ich möchte das wiederholen, ist ein deutliches Wachstum des Wohlstandes der Bürger.

Wir müssen uns aber die Frage stellen, ob wir alle Möglichkeiten für das wirtschaftliche Wachstum und die soziale Entwicklung genutzt haben? Sind wir mit dem heutigen Stand der Entwicklung zufrieden?

Nein. Vor allem sind wir mit dem Lebensstandard der Menschen unzufrieden.

Ich erinnere daran, dass Russland während einer langanhaltenden Wirtschaftskrise fast die Hälfte seines ökonomischen Potenzials eingebüßt hat. In den letzten vier Jahren konnten wir etwa 40 % dieses Verlustes ausgleichen. Trotzdem ist es uns bisher nicht gelungen, unseren eigenen Stand von 1989 wieder zu erreichen. Und nur, wenn wir das gegenwärtige hohe Entwicklungstempo beibehalten, können wir verhindern, in den ‚Hinterhof der Weltwirtschaft' abzurutschen.

(...)

Bei weitem nicht alle in der Welt wollen es mit einem selbstständigen, starken und selbstbewussten Russland zu tun haben. Im globalen Konkurrenzkampf werden heutzutage Mittel des politischen, ökonomischen und Informationsdruckes aktiv eingesetzt. Die Stärkung unserer Staatlichkeit wird dementsprechend unbewusst als Autoritarismus gedeutet.

Ich möchte in diesem Zusammenhang erklären, dass es keine Revision der Grundprinzipien unserer Politik geben wird. Die Treue gegenüber den demokratischen Werten wird durch den Willen des Volkes und durch die strategischen Interessen der Russischen Föderation bedingt.

(...)

Bis heute ist es uns nicht gelungen, eine Verschlechterung des Niveaus der Gesundheitsversorgung zu verhindern.

(...)

Ich möchte das Verteidigungsministerium und die Regierung im Ganzen darauf aufmerksam machen, dass der Umfang der auszugebenden Mittel, die Interessen der Verteidigungsfähigkeit des Landes, sowie wichtige soziale Parameter der Reform eine öffentliche Kontrolle der Effizienz der in der Armee zu realisierenden Umgestaltungen notwendig machen.

Ich möchte dabei betonen, dass die Berufung auf die Notwendigkeit den Terrorismus zu bekämpfen, kein Argument für eine Einschränkung der Menschenrechte sein kann.

(...)

Es ist offensichtlich, dass die junge russische Demokratie in ihrer Entwicklung bedeutende Fortschritte gemacht hat. Wer diese heutzutage hartnäckig übersieht, ist nicht aufrichtig. Trotzdem sind unsere gesellschaftlichen Einrichtungen bei weitem nicht perfekt. Wir müssen zugeben, dass wir uns erst am Anfang des Weges befinden.

Ohne eine entwickelte Zivilgesellschaft ist es nicht möglich, elementare Probleme der Menschen effektiv zu lösen. Die Qualität des Alltagslebens ist unmittelbar abhängig von der Qualität des gesellschaftlich-politischen Systems direkt ab. Und hier sind noch viele Fragen offen.

Ich möchte noch einmal betonen: Eine radikale Revision der Wirtschaftspolitik, eine beliebige Einschränkung der Menschenrechte und Freiheiten, in welcher Form auch immer, eine grundlegende Änderung der außenpolitischen Orientierung (...) können unumkehrbare Folgen haben. Dies gilt es unbedingt zu verhindern.

Ich denke, dass unsere Hauptaufgabe darin besteht, in Russland eine freie Gesellschaft freier Menschen aufzubauen. Und das ist die komplizierteste Aufgabe von allen.

7. Auzug aus dem Artikel „Gemäß Kriegsgesetzen". Von Michail Leontjew

Aus: Nezavisimaja gazeta, 9. September 2004

Hintergrund: Michail Leontjew ist einer der einflussreichsten russischen Journalisten. Er arbeitet derzeit für den staatlichen Fernsehsender „Erster Kanal", den größten des Landes und hat eine eigene Sendung („Odnako"), in der er mehrfach in der Woche, unmittelbar nach der Hauptnachrichtensendung des Landes, 10 Minuten über außenpolitische Fragen spricht.

„Werfen wir einen Blick auf die Vereinigten Staaten. Sie wurden angegriffen. Viele Menschen starben. Stellte dieser Angriff irgendeine Gefahr für den amerikanischen Staat dar oder für die Administration von George W. Bush (...)? Nein. Sie gaben offen zu, dass sie davon profitierten. Der 11. September spielte ihnen in die Hände. Das geben sie selbst zu. Mit anderen Worten: Bush stand niemals vor irgendeinem verhängnisvollen Dilemma – lediglich vor der Frage ob er den Irak im Interesse der geopolitischen Interessen Washingtons zerschlagen sollte oder nicht. Er entschied sich sicherlich für die vorteilhafteste Lösung. Wo sind denn terroristische Angriffe? Wo sind terroristische Angriffe in Amerika? Führen Sie sich nur einmal vor Augen. welche Infrastruktur benötigt wurde, um den 11. September zu organisieren. Schauen wir uns die Explosionen in Russland an. Werfen wir einen Blick auf die Vereinigten Staaten. Die Vereinigten Staaten unterdrücken den Irak, greifen die Imam-Ali-Moschee an – einen heiligen Ort für Moslems – und bombardieren Falludschah, wann immer sie es für nötig befinden, einen einzelnen Terroristen zu töten. Und es gibt keine Terrorattacken in Amerika. Warum nicht? Ich werde es Ihnen sagen. Nicht weil der internationale Terrorismus oder die Islamisten nicht den Wunsch hätten, irgendetwas in den Vereinigten Staaten in die Luft zu jagen, sondern weil die übergeordneten Organisationsebenen eine bestimmte Menge Geldes zur Organisierung terroristischer Angriffe bereitstellen müssen. Die Vereinigten Staaten und ihre Partner in der Golfregion sind immer noch sehr einflussreich. So einflussreich, dass sie die Mittel in eine andere Richtung zu lenken vermögen. In die Richtung Russlands. Damit wären wir (...) bei einem weiteren ihrer Ziele: Russland zu destabilisieren, ein Land, das eine Bedrohung für sie bedeutet. Ich zitiere den britischen Reiseschriftsteller Edmund Spencer: ‚Die Natur selbst formte diese

Barrieren in den Bergen und Schluchten des Kaukasus. Hier ist Russland besonders verwundbar. (...) Die Natur selbst zeigt uns, wo wir mit Aussicht auf Erfolg gegen Russland vorgehen können.' Diese britisch-amerikanische Politik ist fast 200 Jahre alt. Der Kalte Krieg begann vor fast 200 Jahren. Er begann nicht 1946 oder 1917 und er endete auch nicht 1991.

Wenn wir hören, dass der Islamismus unser gemeinsamer Feind ist, so trifft dies zu. Das haben Sie bereits gewusst. Es gibt einen anderen Aspekt, über den Sie nachdenken sollten. Nehmen wir London. Großbritannien bekämpft den islamischen Fundamentalismus, kämpft im Irak und so weiter, Seite an Seite mit den Vereinigten Staaten. London steckt voller radikaler islamistischer Gruppen. Nach dem 11. September wurden einige symbolträchtige Schritte unternommen, aber sie sind nicht wirklich von Belang. All diese Organisationen sind immer noch dort. Sakajew <er vertritt die Regierung Maschadows im Ausland, d.Ü.> ist nicht allein. Es gibt sehr viele andere interessante Leute dort. Aber ist in London irgendetwas in die Luft geflogen? Es gab Bomben in Spanien, die französische Regierung wird durch Terroristen erpresst, in London aber ist alles ruhig. Es gab Explosionen in London als sich Großbritannien in einem Krieg mit einer Macht befand, die es nicht kontrollieren konnte – der IRA. Großbritannien konnte nichts dagegen tun, es gab jeden Tag Anschläge. Ich bin nicht neidisch oder etwas ähnliches. Ich wünsche mir überhaupt keine Explosionen in London oder New York. Ich möchte nur, dass wir mit offenen Augen die eigenartige Entwicklung wahrnehmen. Dass wir verstehen, wer dahinter steckt, dass sich der globale Islamismus in einer bestimmten Richtung entwickelt."

Im Internet: www.ng.ru/ideas/2004-09-09/5_leontev.html (zuletzt geöffnet am 30.11.04)

Übersetzung von Christian Wipperfürth

8. Im nationalen Interesse. Von Ira Straus

Aus: www.inthenationalinterest.org, 23. Juni 2004.

Hintergrund: Ira Straus ist US-Koordinatorin des Osteuropa- und Russlandkomitees der NATO.

„Es war ein angenehmer Tag in einer dieser machtnahen Denkfabriken in Washington. Thema des Seminars war die Rolle Amerikas und Russlands in Zentralasien. Die Redner waren kompetent, vernünftig und intelligent. Sie schlitterten schnell in die Grube der Nullsummenlogik. Nichts Neues. Am Ende des Tages hatte sich die Diskussion jedoch gewandelt, aus der Grube herausgearbeitet und die sonnigeren Gefilde positiver Summen erklommen. Wie kam es dazu? Zu Beginn bewegten sich sowohl die Fragen aus dem Publikum als auch die Aussagen der Experten im Nullsummen-Rahmen. Dies erforderte keine besonderen Anstrengungen und war ein Anzeichen für fehlende tiefgründige Analyse. Die Redner vermuteten mitunter einen unüberwindlichen Gegensatz zwischen den Interessen der USA und Russlands – und an anderer Stelle, irgendwie widersprüchlich, schrieben sie der russische Politik eine starre Nullsummenweltsicht zu, da Russland das wundervolle Herangehen der Amerikaner nicht zu würdigen wisse. Sie würden flugs die Implikationen dieser Vermutungen ausführen, wie-du-mir-so-ich dir, die sich widerstreitenden Schachzüge beider beschreiben und ähnliche Züge für die Zukunft voraussagen und verordnen. Und während sie das Negative beider Seiten beschreiben, lüden sie die Schuld dafür immer auf die russische Seite ab.

Ein Teilnehmer aus dem Publikum, ein ehemaliger amerikanischer Diplomat in Moskau, griff in die Diskussion ein. Er habe in den 90er Jahren gegenüber russischen Vertretern immer wieder betont, dass die US-Politik in der Region kein Nullsummenspiel sei, sei jedoch auf taube Ohren gestoßen. Die Schwerhörigkeit sei mitunter jedoch richtig gewesen, einige Züge seien tatsächlich eine Nullsumme gewesen.

Danach zeigten einige Fragesteller und Podiumsteilnehmer eine Neigung zur Positivsumme. Sie argumentierten, dass die Vereinigten Staaten und Russland mehr wichtige gemeinsame als entgegengesetzte Interessen in der

Region haben, dass Nullsummenverhaltensweisen in den Bürokratien beider Seiten zu finden seien und dies die Schuld beider sei, und dass es auch einige Positivsummenleute auf beiden Seiten gebe. Dies führte zur Schlussfolgerung, dass zwei Arten von Koalitionen denkbar seien: Nullsummenverhaltensweisen könnten mittels dominieren, indem sie sich auf beiden Seiten gegenseitig stärken, in der üblichen Wie-du-mir-so-ich-dir-Manier. Aber es gäbe auch Raum für die Positivsummenleute voranzukommen, wenn sie (...) gemeinsame Initiativen entwickelten.

Beeindruckend, so argumentierte diese Gruppe, sei nicht, dass noch Nullsummen nach den langen Jahren des Kalten Krieges bestanden, sondern, wie groß der Fortschritt der vergangenen Jahre in Richtung auf Positivsummen sei. Es sei besonders beeindruckend, wie weit die russische Führung in Richtung unvoreingenommenen Herangehens gegangen sei, beispielsweise in Bezug auf die US-Basen in Russlands Hinterhof. Der Diskussionsleiter stand auf der Positivsummenseite, und dies war wahrscheinlich der Grund dafür, dass man sogar in einem Denkfabrikumfeld in Richtung Positivsummenherangehens denken konnte.

Positivsummendenken hat in Washington bereits vor einiger Zeit begonnen, auf anderen Ebenen mitunter vorzuherrschen. Manche Verantwortlichen haben sich beispielsweise mit den drängenden Sicherheitsbedürfnissen und den neuen Realitäten Amerikas zu beschäftigen und kamen zur Ansicht, dass dies eine Abkehr vom Herangehen des Kalten Krieges erfordere. Teile der Analytikergemeinde und der Bürokraten haben größere Schwierigkeiten damit. Aber was schwierig scheint, ist nicht unmöglich. (...)

Die Podiumsteilnehmer und der Diskussionsleiter nutzten die Gelegenheit, laut über einige Möglichkeiten nachzudenken, die amerikanischen und russischen Aktivitäten in Zentralasien zu erhöhen. Es war wahrscheinlich nicht leicht für sie. Es waren keineswegs vorbereitete Stellungnahmen, und man konnte kaum Bezug auf Vorarbeiten der Analytikergemeinde nehmen. Es war nicht nur Brainstorming oder reine Improvisation, sondern ein Element lauten Denkens, obwohl es nicht uneingeschränkt dienlich war, laut zu denken, denn es herrschte keineswegs Einmütigkeit, ob man ein solches Herangehen der Positivsumme in Erwägung ziehen könnte. Einige Konferenzteilnehmer beharrten auf einer Negativsummensicht der Absichten und Handlungen der russischen Eliten. Trotz dieser Erschwernisse wurden einige Positivsummenvorschläge gemacht, z.B.:

- Die US-Basen in der Region sollten für Besuche von Russen geöffnet werden, ein Austausch sollte initiiert werden, vielleicht gar gemeinsame Übungen oder gemeinsames Training.
- Es sollte verhindert werden, dass die örtlichen Despoten Russland und Amerika gegeneinander ausspielen. Es ist vorstellbar, dieses Ziel durch amerikanisch-russische Konsultationen zu erreichen, die auf eine gemeinsame Front gegenüber Karimow, Nijasow u.a. abzielen. (Dies ist nicht notwendigerweise eine positive Summe an sich, aber es bedeutet zumindest, dass wir den lokalen Gewaltherrschern nicht erlauben, uns zu einem Nullsummenspiel zu nötigen und uns auszuspielen. Und es setzt arbeitsfähige Kommunikationsstrukturen in Gang, die Positivsummenverhaltensweisen ausarbeiten könnten, falls wir dies wünschen.)
- Es ist ein Datum für die Schließung der US-Basen festzulegen. – Eigentlich ist auch dieser Vorschlag nicht per se eine Positivsumme. Er geht von einer Nullsummenangst vor US-Basen in der Region aus, versucht aber, die russischen Befürchtungen zu mindern, indem die Situation terminiert wird. Dies trifft möglicherweise auch auf den ersten Vorschlag zu. Im Ergebnis würde insgesamt trotzdem Raum geschaffen für mehr Positivsummendenken und -handeln.

Ich frage mich, ob es die gegenwärtige Auffassungsgabe in Washington überstiege, wenn jemand fortführe, über offensichtlichere Positivsummenaktivitäten zu spekulieren? Das heißt, über Aktivitäten, bei denen die Vereinigten Staaten und Russland den Einfluss des anderen in der Region wahrhaft unterstützen und über das Geplänkel wechselseitiger Verdächtigungen hinausgehen? Dies wäre vielleicht zu viel verlangt? (...). Oder aber auch nicht. Die nationalen Interessen der Vereinigten Staaten erfordern dies letzten Endes. Für Analytiker wäre es eine Art Verrat an unserer Verantwortlichkeit, wenn wir unsere Analyse amerikanischer Interessen unseren persönlichen Interessen oder denen des sozialen Milieus unterordneten (...). Wir könnten vielleicht etwas Raum schaffen, über diese Dinge nachzudenken, ob wir uns bereit dazu fühlen oder nicht. Das Folgende sind einige Spekulationen über potenzielle Initiativen zur Förderung der amerikanischen Interessen in der Region und zur Errichtung eines Positivsummenverhältnisses:

- Unterstützen wir einige russische Basen und Truppen, damit sie in der Region bleiben oder neue errichtet werden (...). Amerika braucht die Russen für die Sicherung der Grenzen, den Kampf gegen den Drogenhandel und andere stabilisierende Maßnahmen. Möglicherweise auch für regionale Expertise mit ein wenig Objektivität und Autonomie von den lokalen Regimen.

- Die Russen könnten im Gegenzug von Äußerungen absehen, dass die Vereinigten Staaten die Region irgendwann verlassen müssten. Eine US-Präsenz wäre eine Bürgschaft für die dauerhafte Unabhängigkeit der Länder von Russland, aber dies wäre nicht länger gleichbedeutend mit dem Ausschluss Russlands oder dem Schutz vor russischem Einfluss.

Es wäre schlecht für Amerika – schlechter als für Russland und Tadschikistan - wenn die russischen Basen geschlossen würden und sich die Truppen von der tadschikischen Grenze zurückzögen. Selbst wenn man die Ansicht vertritt – wie die meisten Wie-du-mir-so-ich-dir-Kommentatoren, dass Amerika hierauf hingearbeitet habe, so ist es nicht zu spät, den Irrtum einzusehen und das Richtige zu tun. Wie viel besser ginge es uns heute, wenn uns bewusst gewesen wäre, dass wir mit unserer Aversion gegen die britische Macht (...) vor einem halben Jahrhundert meistens falsch lagen. So weise wurden wir erst während des Falklandkrieges. Die harten Realitäten des 11. September sollten uns antreiben schneller weise zu werden in Bezug auf unser Interesse an Russlands Macht und Einfluss in einigen Regionen.

- Die Georgier (wir verlagern unsere Diskussion also vorübergehend auf die andere Seite des Kaspischen Meeres) und die Russen sollten im Stillen ermuntert werden, folgende Abmachung zu treffen: Georgien beendet seine Forderungen nach einer Schließung der russischen Basen, im Gegenzug unterstützen die Russen die Wiederherstellung der georgischen territorialen Integrität in Abchasien und Ossetien und beenden ihren Lärm gegen die US/NATO-Präsenz in Georgien. Mit anderen Worten: Die Vereinigten Staaten und Russland bleiben beideim Land, ohne zu versuchen, den anderen herauszudrängen.

Hierbei kann man auf die Dynamik bauen, die durch die Rolle Igor Iwanovs bei der friedlichen Entfernung Abaschidzes <des Präsidenten Adschariens, d.Ü.> aus dem Lande entstanden ist. Es könnten sich die georgischen Hoffnungen erfüllen, dass Russland in den anderen, tiefer greifenden Krisen (...) eine ähnliche Rolle spielen könnte. Das trüge zugleich der Tatsache Rechnung, dass Georgien eine Menge getan hat, um diese Krisen zu provozieren. Die Nationalitätenpolitik des georgischen Nationalismus war seit 1991 weit entfernt davon vernünftig zu sein. Russische Vermittlung wird auch in Zukunft als Rückversicherung für die ethnischen Abchasen und Osseten wichtig sein, falls diese sich trotz ihrer gegenwärtigen Präferenz, sich mit Russland zu vereinigen, dazu entschließen, sich freiwillig und friedlich mit Georgien zusammenzuschließen.

- Amerika sollte sich für die Rechte der ethnischen Russen in Zentralasien einsetzen und Gelder für russischsprachige Medien, zivilgesellschaftliche Organisationen und Parteien, die von Russen geführt werden zur Verfügung stellen. Indem man sie sozusagen zu ‚US-Agenten' machte, befreite man sie von dem Vorwurf, Agenten der russischen imperialistischen Rückeroberung zu sein.

- Öffentliche Proteste Amerikas und Druck gegen die Diskriminierung ‚ethnischer Russen' in Zentralasien in Bezug auf die Beschäftigung in Regierungspositionen, den Medien und der Geschäftswelt. (‚Ethnische Russen' ist in Anführungszeichen gesetzt, weil in dieser Region die Bezeichnung ‚Russen' auch auf Ukrainer, Juden (...) und Deutsche sowie alle anderen dort lebenden Europäer angewandt wird.) Hierdurch könnten wir bei den Russen enorme Anerkennung gewinnen, nicht nur regional, sondern auch in Moskau. Es würde zeigen, dass wir unsere ‚Menschenrechts'-Rhetorik ernst nehmen (...). Und es wäre verdammt gut für das Ansehen der Menschenrechte in Russland, wo die Sache der Demokratie dadurch gelitten hat, dass sie zu oft mit der Schwächung und Demütigung der Nation verbunden war und ‚Menschenrechte' allzu oft ein Codewort für feindliche Aktivitäten zu sein schienen.

- Regelmäßige Konsultation zwischen Washington und Moskau über die Politik in der Region, um eine gemeinsame Politik auszuarbeiten und eine Front gegenüber den lokalen Regimen zu bilden, Telefonanrufe nach Moskau, bevor sich Rumsfeld oder Powell auf den Weg nach Zentralasien machen. Im Gegenzug dasselbe vor Zentralasienbesuchen Lawrovs oder Iwanovs, obwohl – realistisch gesehen – ihre Besuche mehr Routine sind.

- Eine amerikanisch-russische Zentralasien-Arbeitsgruppe, ähnlich – oder verschmolzen mit – der 1999 eingerichteten für Afghanistan und Terrorismus. Die Gruppe würde gemeinsame Initiativen für Positivsummen vorbereiten, die Aktivitäten beider Seiten in der Region verfolgen und sicher stellen, dass

Vorabkonsultationen in Bezug auf diese Aktivitäten stattfinden, damit Verdächtigungen, was die jeweils andere Seite in der Region betreibt, vermieden werden können.

Es ließen sich natürlich noch mehr Punkte aufführen. Ich habe mich auf einige grundsätzliche beschränkt, die in Washington initiiert werden könnten und bei denen eine ablehnende Haltung der Russen schwer vorstellbar wäre. Das in den oben aufgeführten Vorschlägen hohe Realitätsniveau ist untypisch, dabei habe ich die Grenzen des Denkbaren vielleicht sogar noch zu eng gezogen. Wenn man etwas mehr Idealismus oder zumindest eine ausgewogene Sicht der russischen Absichten hat, könnte man Russland auffordern, diesen Punkten einigen anderen hinzuzufügen, die auch von beiderseitigem Nutzen wären, aber besonders und offensichtlich Amerika zugute kämen, z.B. Erdölleitungen gebaut zu bekommen, diese in Sicherheit zu wissen, eine Stabilisierung der Staaten an den Leitungen – wahrscheinlich von Baku nach Ceyhan, obgleich eine andere Strecke oder Strecken günstiger sein könnten, wenn man die Nullsummengeopolitik wirklich beiseite legt.

Wenn man meine oben skizzierten vorsichtig gezogen Grenzen zu überschreiten bereit ist, ist ein noch höheres Kooperations- und Integgrationsniveau denkbar. Ian Bremmer und Nikolas Gwosdew haben überzeugend über gemeinsame russisch-amerikanische Basen unter einem gemeinsamen institutionellen Dach, wie dem NATO-Russland-Rat, geschrieben.

Aber auch ohne diese zusätzlichen Punkte würden die oben aufgeführten zu einer saftigen Positivsumme führen. Eine, die die beiden Länder in die Lage versetzt, ihre vitalen Interessen durchzusetzen: Die Förderung von Stabilität und Modernisierung in der Region und ein Sieg im Krieg gegen den Terror.

Über *diese* Art Dinge könnte unsere Politikberatergemeinde nachdenken. Man geht schließlich davon aus, dass es unser Geschäft sei, der Regierung zu helfen, Dinge zu durchdenken und zu sehen, wie die wahren Interessen unserer Gesellschaft durchgesetzt werden können. Sind Politikberater nicht eben hierfür da?“

Übersetzung von Christian Wipperfürth

Nachwort: Zur Lage in der Ukraine

Die Bezeichnung „Orangene Revolution“ für die Ereignisse in der Ukraine ist nicht übertrieben. Dieser Umbruch, der grundsätzlich unseren Respekt und unsere Sympathie verdient, besitzt selbstverständlich nicht nur Auswirkungen innerhalb der Ukraine, sondern offensichtlich auch auf das Verhältnis zwischen Russland und seinem ostslawischen Nachbarn, zwischen der EU und der Ukraine sowie zwischen Deutschland bzw. der EU und Russland.

Die Aktualität und Bedeutung der jüngsten Ereignisse verlangen nach einer kurzen Berücksichtigung und Deutung an dieser Stelle. Darum erfolgte die Drucklegung dieses Buches später als ursprünglich geplant.

Die Ukraine zwischen Ost und West

Die Ukraine bevorzugt es seit Jahren, trotz aller kulturellen Verwandtschaft, gemeinsamen Geschichte, relativen wirtschaftlichen Dependenz und entgegenkommender Gesten Präsident Putins, den großen Nachbarn mit seinen Wünschen nach „Umarmung“ auf Abstand zu halten. Es wurde bereits an verschiedenen Stellen erwähnt, dass eben diese enge Verbundenheit dazu führt, dass die neuen, unabhängigen Länder sich besonders betont abgrenzen, um ihre Staatlichkeit zu konsolidieren und ihre Identität definieren zu können. Darüber hinaus ist die Ukraine ein Land, das geschichtlich teils dem osteuropäischen, teils dem mittelosteuropäischen Kulturraum angehört.

Eine der Ursachen und Auswirkungen dieser Zerrissenheit sind die erheblichen Konflikte zwischen den drei orthodoxen Kirchen in der Ukraine: Nämlich zwischen der eigenständigen ukrainisch-orthodoxen Kirche, derjenigen, die weiterhin dem Patriarchen in Moskau als Oberhaupt huldigt und der griechisch-katholischen, die im orthodoxen Ritus feiert, aber den Papst in Rom als höchste geistliche Autorität anerkennt.[329]

Die konkurrierenden Orientierungsmuster – und eine sich bereits seit Jahren entwickelnde Konkurrenzsituation zwischen Russland und dem Westen um Einfluss in GUS-Ländern – erschweren eine Festigung bzw. Schaffung des ukrainischen Selbstverständnisses und führten in den vergangenen Jah-

[329] S. z. B.: Karsten Packeiser, aktuell.ru, 12.7.04, in: Grachok 97, 13.7.04.

ren zu einer Politik, die grundsätzlich zwischen einer Ausrichtung auf Russland bzw. West- und Mitteleuropa schwankte. Die Schaukelpolitik war aus ukrainischer Sicht konsequent, da die eher östlich bzw. die eher westliche orientierten Gruppen im Lande eine etwa gleich starke Anhängerschaft besitzen.

Während der Irakkrise lehnten sowohl bedeutende Kräfte in der ukrainischen Regierung als auch die Mehrheit der Opposition eine Unterstützung der USA ab und führende Vertreter des Landes sondierten in Berlin, welchen Preis Deutschland zu zahlen bereit sei, falls sich die Ukraine an dessen Seite stelle. Berlin wollte jedoch weder eine Politik der Peitsche, noch des Zuckerbrots betreiben und Präsident Kutschma beabsichtigte ohnedies, sein angeschlagenes Ansehen in den USA zu reparieren. Da seine Kritiker aus Deutschland mit leeren Händen zurückkamen setzte er durch, dass die Ukraine im Frühjahr 2003 ein beachtliches Streitkräftekontingent in den Irak entsandte.[330]

Im September 2003 schien die russische Diplomatie mit dem Abkommen über den „Einheitlichen Wirtschaftsraum" die Ukraine wieder etwas stärker auf die eigene Seite ziehen zu können. Im Lande erhob sich jedoch erheblicher Widerspruch, weil Russland, so die Sorge, auf diese Weise zu großen Einfluss in der Ukraine gewinnen könne. Daraufhin erklärte Präsident Kutschma, dass sein Land nur an Integrationsschritten teilnehme, die mit der Gesetzgebung des Landes vereinbar seien.[331] Die deutliche Relativierung der Vereinbarung hing auch mit den Bedenken der EU zusammen. So warnte der damalige EU-Erweiterungskommissar Verheugen in Kiew vor dem „Einheitlichen Wirtschaftsraum" mit Russland, Kasachstan und Weißrussland. Dieser führe zu Schwierigkeiten bei den ukrainischen Plänen zur Integration in Europa. Die USA äußerten ähnliche Vorbehalte und forderten die Ukraine wiederholt auf, sich in die europäische und nordatlantische Richtung zu bewegen.[332]

---

330 Maria Olson: Die Ukraine in der Irakkrise, Ukrainische Widersprüche, in: GUS-Barometer 33.

331 Wjatscheslaw Nikonow, RIA Nowosti, 23.9.03, in: Beilage GUS von Grachok, 24.9.03.

332 RBC am 12.9.03, in: Grachok 141, 15.9.03; Ukrajinska pravda, 27.4.04, in: DW 81, 28.04.04.

Eine Annäherung an die EU ist seit Jahren erklärtes Ziel der Ukraine. Im Sommer 2004 führte das Land ein verpflichtendes Schulfach „Die Entscheidung der Ukraine für Europa“ ein, und selbst die russlandfreundliche kommunistische Partei der Ukraine lehnte bereits im Herbst 2003 eine mögliche EU-Mitgliedschaft nicht mehr grundsätzlich ab.[333]

In der im Juni 2004 verabschiedeten Militärdoktrin wurden die Ziele der Mitgliedschaft in EU und NATO erneut bekräftigt. Andererseits ist ein NATO-Beitritt der Ukraine in den kommenden Jahren allein wegen der Vernachlässigung und geradezu Verwahrlosung der Streitkräfte nicht denkbar. Insofern war es folgerichtig, dass Präsident Kutschma Mitte Juni 2004 erklärte, dass sein Land vorerst keinen Beitritt anstrebe.[334]

Ende Juli 2004 sagte er, dass die Ukraine auch keinen EU-Beitritt anstrebe – rechtzeitig vor einem Treffen mit Putin.[335] Wenige Wochen später hielt sich der US-amerikanische Verteidigungsminister in Kiew auf und erklärte, dass die USA „einen konstruktiven Weg der Ukraine in die euroatlantischen Strukturen unterstützen“. Daraufhin vollzogen die führenden Vertreter der Ukraine einen neuen Schwenk und „bekräftigten“, dass ihr Land an der europäischen und euroatlantischen Integration „festhalte“. Anfang Oktober 2004 sprach sich Paul Wolfowitz, Staatssekretär im Pentagon, für die vollständige Integration der Ukraine in die europäischen Strukturen aus. Anders sei die Schaffung eines vereinten und freien Europas nicht möglich.[336]

Für einflussreiche US-Strategen ist die Ukraine der Schlüssel für eine Dominanz über die eurasische Landmasse. Dieser dürfe keinesfalls wieder in Moskauer Hände geraten. Die Einbindung der Ukraine in die NATO solle vielmehr die *USA* auf Dauer zur entscheidenden Macht auf dem Doppelkontinent machen. Im Kreml gibt es ähnlich weitgehende machtpolitische Überlegungen: Russland besitzt auf sich allein gestellt auf Dauer nicht mehr genü-

---

333 Wostok Nr. 1/2004, S. 7; www-Seite der Kommunistischen Partei der Ukraine: www.kpu.kiev.ua/Main/doc/sjezd.htm#x, nach: Heinz Timmermann: Zur Strategie der EU gegenüber den Neuen Nachbarn, in: OE Nr. 11/2003, S. 1612; Wjatscheslaw Nikonow, RIA Nowosti, 23.9.03, in: ebd.; RBC am 12.9.03, in: Grachok 141, 15.9.03.

334 DW-Radio am 17.6.04, in: DW 114, 17.6.04; Sergej Schilzow: Der Morgen nach dem Feuerwerk, MDZ, 6.7.04.

335 Ute Schaeffer, DW-Radio am 28.7.04, in: DW 143, 28.7.04.

336 Ukrajinske Radio am 13.8.04, in: DW 155, 13.8.04; Svetlana Stepanenko: NATO v obmen na Juščenko, in: Vremja novostei Nr. 183, 7.10.04.

gend Ressourcen, um eine Großmachtpolitik betreiben zu können. Wenn diejenigen Russlands jedoch mit denen der Ukraine verbunden werden könnten, wären die Aussichten auf eine erfolgreiche, unabhängige Machtpolitik weit größer. In Russland herrscht weitgehende Einigkeit über diese Zielrichtung der Außenpolitik.

Wahlkampf und Krise von Sommer bis Dezember 2004

Das Europäische Parlament sprach sich im Sommer sehr deutlich für einen Machtwechsel in der Ukraine aus, war aber zurückhaltender als noch im Jahre 2002, der Ukraine eine mögliche Mitgliedschaft in der EU Aussicht zu stellen. Die USA hingegen machten deutlich, dass sie von der Haltung des Oppositionsführers Viktor Juschtschenko *(Juščenko, ukr.: Ющенко)* in der Irakkrise enttäuscht sind.[337] Sie hielten sich auch während des Höhepunktes der turbulenten Entwicklungen in Kiew Anfang Dezember 2004 auffallend zurück, denn eine Machtübernahme durch die Opposition hätte für die USA zumindest eine beträchtliche negative Nebenwirkung: Das ukrainische Parlament forderte Kutschma am 3. Dezember 2004 auf, die in den Irak entsandten 1600 Soldaten zurückzuziehen.

Im Oktober 2004 kündigte der amtierende Ministerpräsident Janukowitsch *(Janukovič, ukr.: Янукович)* bei seinem Besuch in Moskau an, dass er im Falle seines Wahlsieges die doppelte Staatsbürgerschaft mit Russland einführen werde und dem Russischen den Status einer zweiten Staatssprache verleihen werde. Der bis Ende 2004 amtierende Präsident Kutschma hatte bereits ähnliches gesagt – allerdings vor 10 Jahren, als *er* dadurch seine Wahlchancen zu erhöhen glaubte...[338]

Der Kreml besaß sowohl mit Juschtschenko als auch mit Janukowitsch Erfahrungen, als diese das Amt des Ministerpräsidenten inne hatten. Beide hatten aus Moskauer Sicht sowohl Vor- als auch Nachteile und es wäre nicht verwunderlich gewesen, wenn der Kreml eher Juschtschenko unterstützt

---

337 Ute Schaeffer, DW-Radio, 6.7.04, in: DW 127, 6.7.04; Eckart D. Stratenschulte: Ade Ambiguität! Die neue Nachbarschaftspolitik der EU, in: OE Nr. 7/2004, S. 66; Michail Paschkow/ Valerij Tschalyi: Äußere Einflußnahme auf die ukrainische Präsidentschaftswahl, 20ff, in: Wostok, Nr. 3/2004.

hätte, da Janukowitsch als Vertreter ostukrainischer Wirtschaftsinteressen gegenüber russischen Investitionswünschen besonders zugeknöpft war.[339]

Während des Wahlkampfes machte Präsident Putin seine Präferenz für Janukowitsch deutlich, indem er ihn in Kiew aufsuchte und bei einem Fernsehinterview mehrmals lobend erwähnte. Putin erwies kurz vor der Stichwahl jedoch auch Juschtschenko seine Referenz. Am Tag nach der Wahl, noch bevor das offizielle Endergebnis bekanntgegeben worden war, beglückwünschte er Janukowitsch zum Sieg, und die russischen Beobachter des Urnenganges erklärten, dass die Wahl frei und fair gewesen sei. Als die Proteste innerhalb der Ukraine und die internationale Kritik an den Unregelmäßigkeiten der Abstimmung jedoch auch in den Tagen nach dem Wahltag nicht nachließen, ruderte Putin zunächst zurück.[340] Er schloss sich der Haltung des ukrainischen Präsidenten an, dass zwar eine neue Wahl notwendig sei, jedoch auch der erste Wahlgang noch einmal stattfinden, also die gesamte Wahl wiederholt werden müsse. Dies hätte dazu geführt, dass weder Janukowitsch, noch Juschtschenko nochmals hätten antreten dürften und die Abstimmung erst im Februar oder März 2005 hätte stattfinden können. Bundesaußenminister Fischer und das EU-Parlament traten hingegen für eine Wiederholung der Stichwahl ein, während sich Präsident Bush zurückhielt.[341]

Bei dem Treffen mit Kutschma am 2. Dezember 2004 sprach Putin einerseits davon, dass die Ukraine ein „hundertprozentig russischsprachiges Land" sei. Diese Einschätzung musste auf Millionen Ukrainer provokativ wirken, andererseits sagte PUTIN:

---

338 Interfax am 9.10.04, in: DW 196, 11.10.04; Interview von Dmitri Sabov mit Viktor Juščennko: „O tom, chto slučilos' so mnoi, ja rasskažu posle vyborov, in: Novyje Izvestija, 25.10.04.

339 . Michael McFaul: He needs a new Ukraine policy; we need a new Russia policy, in: The Weekly Standard, 12.13.04: Putin Gambles Big and Loses, Vol. 010, Issue 13.

340 Kampf um Kiew – Putin trifft sich mit ukrainischem Oppositionskandidaten. Bonn, 15.11.2004, DW-RADIO, Miodrag Soric: www.dw-world.de/dw/article/0,1564,1398214, 00.html; Spezialeinheiten gehen vor Präsidialamt in Stellung, www.spiegel.de/politik/ausland/0,1518,329355,00.html, 23.11.04 (Beide Seiten zuletzt geöffnet am 1.12.04).

341 Thomas Urban: Putin gegen neue Stichwahl in der Ukraine, Süddeutsche Zeitung, 3.12.04; Kuchma wins Putin's support; Ukraine opposition demands quick vote, AFP am 2.12.04, in: CDI 333, 3.12.04.

„Für Russland ist die Ukraine ein geeinter und unabhängiger Staat (...) und wir teilen die Ukraine in unseren Herzen nicht zwischen einem nördlichen, südlichen oder westlichen Teil."[342]

Im Moment in welchem dieses Buch in Druck geht (8. Dezember 2004), bleibt die Richtung der weiteren inneren Entwicklung der Ukraine unklar. Die Opposition konnte einerseits Anfang Dezember bedeutende Siege erringen, andererseits ist denkbar, dass die offensichtliche Verzögerungstaktik Präsident Kutschmas, die von Putin unterstützt wird, noch Erfolg haben könnte. Die *außen*politischen Hintergründe und Auswirkungen des Umbruchs in der Ukraine sind klarer zu erkennen und von den taktischen Erfolgen dieser oder jener Gruppe in Kiew unabhängig (außer, wenn es zu einer dramatischen Zuspitzung der Situation kommen sollte).

Die Situation um die Ukraine aus russischer bzw. westlicher Sicht

Die russische Bevölkerung und die Eliten hegen offensichtliche unrealistische Vorstellungen über das Ausmaß an Sympathie, die Russland in der Ukraine genießt. Um so überraschender und bestürzender ist aus russischer Sicht das engagierte Votum vieler Millionen Ukrainer für einen Kandidaten, der als westlich orientiert und nationalistisch gilt. Diese Gefühle werden dadurch verstärkt, dass die russische Führung offenbar eine viel zu optimistische Vorstellung über die Bedeutung und mögliche Integrationstiefe des „Gemeinsamen Wirtschaftsraumes" besaß (s. oben). Dieser wurde vereinzelt sogar als „Ost-EU" bezeichnet. Die Verwirklichung der Träume, mit der EU auf gleicher Augenhöhe verhandeln zu können, ist nun noch unwahrscheinlicher geworden.

Putin begab sich während des Wahlkampfes auf die Seite Janukowitschs, aber seine öffentliche Unterstützung Bushs während des US-Präsidentschaftswahlkampfes war kaum weniger engagiert und eindeutig. Der russische Präsident ist offensichtlich der Ansicht, dass derlei Stellungnahmen einen im Sinne Russlands positiven Einfluss auf die Urnengänge nehmen. Dies ist aber nicht der Fall, Putins Vorgehen ähnelt vielmehr einem

---

342 Itar-Tass, Moscow, am 2.12.04: Russia ready to take part in settlement in Ukraine, in: CDI 333, 3.12.04; INTERFAX, Moskau, am 2.12.04: Die Ukraine ist ein hundertprozentig russischsprachiges Land – Wladimir Putin sichert Leonid Kutschma Hilfe bei der Stabilisierung der Lage zu, in: DW 234, 3.12.04.

Vabanque-Spiel mit hohem Einsatz und geringem Ergebnis im Siegesfall – ohne dass für ein solch riskantes Vorgehen irgendeine Notwendigkeit bestünde. Er hegt offenkundig die Ansicht, dass sich auch die Demokratie in anderen Ländern lenken lasse, sogar aus der Ferne, von Moskau aus. Dies lässt auch Rückschlüsse auf sein Verständnis der politischen Situation innerhalb Russlands zu: Er überschätzt die Manipulations- und Steuerungsfähigkeit komplexer Systeme. Dementsprechend neigen die russischen Eliten dazu, den Einfluss westlicher Kräfte auf den Gang der Ereignisse in der Ukraine stark zu überschätzen. Der einflussreiche russische Politologe GLEB PAWLOWSKIJ, der eine wesentliche Rolle im Wahlkampf Janukowitschs spielte, sagte am 28. November 2004 im russischen Fernsehen:

> „Falls es dem Westen gelingt den gewählten Präsidenten Janukowitsch zu stürzen, wird er die Ukraine in ein großes Testgelände zur Entwicklung von Techniken verwandeln, um einen Regimewechsel in Russland herbeizuführen.“[343]

Putin, aber auch der Westen, haben zu dem Eindruck beigetragen, dass es sich in der Ukraine um eine strategische Entscheidung zwischen Ost und West handele. Dabei sind weder Kutschma, noch Janukowitsch so auf Moskau fixiert, wie oft behauptet wird, noch kann Juschtschenko, wenn er denn wirklich wollte, sein Land auf einen Kurs Richtung Westen führen. Die Ukraine wird auch in Zukunft eine Schaukelpolitik betreiben, trotz vermeintlicher oder tatsächlicher Vorlieben von Präsidenten oder Präsidentschaftskandidaten für die ein oder andere Himmelsrichtung. Die Geschichte, geographische Lage, die innenpolitischen Strukturen, Wirtschaftsinteressen und das Bedürfnis nach Konsolidierung der eigenen Staatlichkeit verlangen dies. Eine antirussische oder antiwestliche Politik gefährden den inneren Zusammenhalt des Landes. Stimmen wie die der EU Kommissarin für Außenbeziehungen, Ferrero-Waldner, dass sie alles mögliche tun werde, damit die Ukraine „auf unserer Seite“ bleibe, sind realitätsfern und tragen zur Gefährdung des inneren Friedens in der Ukraine bei.[344] Auch der neue Kommissionspräsident Barroso heizt den Konflikt in der Ukraine noch an, wenn er ausgerechnet in

343 WPS Monitoring Agency (www.wps.ru/o_index.html) am 1.12.04, Political Forecasts [press review]: Ukraine's orange revolution: the Western liberal brand versus the Kremlin's micro-management. Zitat Pawlowskijs nach Russkii Kurier, 29.11.04.

spannungsreicher Zeit eine Beitrittsperspektive der Ukraine nicht mehr ausschließt.[345] – Wobei der Ukraine aus verschiedenen Gründen natürlich grundsätzlich eine Beitrittsoption offen gehalten werden sollte, ihre Thematisierung verlangt jedoch Fingerspitzengefühl. Eine Diskussion über eine mögliche Mitgliedschaft der Ukraine in der EU sollte nicht den Anschein erwekken, dass sie sich aus antirussischen Vorbehalten speist.

Ausblick

Ende November/ Anfang Dezember 2004 war das Verhältnis zwischen dem Westen und Russland angespannter denn je seit dem Amtsantritt Präsident Putins. Der Verlauf der Kontroverse um die Ukraine und zwischen Russland und dem Westen sind die bislang empfindlichste außenpolitische Niederlage Russlands, das sich im gesamten GUS-Raum grundsätzlich in der Defensive befindet.

Die westliche Öffentlichkeit und teils auch die Politik erweckt den Eindruck, dass es ihr Befriedigung verschafft, wenn Russland geschwächt wird. Russland-Bashing ist „in", und auch die fragwürdige Führung Moldaus beteiligt sich daran. Russland reagiert teilweise mit einer Trotzhaltung, wie sie aus der Zeit unter Jelzin bekannt ist.[346]

Andererseits demonstriert Russland aber selbst in diesen für den Kreml so schwierigen Tagen ein anhaltend hohes Interesse an Zusammenarbeit und Bereitschaft zur Konzilianz. Dies betrifft nicht nur die am 6. Dezember vereinbarte Ausweitung der Zusammenarbeit von FSB und CIA, sondern vor allem die Botschaft der russischen Seite, Deutschland in der sogenannten Beutekunstfrage entgegen zu kommen.[347] Dies wäre eine Maßnahme von hoher symbolischer Bedeutung.

---

344 Wladimir Simonow: Woher stammen die Viren der Russophobie in der EU? In: RIA Nowosti, 24.11.04, nach: Grachok, 48. Woche, 29.11.04.

345 Ute Schaeffer: Der bessere Weg – Unter internationaler Vermittlung einigen sich die Konfliktparteien in Kiew, DW-RADIO Bonn, 2.12.2004, in: DW 233, 2.12.04.

346 BASA-PRESS am 7.12.04, in: DW 236, 7.12.04; INTERFAX am 7.12.2004, in: DW 236, 7.12.04; Putin gegen Irak-Wahl unter US-Besatzung, www.spiegel.de/politik/ausland/0,1518,331454,00.html (zuletzt geöffnet am 7.12.04).

347 ITAR-TASS am 6.12.04, in: DW 236, 7.12.04; Aleksandr Sokolow: Beutekunstgesetz wird überarbeitet – Russischer Kulturminister im Interview von DW-RADIO, 8.12.04, in: DW 237, 8.12.04.

Die russische Ukrainepolitik des Spätherbstes 2004 war unklug und unangemessen. Es ist leider nicht sehr wahrscheinlich, dass die russische Führung aus dem Schaden klug wird. Sie beugt sich vielmehr den Machtverhältnissen. Dementsprechend gibt es begründeten Anlass zur Hoffnung, dass die Spannungen um die Ukraine zu keiner Änderung der grundsätzlich entgegenkommenden und rationalen russischen Außenpolitik führen und sich zudem auch die deutsche Politik von der zeitweilig aufgeheizten Stimmung der veröffentlichten Meinung nicht anstecken lässt. Deutschland kann und sollte deutlich machen, dass die ukrainischen Demokraten auf Berlin zählen können, und zugleich der russischen und ukrainischen, sowie bei Bedarf der polnischen Seite vermitteln, dass sie sich einer Ausgrenzung Russlands entgegenstellt und eine einklagbare Sicherstellung der Rechte der russischsprachigen Minderheit begrüßen würde.

Dr. Andreas Umland (Ed.)

SOVIET AND POST-SOVIET POLITICS AND SOCIETY

ISSN 1614-3515

This book series makes available, to the academic community and general public, affordable English-, German- and Russian-language scholarly studies of various *empirical* aspects of the recent history and current affairs of the former Soviet bloc. The series features narrowly focused research on a variety of phenomena in Central and Eastern Europe as well as Central Asia and the Caucasus. It highlights, in particular, so far understudied aspects of late Tsarist, Soviet, and post-Soviet political, social, economic and cultural history from 1905 until today. Topics covered within this focus are, among others, political extremism, the history of ideas, religious affairs, higher education, and human rights protection. In addition, the series covers selected aspects of major issues in post-Soviet transitions such as economic crisis, foreign policy, and constitutional reform.

SOVIET AND POST-SOVIET POLITICS AND SOCIETY

Edited by Dr. Andreas Umland

ISSN 1614-3515

1 *Andreas Umland (Ed.)*
Воплощение Европейской конвенции по правам человека в России
Философские, юридические и эмпирические исследования
ISBN 3-89821-387-0

2 *Christian Wipperfürth*
Russland – ein vertrauenswürdiger Partner?
Grundlagen, Hintergründe und Vorgehen russischer Außenpolitik
Mit einem Vorwort von Heinz Timmermann
ISBN 3-89821-401-X

3 *Manja Hussner*
Die Übernahme internationalen Rechts in die russische und deutsche Rechtsordnung
Eine vergleichende Analyse zur Völkerrechtsfreundlichkeit der Verfassungen der Russländischen Föderation und der Bundesrepublik Deutschland
Mit einem Vorwort von Rainer Arnold
ISBN 3-89821-438-9

4 *Matthew Tejada*
The Unattainability of Closure
Bulgaria's Democratic Consolidation and the Kozloduy Nuclear Power Plant (KNPP)
With a foreword by Richard J. Crampton
ISBN 3-89821-439-7

FORTHCOMING (MANUSCRIPT WORKING TITLES)

Nicola Melloni
The Russian 1998 Financial Crisis and Its Aftermath
An Etherodox Perspective
ISBN 3-89821-407-9

Erik van Ree
On Whose Shoulders Did Stalin Stand?
ISBN 3-89821-410-9

Rebbecca Katz
The Republic of Georgia
Post-Soviet Media Representations of Politics and Corruption
ISBN 3-89821-413-3

Annette Freyberg-Inan
The Social Sciences in Romania
Research Conditions and the Role of International Support
ISBN 3-89821-416-8

Andrei P. Tsygankov, Pavel A.Tsygankov (Eds.)
New Directions in Russian International Studies
ISBN 3-89821-422-2

Laura Victoir
The Russian Land Estate Today
ISBN 3-89821-426-5

Stephanie Solowyda
Biography of Semen Frank
ISBN 3-89821-457-5

Margaret Dikovitskaya
Arguing with the Photographs
Russian Imperial Colonial Attitudes in Visual Culture
ISBN 3-89821-462-1

Stefan Ihrig
Welche Nation in welcher Geschichte?
Eigen- und Fremdbilder der nationalen Diskurse in der Historiographie und den Geschichtsbüchern in der Republik Moldova, 1991-2003
ISBN 3-89821-466-4

David Galbreath
Nation-Building and Minority Politics
Interests, Influence and Identities
ISBN 3-89821-467-2

***ibidem*-Verlag**
Melchiorstr. 15
D-70439 Stuttgart

info@ibidem-verlag.de

www.ibidem-verlag.de
www.edition-noema.de
www.autorenbetreuung.de

Zeitfracht Medien GmbH
Ferdinand-Jühlke-Straße 7
99095 Erfurt, Deutschland
produktsicherheit@kolibri360.de